大学赤本シリーズ

479

大阪商業大学

教学社

は　し　が　き

おかげさまで，大学入試の「赤本」は，今年で創刊70周年を迎えました。

これまで，入試問題や資料をご提供いただいた大学関係者各位，掲載許可をいただいた著作権者の皆様，各科目の解答や対策の執筆にあたられた先生方，そして，赤本を使用してくださったすべての読者の皆様に，厚く御礼を申し上げます。

以下に，創刊初期の「赤本」のはしがきを引用します。これからも引き続き，受験生の目標の達成や，夢の実現を応援してまいります。

本書を活用して，入試本番では持てる力を存分に発揮されることを心より願っています。

編者しるす

＊　＊　＊

学問の塔にあこがれのまなざしをもって，それぞれの志望する大学の門をたたかんとしている受験生諸君！　人間として生まれてきた私たちは，自己の欲するままに，美しく，強く，そして何よりも人間らしく生きることをねがっている。しかし，一朝一夕にして，この純粋なのぞみが達せられることはない。私たちの行く手には，絶えずさまざまな試練がまちかまえている。この試練を克服していくところに，私たちのねがう真に人間的な世界がはじめて開かれてくるのである。

人生最初の最大の試練として，諸君の眼前に大学入試がある。この大学入試は，精神的にも身体的にも，大きな苦痛を感ぜしめるであろう。あるスポーツに熟達するには，たゆみなき，はげしい練習を積み重ねることが必要であるように，私たちは，計画的・持続的な努力を払うことによって，この試練を克服し，次の一歩を踏みだすことができる。厳しい試練を経たのちに，はじめて満足すべき成果を獲得できるのである。

本書は最近の入学試験の問題に，それぞれ解答を付し，さらに問題をふかく分析することによって，その大学独特の傾向や対策をさぐろうとした。本書を一般の参考書とあわせて使用し，まとはずれのない，効果的な受験勉強をされるよう期待したい。

（昭和35年版「赤本」はしがきより）

挑む人の、いちばんの味方

赤本創刊70周年

1954年に大学入試の過去問題集を刊行してから70年。赤本は大学に入りたいと思う受験生を応援しつづけてきました。これからも，苦しいとき落ち込むときにそばで支える存在でいたいと思います。

そして，勉強をすること，自分で道を決めること，努力が実ること，これらの喜びを読者の皆さんが感じることができるよう，伴走をつづけます。

そもそも赤本とは…

受験生のための大学入試の過去問題集！

70年の歴史を誇る赤本は，500点を超える刊行点数で全都道府県の370大学以上を網羅しており，過去問の代名詞として受験生の必須アイテムとなっています。

なぜ受験に過去問が必要なのか？

大学入試は大学によって問題形式や頻出分野が大きく異なるからです。

赤本の掲載内容

傾向と対策

これまでの出題内容から，問題の「**傾向**」を分析し，来年度の入試に向けて具体的な「**対策**」の方法を紹介しています。

問題編・解答編

- 年度ごとに問題とその解答を掲載しています。
- 「**問題編**」ではその年度の試験概要を確認したうえで，実際に出題された過去問に取り組むことができます。
- 「**解答編**」には高校・予備校の先生方による解答が載っています。

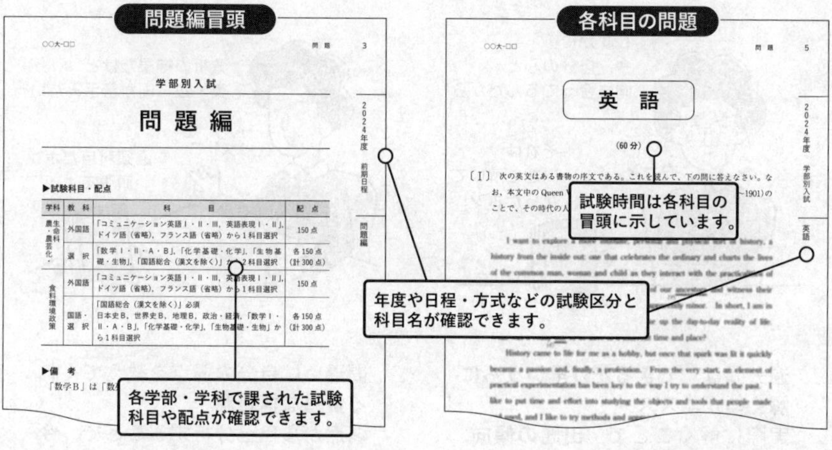

他にも，大学の基本情報や，先輩受験生の合格体験記，在学生からのメッセージなどが載っていることがあります。

掲載内容について

著作権上の理由やその他編集上の都合により問題や解答の一部を割愛している場合があります。
なお，指定校推薦入試，社会人入試，編入学試験，帰国生入試などの特別入試，英語以外の外国語科目，商業・工業科目は，原則として掲載しておりません。また試験科目は変更される場合がありますので，あらかじめご了承ください。

受験勉強は

過去問に始まり，

STEP 1 なにはともあれ

まずは解いてみる

しずかに…
今，自分の心と
向き合ってるんだから
ムーン
それは
問題を解いて
からだホン!

過去問は，**できるだけ早いうちに解く**のがオススメ！
実際に解くことで，**出題の傾向，問題のレベル，今の自分の実力**がつかめます。

STEP 2 じっくり具体的に

弱点を分析する

分析の結果だけど
英・数・国が苦手みたい
スリー
必須科目だホン
頑張るホン

間違いは自分の弱点を教えてくれる**貴重な情報源。**
弱点から自己分析することで，**今の自分に足りない力や苦手な分野**が見えてくるはず！

合格者があかす赤本の使い方

傾向と対策を熟読
（Fさん／国立大合格）

大学の出題傾向を調べるために，赤本に載っている「傾向と対策」を熟読しました。

繰り返し解く
（Tさん／国立大合格）

1周目は問題のレベル確認，2周目は苦手や頻出分野の確認に，3周目は合格点を目指して，と過去問は繰り返し解くことが大切です。

過去問に終わる。

STEP 3

志望校にあわせて

苦手分野の重点対策

明日からはみんなで頑張るよ！
参考書も！ 問題集も！
よろしくね！
呼んだ?
なにを!?
どこから!?
グッ
グッ

参考書や問題集を活用して，苦手分野の**重点対策**をしていきます。**過去問を指針**に，合格へ向けた具体的な学習計画を立てましょう！

STEP 1 ▶ 2 ▶ 3

サイクルが大事!

実践を繰り返す

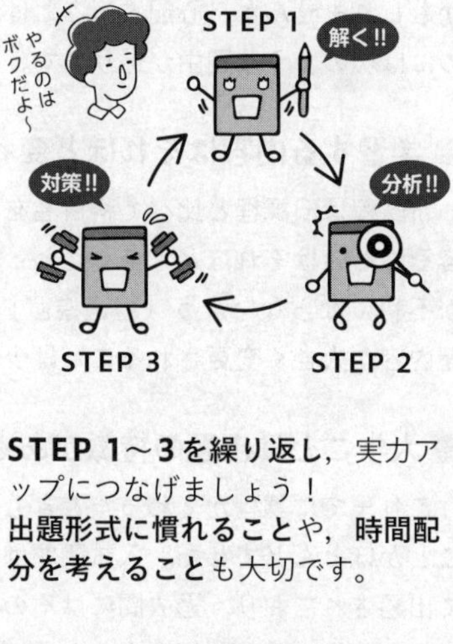
やるのはボクだよ～
STEP 1
解く!!
分析!!
対策!!
STEP 3
STEP 2

STEP 1～3を繰り返し，実力アップにつなげましょう！
出題形式に慣れることや，**時間配分を考えること**も大切です。

目標点を決める

（Yさん／私立大合格）

赤本によっては合格者最低点が載っているので，それを見て目標点を決めるのもよいです。

時間配分を確認

（Kさん／私立大学合格）

赤本は時間配分や解く順番を決めるために使いました。

添削してもらう

（Sさん／私立大学合格）

記述式の問題は先生に添削してもらうことで自分の弱点に気づけると思います。

新課程入試 Q&A

2022 年度から新しい学習指導要領（新課程）での授業が始まり，2025 年度の入試は，新課程に基づいて行われる最初の入試となります。ここでは，赤本での新課程入試の対策について，よくある疑問にお答えします。

Q1. 赤本は新課程入試の対策に使えますか？

A. もちろん使えます！

旧課程入試の過去問が新課程入試の対策に役に立つのか疑問に思う人もいるかもしれませんが，心配することはありません。旧課程入試の過去問が役立つのには次のような理由があります。

● 学習する内容はそれほど変わらない

新課程は旧課程と比べて科目名を中心とした変更はありますが，学習する内容そのものはそれほど大きく変わっていません。また，多くの大学で，既卒生が不利にならないよう「経過措置」がとられます（Q３参照）。したがって，出題内容が大きく変更されることは少ないとみられます。

● 大学ごとに出題の特徴がある

これまでに課程が変わったときも，各大学の出題の特徴は大きく変わらないことがほとんどでした。入試問題は各大学のアドミッション・ポリシーに沿って出題されており，過去問にはその特徴がよく表れています。過去問を研究してその大学に特有の傾向をつかめば，最適な対策をとることができます。

出題の特徴の例	・英作文問題の出題の有無 ・論述問題の出題（字数制限の有無や長さ） ・計算過程の記述の有無

新課程入試の対策も，赤本で過去問に取り組むところから始めましょう。

Q2. 赤本を使う上での注意点はありますか？

A. 志望大学の入試科目を確認しましょう。

過去問を解く前に，過去の出題科目（問題編冒頭の表）と 2025 年度の募集要項とを比べて，課される内容に変更がないかを確認しましょう。ポイントは以下のとおりです。科目名が変わっていても，実際は旧課程の内容とほとんど同様のものもあります。

英語・国語	科目名は変更されているが，実質的には変更なし。 ▶▶ **ただし，リスニングや古文・漢文の有無は要確認。**
地歴	科目名が変更され，「歴史総合」「地理総合」が新設。 ▶▶ **新設科目の有無に注意。ただし，「経過措置」（Q３参照）により内容は大きく変わらないことも多い。**
公民	「現代社会」が廃止され，「公共」が新設。 ▶▶ **「公共」は実質的には「現代社会」と大きく変わらない。**
数学	科目が再編され，「数学 C」が新設。 ▶▶ **「数学」全体としての内容は大きく変わらないが，出題科目と単元の変更に注意。**
理科	科目名も学習内容も大きな変更なし。

数学については，科目名だけでなく，どの単元が含まれているかも確認が必要です。例えば，出題科目が次のように変わったとします。

旧課程	「数学Ⅰ・数学Ⅱ・数学 A・数学 B（数列・ベクトル）」
新課程	「数学Ⅰ・数学Ⅱ・数学 A・**数学 B（数列）・数学 C（ベクトル）**」

この場合，新課程では「数学C」が増えていますが，単元は「ベクトル」のみのため，実質的には旧課程とほぼ同じであり，過去問をそのまま役立てることができます。

Q3. 「経過措置」とは何ですか？

A. 既卒の旧課程履修者への対応です。

多くの大学では，既卒の旧課程履修者が不利にならないように，出題において「経過措置」が実施されます。措置の有無や内容は大学によって異なるので，募集要項や大学のウェブサイトなどで確認しておきましょう。

◯旧課程履修者への経過措置の例

- 旧課程履修者にも配慮した出題を行う。
- 新・旧課程の共通の範囲から出題する。
- 新課程と旧課程の共通の内容を出題し，共通範囲のみでの出題が困難な場合は，旧課程の範囲からの問題を用意し，選択解答とする。

例えば，地歴の出題科目が次のように変わったとします。

旧課程	「日本史 B」「世界史 B」から１科目選択
新課程	**「歴史総合，日本史探究」「歴史総合，世界史探究」**から１科目選択※ ※旧課程履修者に不利益が生じることのないように配慮する。

「歴史総合」は新課程で新設された科目で，旧課程履修者には見慣れないものですが，上記のような経過措置がとられた場合，新課程入試でも旧課程と同様の学習内容で受験することができます。

要チェックだホン

新課程の情報は WEB もチェック！
より詳しい解説が赤本ウェブサイトで見られます。
https://akahon.net/shinkatei/

科目名が変更される教科・科目

	旧課程	新課程
国語	国語総合 国語表現 現代文A 現代文B 古典A 古典B	現代の国語 言語文化 論理国語 文学国語 国語表現 古典探究
地歴	日本史A 日本史B 世界史A 世界史B 地理A 地理B	歴史総合 日本史探究 世界史探究 地理総合 地理探究
公民	現代社会 倫理 政治・経済	公共 倫理 政治・経済
数学	数学Ⅰ 数学Ⅱ 数学Ⅲ 数学A 数学B 数学活用	数学Ⅰ 数学Ⅱ 数学Ⅲ 数学A 数学B 数学C
外国語	コミュニケーション英語基礎 コミュニケーション英語Ⅰ コミュニケーション英語Ⅱ コミュニケーション英語Ⅲ 英語表現Ⅰ 英語表現Ⅱ 英語会話	英語コミュニケーションⅠ 英語コミュニケーションⅡ 英語コミュニケーションⅢ 論理・表現Ⅰ 論理・表現Ⅱ 論理・表現Ⅲ
情報	社会と情報 情報の科学	情報Ⅰ 情報Ⅱ

目　次

2023 年度
問題と解答

掲載内容についてのお断り

- 一般入試後期Ｃ日程は掲載していません。
- 各入試・日程とも，代表的な１日程分を掲載しています。

UNIVERSITY GUIDE

大学情報

基本情報

学部・学科の構成

大　学

●経済学部

経済学科（現代社会と経済コース，事業承継コース，暮らしと住まいコース，資産活用コース，地域おこしコース）

●総合経営学部

経営学科（企業経営コース，ビジネス会計コース，ビジネス情報コース）

商学科（流通ビジネスコース，マーケティングコース，営業プロフェッショナルコース）

●公共学部

公共学科（スポーツと社会参加コース〈スポーツ・マインドスポーツ〉，地域と社会参加コース，公共とビジネスコース）

（備考）全学部・学科において，２年次進級時に各コースを選択。

● OBP コース（大阪商業大学ビジネス・パイオニアコース）

ビジネスを切り口に，新たな価値を創造する力を育成。４年間を通じてグループワークやプレゼンテーションを数多く体験し，チームをリードするために必要な素養や知識，スキルを磨きます。

● GET コース（Global Entrepreneur Training コース）

英語力とビジネススキルを徹底的に磨き，グローバル社会の即戦力を育成します。独自のカリキュラムで学修し，１年間の長期学部留学を実施します。

大学院

地域政策学研究科

オープンキャンパス情報

大学紹介や入試説明，個別相談やキャンパスツアー，学食体験など大商大を体験していただけるプログラムを多数ご用意しています。
保護者の方の参加も可能です。

■入試対策オープンキャンパス　6/9（日）・16（日）
■夏のオープンキャンパス　7/14（日）・21（日）・28（日）
8/17（土）・18（日）・25（日）
■秋のオープンキャンパス　9/15（日）・29（日）
■春のオープンキャンパス　2025/3/16（日）

＜事前申込制＞
ご予約は本学公式 Web サイトからお申込みいただけます。

■バーチャルキャンパスツアー
魅力あふれるキャンパスライフや施設を在学生がご紹介します。

■【大阪商業大学】Build the Future.
大阪商業大学の学びを全学科（経済・経営・商・公共）ご紹介！
学生４人が学科の学びと自身の挑戦にフォーカスした動画です。

募集要項（出願書類）の入手方法

インターネット出願が導入されています。募集要項は，大学公式 WEB サイトで確認またはダウンロードしてください。

また，右の QR コードからご希望の資料を請求することも可能です。

問い合わせ先

大阪商業大学　広報入試課
〒577-8505　大阪府東大阪市御厨栄町 4-1-10
TEL　06-6787-2424
URL　https://ouc.daishodai.ac.jp

TREND & STEPS

傾向と対策

科目ごとに問題の「傾向」を分析し，具体的にどのような「対策」をすればよいか紹介しています。まずは出題内容をまとめた分析表を見て，試験の概要を把握しましょう。

注　意

「傾向と対策」で示している，出題科目・出題範囲・試験時間等については，2024 年度までに実施された入試の内容に基づいています。2025 年度入試の選抜方法については，各大学が発表する学生募集要項を必ずご確認ください。

来年度の変更点

2025 年度入試では，以下の変更が予定されている（本書編集時点）。

- 総合型選抜：「現代社会」の実施がなくなる。
- 一般選抜：「現代社会・政治経済」に代えて「政治・経済」が実施される。

英　語

▶公募制入試

年度	日程	番号	項　目	内　容
2024 ●	A日程	〔1〕	文法・語彙	空所補充
		〔2〕	会　話　文	空所補充
		〔3〕	文法・語彙	空所補充
		〔4〕	文法・語彙	語句整序
		〔5〕	文法・語彙	英文和訳
		〔6〕	読　　　解	内容説明，空所補充，同意表現，内容真偽，主題
	B日程	〔1〕	文法・語彙	空所補充
		〔2〕	会　話　文	空所補充
		〔3〕	文法・語彙	空所補充
		〔4〕	文法・語彙	語句整序
		〔5〕	文法・語彙	英文和訳
		〔6〕	読　　　解	内容真偽，内容説明
2023 ●	A日程	〔1〕	文法・語彙	空所補充
		〔2〕	会　話　文	空所補充
		〔3〕	文法・語彙	空所補充
		〔4〕	文法・語彙	語句整序
		〔5〕	文法・語彙	英文和訳
		〔6〕	読　　　解	内容説明，空所補充，内容真偽
	B日程	〔1〕	文法・語彙	空所補充
		〔2〕	会　話　文	空所補充
		〔3〕	文法・語彙	空所補充
		〔4〕	文法・語彙	語句整序
		〔5〕	文法・語彙	英文和訳
		〔6〕	読　　　解	内容真偽，空所補充，内容説明

（注）　●印は全問，◐印は一部マークセンス方式採用であることを表す。

▶一般入試

年度	日程	番号	項　目	内　容
2024 ●	A日程	〔1〕	読　　解	内容説明，省略語句，同意表現，語句意，内容真偽
		〔2〕	読　　解	伝言メモの読解
		〔3〕	会 話 文	空所補充
		〔4〕	文法・語彙	語句整序
		〔5〕	文法・語彙	空所補充
		〔6〕	文法・語彙	定義に当てはまる語
	B日程	〔1〕	読　　解	内容説明，省略語句，空所補充，内容真偽
		〔2〕	読　　解	グラフの解釈
		〔3〕	会 話 文	空所補充
		〔4〕	文法・語彙	語句整序
		〔5〕	文法・語彙	空所補充
		〔6〕	文法・語彙	定義に当てはまる語
2023 ●	A日程	〔1〕	読　　解	空所補充，同一用法，内容説明，同意表現，内容真偽
		〔2〕	読　　解	広告の読解
		〔3〕	会 話 文	空所補充
		〔4〕	文法・語彙	語句整序
		〔5〕	文法・語彙	空所補充
		〔6〕	文法・語彙	定義に当てはまる語
	B日程	〔1〕	読　　解	同意表現，内容説明，内容真偽
		〔2〕	読　　解	グラフの解釈
		〔3〕	会 話 文	空所補充
		〔4〕	文法・語彙	語句整序
		〔5〕	文法・語彙	空所補充
		〔6〕	文法・語彙	定義に当てはまる語

（注）●印は全問，◑印は一部マークセンス方式採用であることを表す。

傾向　さまざまな角度から広く実力を試す問題

01　出題形式は？

〈公募制入試〉 大問6題（小問40個）の出題。〔1〕語句の空所補充が10問，〔2〕会話文の空所補充が5問，〔3〕単語の空所補充（前置詞中心）が5問，〔4〕短文の語句整序が5問，〔5〕英文和訳（各英文の訳として適切なものを1つ選ぶ問題）が5問，〔6〕短めの長文2つの読解問題で，空所補充と内容理解が中心の10問。全問マークセンス方式で，試験時間は2科目で90分。

〈一般入試〉 大問6題の出題。〔1〕は300〜400語程度の英文に対して設問が8問出題されている。〔2〕はグラフの読み取りや伝言メモの読解問題が出題されている。比較級などの対比に関する文法を確認しておきたい。〔3〕は会話文の応答，〔4〕は語句整序で，指定の順番にくる語句を答える問題，〔5〕は短文の空所補充問題となっている。〔6〕は単語・熟語の知識を問い，語句の説明（定義）に対してふさわしい単語を選ぶ問題である。全問マークセンス方式で，試験時間は60分。

02 出題内容はどうか？

〈公募制入試〉 全体として基本的な出題であるが，文法の知識をはじめ広汎な英語力を確認しようという良問である。文法問題は，英語の基本をきちんとおさえているかどうかを問うている。読解問題は，細部にはこだわらず，大意を把握しているかどうかを問うている。基本的な問題であるだけに，取りこぼしのないように解答したい。

〈一般入試〉 読解，文法・語彙，会話文と多角的な出題なので，それぞれ念入りに研究しておきたい。特に，最近の大学入試でしばしば目にするグラフの読み取り問題にも慣れておく必要がある。また，問題量が多く，大問6題を短時間で解くことが要求されている。てきぱきと解答する処理能力を養わなければならない。並べ替えや空所補充など，すべてを把握しなくても解ける問題があるので，必要な情報を素早く読み取る練習をしておくとよいだろう。

03 難易度は？

〈公募制入試〉 読解も文法・語彙も平易なもので，教科書のレベルである。解答個数に対して試験時間は短いので，全問を解答するためには問題練習を重ねて，迅速に解いていく力をつける必要がある。

〈一般入試〉 全体的に推薦入試よりは難しく，量は相当に多い。しかし，それでも難度は極端に高いものではない。過去問をじっくり解いて傾向を知ることが合格へのカギである。

対 策

01 文法力

文法問題が多く出題されており，基礎力が欠けていては対応できない。授業をしっかり受けていれば十分に解答できる内容であるが，万全を期すなら，参考書や問題集をこなして体系的な文法事項を身につけておきたい。共通テストレベルの文法問題集や『大学入試 すぐわかる英文法』（教学社）などを反復し，研究するなどして実力をつけておきたい。

02 語彙力

語彙の知識をベースにした文法や読解の問題が多く出題されている。教科書に出てくる単語を確実に覚えていくことはもちろん，『速読英単語』（Z会）などの市販の単語集を使って繰り返し学習しておこう。語句の定義やことわざを問う問題なども出題されているので，語句の言い換えの練習や，有名なことわざなども覚えておくとよいだろう。

03 読解力

読解の英文は基本的なものである。教科書や過去問に地道に当たっていくことが一番の良策である。その際，効果があるのは「速読」と「熟読」を併用することである。気に入った英文があれば全訳を作り，さらに場合によっては暗記してみよう。短い英文を暗記するだけでも，英語の構造がわかってくるので，読解に役立つだろう。

04 会話文

会話文や口語表現は慣れが肝心である。会話文の問題集を使って，基本的な会話表現をマスターしておきたい。

05 過去問研究

過去問をしっかり研究して，本番への自信をつけておきたい。問題量が多いので，どのような順序で問題を解いていくかを決めておくことが役に立つ。本番の入試のつもりで，時間を計って解答しておきたい。その訓練を重ねれば，本番のときにあわてることがなくなるだろう。

日本史

▶公募制入試

年度	日程	番号	内　容	形　式
2024 ●	A日程	〔1〕	摂関政治	選　択
		〔2〕	鎌倉時代の武士の生活と土地支配	選　択
		〔3〕	江戸幕府の財政と職制	選　択
		〔4〕	日露戦争と日英同盟	選　択
	B日程	〔1〕	人類の誕生と旧石器時代の日本人	選　択
		〔2〕	戦国大名の分国支配	選　択
		〔3〕	寛永期の文化	選　択
		〔4〕	開国後の影響	選　択
2023 ●	A日程	〔1〕	8世紀の政治	選　択
		〔2〕	室町時代の文化	選　択
		〔3〕	田沼の時代	選　択
		〔4〕	大日本帝国憲法の制定	選　択
	B日程	〔1〕	平安時代初期の政治と東北経営	選　択
		〔2〕	鎌倉時代の産業	選　択
		〔3〕	江戸時代中・後期の文化	選　択
		〔4〕	開国	選　択

（注）●印は全問，◑印は一部マークセンス方式採用であることを表す。

▶一 般 入 試

年度	日程	番号	内　容	形　式
2024 ●	A日程	〔1〕	平安仏教	選　択
		〔2〕	『愚管抄』―延久の荘園整理令と荘園公領制　✓史料	選　択
		〔3〕	田沼時代	選　択
		〔4〕	軍部の台頭	選　択
	B日程	〔1〕	『梁塵秘抄』―浄土教の発展　✓史料	選　択
		〔2〕	戦国大名	選　択
		〔3〕	幕末の内憂外患	選　択
		〔4〕	社会運動の勃興	選　択

2023 ●	A日程	〔1〕	平安時代初期の政治改革		選　択
		〔2〕	鎌倉新仏教		選　択
		〔3〕	南蛮貿易		選　択
		〔4〕	日米修好通商条約	✓史料	選　択
	B日程	〔1〕	「後漢書」東夷伝	✓史料	選　択
		〔2〕	得宗専制体制		選　択
		〔3〕	近世の村と百姓		選　択
		〔4〕	太平洋戦争と戦後の占領政策		選　択

（注）●印は全問，◐印は一部マークセンス方式採用であることを表す。

傾向　基本的な問題が大部分　一般入試では史料問題必出！

01　出題形式は？

各日程とも全問マークセンス方式が採用され，大問4題，解答個数40個となっている。設問の大部分は問題文中の空所補充で，語群から選択する形式である。例年，一般入試の両日程で史料問題が出題されている。試験時間は公募制入試が2科目90分，一般入試が60分である。

なお，2025年度は出題科目が「日本史探究」となる予定である（本書編集時点）。

02　出題内容はどうか？

時代別にみると，〔1〕古代，〔2〕中世，〔3〕近世，〔4〕近現代からの出題となっている。なお，古代ではなく原始時代が出題されることもあり，2024年度は公募制入試B日程で旧石器時代が出題された。

分野別では，政治史が約半分を占め，残りが文化史と外交史，社会・経済史から出題されている。政治史が中心であるが，文化史の比重も大きい。2024年度は公募制入試ではB日程，一般入試ではA・B日程で文化史が出題された。

史料問題は，例年，一般入試の両日程で大問単位の出題がある。2024年度は，A日程で『愚管抄』，B日程で『梁塵秘抄』が出題されたが，

2023年度と同様に教科書に掲載されている史料であった。

03　難易度は？

教科書本文の太字の重要事項を中心に問う基本レベルの問題なので，教科書を精読し，知識を整理しておけば正答可能なものばかりである。ただし，年号を直接問う出題があるので注意が必要である。試験本番では手早く着実に解きすすめ，見直しの時間も確保できるよう時間配分を工夫しよう。

対策

01　教科書の精読を

教科書本文の事項を，リード文の空所補充という形式で問うものが大部分であり，山川出版社『詳説日本史』などの教科書の本文を繰り返し精読することが大切である。また，歴史用語ではない一般的な語句を問う出題や，教科書に掲載された図版の解説文やコラムの内容をリード文にした出題もあるので，そうした部分もしっかり読み込んでおこう。年号を問う出題も見られるので，教科書や資料集の年表を確認しておくことも必要である。出題傾向として，各大問のテーマはおおよそ一つに絞られており，複数の時代にまたがるものや，いろいろなテーマが混在したものは少ない。したがって，教科書の項目ごとに内容を整理する学習が効果的である。

02　史料問題と文化史の対策を

出題される史料は教科書に掲載の基本的な史料がほとんどであるが，2022年度には千利休の談話の聞き書きとされる「南方録」が出題されている。史料に関する設問も基本的なものがほとんどだが，史料の空所補充問題も出題されているので，教科書に掲載された史料を，注も含めて熟読し，読解力が求められる場合にも対応できるようにしておきたい。また，文化史の出題の比重が大きいので，文化史対策は重要である。出題の大半が教科書の基本的な知識を問うものなので，しっかり学習しておけば得点アップにつながる。なお，図版を用いた出題はこれまで見られないが，教科書の美術作品や建築物などの写真，各時代の代表的な作品をまとめた表などは，解説を含めて目を通しておくとよいだろう。

03 過去の問題研究を

例年，出題形式は一定しているので，本書を活用して過去の問題に取り組んでおくこと。問題の傾向や内容をつかんでから学習に取り組むとより効果的である。また，公募制入試・一般入試を問わず傾向はほぼ共通しているので，両方の問題に取り組んでおくとよいだろう。

世界史

▶一般入試

年度	日程	番号	内　容	形　式
2024 ●	A日程	〔1〕	1980～90 年代の米ソ	選　択
		〔2〕	西欧中世の学問	選　択
		〔3〕	イスラーム世界，中国の近代，六朝文化に関する小問集合	選　択
		〔4〕	モンゴル帝国の形成	選　択
	B日程	〔1〕	ドイツの統一と 19 世紀	選　択
		〔2〕	インダス文明と古代インド	選　択
		〔3〕	中国，欧州前近代，朝鮮に関する小問集合	選　択
		〔4〕	第二次世界大戦後のアフリカ	選　択
2023 ●	A日程	〔1〕	イスラーム文化	選　択
		〔2〕	中世ヨーロッパの商業と都市	選　択
		〔3〕	諸子百家，第 2 回ポエニ戦争，唐代の書家，古代インドの王朝，太平洋戦争に関する小問集合	選　択
		〔4〕	オイルショックと世界経済	選　択
	B日程	〔1〕	清の中国支配	選　択
		〔2〕	第一次世界大戦	選　択
		〔3〕	ジャワ島のイスラーム国家，『世界の記述』，ムガル帝国，ロシアの文豪，エジプト革命に関する小問集合	選　択
		〔4〕	古代エジプト	選　択

（注）●印は全問，◑印は一部マークセンス方式採用であることを表す。

傾向　基本的な知識を問う問題
教科書を中心とした学習を

01　出題形式は？

両日程とも同じ形式で出題されている。解答は全問マークセンス方式。

文中の空所を選択肢より補充し，さらに下線部に関して正文・誤文や語句を選択するものが２題，小問集合形式が１題，文中の空所補充が１題の計４題である。解答個数は35個，試験時間は60分。

なお，2025年度は出題科目が「世界史探究」となる予定である（本書編集時点）。

02 出題内容はどうか？

地域別では，2023年度はアジア地域からの出題がやや増えたが，2024年度は欧米地域の比率が少し高まった。年度によってアジア地域・欧米地域の出題比率に変動が見られる。アジア地域では中国史だけでなく，歴代王朝と関連した周辺諸国の出題もある。さらに，近年はイスラーム世界やインド史，そしてアフリカ史からもよく出題されている。幅広い知識を問う意図が見てとれる。欧米地域では，西ヨーロッパからの出題が中心だが，アメリカ史も出題されている。また，ロシア史や東欧史からの出題も見られるので注意が必要である。

時代別では，古代から現代に至るまで出題されており，小問集合形式もあることから，特定の時代に偏らないように工夫されている。2023年度のＡ日程〔４〕，2024年度のＡ日程〔１〕やＢ日程〔４〕のように大問で現代史が扱われることもあるので，まんべんなく学習しておくことが肝要である。

分野別では，政治・外交史に関する出題が中心であるが，社会・経済史に関する出題も見られる。また，文化史に関する問題が例年出題されており，正文・誤文選択問題で出題されることもある。

03 難易度は？

ほとんどが教科書に準拠した標準的な問題である。現代史が大問として出題されることもあり，そうした部分の学習の度合いによって得点差がつきやすい。なお，解答個数に対して試験時間には十分余裕がある。

対策

01 教科書中心の学習を

教科書レベルの知識で十分に対応可能な問題がほとんどであり，繰り返し教科書を読み，本文だけではなく脚注にも目を通して，その内容をしっかりと身につけることが重要である。基礎的な内容を問う問題が多いが，冷戦終結後のロシアなど学習が行き届きにくい現代史が大問で出題されることもあるので，注意したい。教科書にひと通り目を通しておく必要がある。

02 国別・テーマ別の学習を

アメリカ史や戦国時代までの中国史，アフリカ史など，国やテーマを絞った問題が出題されている。教科書を読むと同時に，国別やテーマ別で構成されたサブノートや問題集を使ってポイントを整理するのが効果的である。

03 文化史の整理を

必ずといってよいほど文化史が出題されている。人名と作品・業績をあわせて覚えておく必要がある。資料集などに掲載されている文化史の一覧表などを利用するのも一つの方法である。

04 年号をきちんとおさえておこう

年号を問う問題や，特定の時期の歴史的事件や人物を問う問題が例年出題されているので，重要な年号は確実に覚えるようにしたい。出題されている年号自体は基本的なものがほとんどなので，教科書の内容をサブノートなどにまとめながら，歴史上の重要人物が活躍した年号，王朝の成立や滅亡，主要な戦争や反乱，重要な条約や同盟の成立などの年号を確認して，覚えていこう。

05 過去問の研究

過去問を見てみると，ほぼ同じ地域・分野から繰り返し出題されていることがわかる。出題の傾向・特徴・レベルについて身をもって理解するため，本書を十分に活用して早めに過去問の研究を行ってほしい。それにより，自分に不足している部分を発見し，対策を講じることもできる。その上で，直前期に時間を計ってもう一度過去問演習を行うことが望ましい。

現代社会・政治経済

2025 年度は「現代社会・政治経済」に代えて「政治・経済」が実施される予定である（本書編集時点）。

年度	日程	番号	内　容	形　式
2024 ●	A日程	〔1〕	民主政治の成立	選　択
		〔2〕	戦後の日本経済	選　択
		〔3〕	軍縮の動向と課題	選　択
		〔4〕	国際社会における日本の役割	選　択
	B日程	〔1〕	政党政治と選挙	選　択
		〔2〕	持続可能な社会の実現に向けて	選　択
		〔3〕	日本の外交・安全保障問題	選　択
		〔4〕	社会主義経済の変容	選　択
2023 ●	A日程	〔1〕	行政の機能と役割	選　択
		〔2〕	国民所得と経済循環	選　択
		〔3〕	地球環境問題	選　択
		〔4〕	国際経済の動向と課題	選　択
	B日程	〔1〕	民主政治の成立過程	選　択
		〔2〕	財政のしくみ	選　択
		〔3〕	日本国憲法と日本の安全保障	選　択
		〔4〕	国際収支	選　択

（注）●印は全問，◑印は一部マークセンス方式採用であることを表す。

傾向

教科書の基本事項からの出題
文化や環境問題も含めた幅広い分野の学習を

01 出題形式は？

大問は 4 題，解答個数は 40 個，試験時間は 60 分。各大問の構成はほぼ共通しており，リード文の空所補充問題と用語の選択問題や正文（誤文）

選択問題である。全問マークセンス方式。

02 出題内容はどうか？

2025 年度までの「現代社会・政治経済」では，「現代社会」と「政治・経済」のいずれの履修者も解答可能な範囲から出題されていた。「政治・経済」のうち国内政治・経済，国際政治・経済などが幅広く取り扱われている。また，4 題中 3 題が会話文の形で出題されているのも特徴的である。

03 難易度は？

教科書の基本事項からの出題が多く，全体的には難度は高くないが，幅広い分野から網羅的に出題されている。一部で問われているやや詳細な事項は，資料集などを併用して学習しないと少し難しく感じるだろう。

対策

01 教科書の反復学習を

設問の大部分は教科書の基本事項が身についているかを確認するものである。教科書を何度も繰り返し読んだ上で，内容を理解しておこう。なるべく早い時期に，一度は教科書を通読したい。

02 基本問題集で知識の定着を

教科書の学習と並行して，教科書に準拠した基本問題集や一問一答形式の問題集で知識の定着をはかろう。

03 資料集の活用を

憲法条文の空所補充などが出題されている。確実に解答するためには資料集に目を通しておきたい。また，教科書に掲載されている資料もできるだけ意識して見ておこう。一次資料をウェブなどで確認することも有効である。

04 時事問題に関心を

教科書では学習しないような時事問題も出題されている。ニュース検定3級の公式テキスト等を活用し，日頃から新聞やテレビのニュースなどに関心をもっておこう。

数学

▶公募制入試

年度	日程	番号	項目	内容
2024 ●	A日程	1)～5)	数と式，データの分析	展開，因数分解，式の計算，有理化，平均値と中央値
		6)～10)	2次関数	平方完成，最小値，グラフの平行移動，2次不等式，2次関数の決定
		11)～15)	図形と計量	三角比の相互関係，正弦定理，外接円の半径
		16)～20)	場合の数，確率	順列，組合せ，すべて書き出す場合の数，組合せ，余事象の確率
	B日程	1)～5)	数と式	展開，因数分解，有理化，絶対値の方程式，1次不等式
		6)～10)	2次関数	平方完成，最小値，最小値と最大値，グラフの平行移動，x 軸との共有点
		11)～15)	図形と計量	三角比の相互関係，正弦定理，余弦定理，面積
		16)～20)	場合の数，確率	順列，組合せ，組合せを用いた確率，反復試行の確率，確率の乗法定理
2023 ●	A日程	1)～5)	数と式，データの分析	展開，絶対値，対称式，1次不等式，四分位数
		6)～10)	2次関数	最小値，2次関数の決定，最大値，x 軸との共有点，グラフの平行移動
		11)～15)	図形と計量	三角比の相互関係，正弦定理，余弦定理，面積
		16)～20)	場合の数，確率	組合せ，円順列，事象と確率，余事象の確率，確率の乗法定理
	B日程	1)～5)	数と式	展開，因数分解，式の計算，絶対値の方程式，1次不等式
		6)～10)	2次関数	平方完成，2次関数の決定，グラフの平行移動，最大値
		11)～15)	図形と計量	三角比の相互関係，正弦定理，余弦定理，面積
		16)～18)	場合の数，確率	すべて書き出す場合の数，円順列，順列，組合せを用いた確率，確率の乗法定理

（注）●印は全問，◑印は一部マークセンス方式採用であることを表す。

▶一 般 入 試

年度	日程	番号	項　目	内　容
2024 ●	A日程	〔1〕	小 問 4 問	(1)因数分解 (2)対称式 (3)絶対値の不等式 (4)標準偏差，相関係数
		〔2〕	2 次 関 数	平方完成，2 次関数の決定，x 軸との共有点の個数，グラフの平行移動，最小値
		〔3〕	場合の数，確率	赤玉と白玉が入った袋から玉を取り出す確率
		〔4〕	図形と計量	面積，正弦定理，余弦定理
	B日程	〔1〕	小 問 4 問	(1)因数分解 (2)絶対値の方程式 (3)集合 (4)平均値，分散
		〔2〕	2 次 関 数	平方完成，x 軸との共有点，最大値，最小値
		〔3〕	確　　率	余事象の確率，反復試行の確率，条件付き確率
		〔4〕	図形と計量	余弦定理，正弦定理，面積，内接円の半径
2023 ●	A日程	〔1〕	小 問 4 問	(1)因数分解 (2)式の計算 (3)絶対値の不等式 (4)平均値，分散
		〔2〕	2 次 関 数	平方完成，最小値，グラフの平行移動，最大値と最小値
		〔3〕	場合の数，確率	さいころの目の和，確率が最大になるときのさいころの目の和の値とその確率，独立事象の確率
		〔4〕	図形と計量	余弦定理，面積，正弦定理，三角形の 3 辺の長さから求める面積
	B日程	〔1〕	小 問 4 問	(1)因数分解 (2)絶対値の方程式 (3)集合 (4)平均値，分散と共分散
		〔2〕	2 次 関 数	平方完成，最小値，x 軸から切り取る線分，グラフの平行移動，最小値
		〔3〕	場合の数，確率	事象と確率，反復事象の確率，確率の乗法定理，条件付き確率
		〔4〕	図形と計量	余弦定理，内接四角形の面積，内接四角形の対角線

（注）●印は全問，◑印は一部マークセンス方式採用であることを表す。

出題範囲の変更

2025 年度入試より，数学は新教育課程での実施となります。詳細については，大学から発表される募集要項等で必ずご確認ください（以下は本書編集時点の情報）。

	2024 年度（旧教育課程）	2025 年度（新教育課程）
総合型選抜	数学Ⅰ・A（場合の数と確率のみ）	数学Ⅰ・A（場合の数と確率のみ）
一般選抜	数学Ⅰ・A（場合の数と確率のみ）	数学Ⅰ・A（場合の数と確率のみ）

旧教育課程履修者への経過措置

旧教育課程履修者に対して特別な経過措置は行わない。

経過措置を希望する者は，大学入学共通テスト利用での受験を検討すること。

傾向　教科書レベルの問題が中心 マークセンス方式の典型的問題

01 出題形式は？

〈**公募制入試**〉試験時間は2科目90分で，小問20問という構成である。例年，小問5問ごとに分野的にまとまった出題がなされている。

〈**一般入試**〉試験時間は60分で，出題数は4題。例年，〔1〕は小問集合形式となっている。

公募制入試・一般入試のいずれの場合もマークセンス方式による空所補充形式の出題で，空所に当てはまる数字または符号を答えるものが中心だが，選択肢が設けられている設問も見られる。

02 出題内容はどうか？

公募制入試は，数と式，データの分析，2次関数・2次方程式，図形と計量，場合の数・確率の4分野，一般入試は，小問集合，2次関数，場合の数・確率，図形と計量の大問4題の構成であった。

03 難易度は？

〈**公募制入試**〉教科書の例題・練習問題程度のレベルである。

〈**一般入試**〉教科書または傍用問題集の例題程度のレベルである。

基本事項が理解できているかどうか，必須手法が習得できているかどうかを確認することが主眼とされている。一般入試では，1題当たり15分程度の時間配分で解答することを考慮すると，空所補充形式の流れに沿って題意を把握し，解答することが大切である。基本事項の理解と確かな計算力が必要となる。

対策

01 基本事項の理解，必須手法の習得

教科書の基本事項を理解し，必須手法を習得していれば十分に対応できる。そのためには，教科書をじっくりと読んで理解し，例題や重要問題に繰り返し取り組むことが有効である。参考書で学習する場合は，なるべく解答・解説の詳しいものを選ぶこと。何冊かの本で，自分の得意分野と苦手分野を読み比べてみて，わかりやすいと感じたものを選ぶとよい。そして，選んだ参考書をやり通すことが大切である。

02 過去問の学習

01 の学習がひと通り終わったところで過去問を解いてみるとよい。各日程とも出題範囲の全分野からほぼ偏りなく出題されている。時間を計って解くことによって実戦形式に慣れるとともに，自分の弱点を把握して，さらなる対策を練ることが重要である。

03 マークセンス方式に慣れる

全問マークセンス方式であるから，計算ミス，マークミスは即失点につながる。また，一般入試では前の設問で求めた数値を用いて計算をすることが多く，初めのミスは大量失点につながる。こういった点から，マークセンス方式の解答方法に十分に慣れておく必要がある。過去問はもちろん，マークセンス方式の模擬試験も利用して，入試本番の緊張感も含めて慣れておきたい。計算ミスを防ぐためにも，複雑な計算も面倒がらずにやって，日頃から計算力をつけるように心がけてほしい。

国　語

▶公募制入試

年度	日程	番号	種　類	類別	内　容	出　典
2024 ●	A日程	〔1〕	現 代 文	評論	書き取り，空所補充，読み，語意，内容説明	「生きる意味」 上田紀行
		〔2〕	国語常識		語意	
		〔3〕	国語常識		書き取り	
		〔4〕	国語常識		ことわざ	
	B日程	〔1〕	現 代 文	随筆	語意，書き取り，空所補充，内容説明，読み，内容真偽	「本はどう読むか」 清水幾太郎
		〔2〕	国語常識		書き取り	
		〔3〕	国語常識		慣用表現	
		〔4〕	国語常識		書き取り	
2023 ●	A日程	〔1〕	現 代 文	評論	書き取り，読み，語意，空所補充，内容説明	「書物」 森銑三／柴田宵曲
		〔2〕	国語常識		慣用表現	
		〔3〕	国語常識		四字熟語	
		〔4〕	国語常識		読み	
	B日程	〔1〕	現 代 文	評論	読み，語意，空所補充，指示内容，書き取り，内容説明	「適応の条件」 中根千枝
		〔2〕	国語常識		慣用表現	
		〔3〕	国語常識		故事成語	
		〔4〕	国語常識		書き取り	

（注）●印は全問，◑印は一部マークセンス方式採用であることを表す。

▶一般入試

年度	日程	番号	種類	類別	内容	出典
2024 ●	A日程	〔1〕	現代文	評論	空所補充，書き取り，欠文挿入箇所，内容説明，内容真偽	「美と礼節の絆」 池上英子
		〔2〕	現代文	評論	書き取り，空所補充，内容説明，欠文挿入箇所，主旨	「ルポ　誰が国語力を殺すのか」 石井光太
	B日程	〔1〕	現代文	評論	空所補充，書き取り，語意，欠文挿入箇所，四字熟語，内容真偽	「旅行の世界史」 森貴史
		〔2〕	現代文	小説	書き取り，空所補充，内容説明	「お探し物は図書室まで」 青山美智子
2023 ●	A日程	〔1〕	現代文	評論	空所補充，書き取り，内容説明	「複雑化の教育論」 内田樹
		〔2〕	現代文	小説	空所補充，内容説明	「それでも空は青い」 荻原浩
	B日程	〔1〕	現代文	評論	空所補充，書き取り，欠文挿入箇所，内容説明，主旨	「プライバシーという権利」 宮下紘
		〔2〕	現代文	小説	書き取り，内容説明，空所補充，欠文挿入箇所	「天皇の料理番」 杉森久英

（注）●印は全問，◑印は一部マークセンス方式採用であることを表す。

傾向　公募制入試は国語常識の充実を　一般入試は空所補充に注意――文脈把握が大切

01　出題形式は？

公募制入試・一般入試とも全問マークセンス方式による選択問題である。

〈**公募制入試**〉試験時間は2科目で90分，現代文1題と国語常識3題という構成であり，解答個数は30個。

〈**一般入試**〉試験時間は60分，現代文2題で解答個数は27個。

02　出題内容はどうか？

〈**公募制入試**〉**現代文**は論旨のわかりやすい評論や随筆から出題されており，文章の内容や難度は新聞のコラムと同程度である。設問は空所補充を中心に，語意，書き取りなどの知識問題や内容説明問題が出題されている。**国語常識**は，書き取り，慣用表現，四字熟語，語意などごく一般的なものが出題されている。

〈**一般入試**〉現代文は〔1〕が評論で，〔2〕では随筆や小説が出題されている。評論は，随筆に近い読みやすいものが多い。ただし，問題文がかなり長めなので注意が必要である。設問では空所補充問題が多いのが特徴で，特に副詞あるいは副詞的な語句を入れさせるものや慣用句が多い。そのため本文自体が読みにくくなっており，粘り強く文脈や表現を追っていくことが必要である。その他には，内容説明，内容真偽，語意，書き取り，欠文挿入箇所などが出題されている。

03 難易度は？

〈**公募制入試**〉文章読解練習を確実に行い，国語常識がしっかり学習できていれば，標準レベルよりやや易しく感じられるだろう。ただし，空所補充には意味の似かよった紛らわしい選択肢もあるので，注意を要する。時間配分としては，国語常識を10分程度で済ませ，現代文にとりかかれば他の科目にも時間の余裕が生じるであろう。

〈**一般入試**〉評論は文脈把握ができれば，十分解くことのできる問題である。文学的な表現に関わる問題にやや難しいものが見られることもあるが，全体的にみると，標準レベルといえる。小説は，全体の内容を問う設問もあるので，注意が必要である。時間配分としては，〔1〕は〔2〕に比べて設問数が多いので35分，〔2〕は25分程度と考えれば目安になる。全体として，かなり長い文章が出題されているので，時間配分には気をつけてほしい。

対策

01 現代文

無理をして難解な評論に当たる必要はないが，その分，小説や随筆にも慣れておきたい。まずは，新聞のコラムや文化欄を日頃から読むようにしたい。空所の多い文章は，日本語の自然な言い回しを知らないと手こずることがあるため，とにかく文章を読むことに慣れ，的確に文脈を把握できるようにすることが大切である。さらに，空所補充問題を中心に，『マーク式基礎問題集 現代文』（河合出版）のような問題集を１冊こなすことをすすめたい。内容真偽や内容説明問題を解く際は，選択肢の内容を本文と丁寧に対応させて確認しながら解いていくこと。

02 国語常識

公募制入試では国語常識の問題が多いので，取りこぼしのないようによく準備しておきたい。国語常識の学習は一挙にやれるものではない。少しずつでも毎日取り組むこと，そして何度も繰り返して知識を確実なものにすることが大切である。また，普段の勉強でわからない語句や慣用表現があれば，そのつど辞書で意味を調べること。慣用表現や四字熟語，漢字については，標準的な問題集を１冊しっかりと仕上げておきたい。

2024年度

問題と解答

総合型選抜　公募制入試：A日程

問題編

▶試験科目・配点

基礎学力テスト

選考型	教科等	科　　目	配　点
Aパターン	国　語	国語総合（古文・漢文を除く）	100点
	調査書	「全体の学習成績の状況」の20倍	100点
	資格点	大学が指定する資格・検定のスコア等を，70点，80点，90点，100点のいずれかに点数化	
Bパターン	選　択	「コミュニケーション英語Ⅰ・Ⅱ，英語表現Ⅰ」，日本史B，現代社会〈省略〉，「数学Ⅰ・A（場合の数と確率）」から1科目選択	100点
	国　語	国語総合（古文・漢文を除く）	100点
Cパターン	選　択	「コミュニケーション英語Ⅰ・Ⅱ，英語表現Ⅰ」，日本史B，現代社会〈省略〉，「数学Ⅰ・A（場合の数と確率）」から1科目選択	100点
	国　語	国語総合（古文・漢文を除く）	100点
	調査書	「全体の学習成績の状況」の20倍	100点
Dパターン	選　択	「コミュニケーション英語Ⅰ・Ⅱ，英語表現Ⅰ」，日本史B，現代社会〈省略〉，「数学Ⅰ・A（場合の数と確率）」から1科目選択	100点
	国　語	国語総合（古文・漢文を除く）	100点
	資格点	大学が指定する資格・検定のスコア等を，70点，80点，90点，100点のいずれかに点数化	

▶備　考

- 試験日自由選択制。試験日ごとの問題の難易度の違いによる有利・不利をなくすため，総得点を偏差値換算して合否判定を行う。

【資格・検定を有している場合】

Aパターン：「国語」＋「調査書」＋「資格点」の総得点

Bパターン：「国語」＋「選択１科目」のうち高得点の１科目を２倍にした総得点

Cパターン：「国語」＋「選択１科目」＋「調査書」の総得点

Dパターン：「国語」＋「選択１科目」＋「資格点」の総得点

上記４パターンのうち最も上位の総得点を採用。受験生自身が選考パターンを選択する必要はない。

【資格・検定を有していない場合】

Bパターン：「国語」＋「選択１科目」のうち高得点の１科目を２倍にした総得点

Cパターン：「国語」＋「選択１科目」＋「調査書」の総得点

上記２パターンのうち最も上位の総得点を採用。受験生自身が選考パターンを選択する必要はない。

英　語

（2科目90分）

◆各小問の配点

大問	配点
Ⅰ	各2点
Ⅱ	各2点
Ⅲ	各2点
Ⅳ	各3点
Ⅴ	各3点
Ⅵ	各3点

Ⅰ. 次の各英文の（　　　）に入れるのに最も適当なものを一つ選びなさい。

(1) I can't find the card key anywhere, and can't open my office door. I must (　　　) it at home.

(a) leave　　(b) left　　(c) have left

(2) Of the two plans that my fellow proposed, I like the (　　　) better than the former from a cost-effective standpoint.

(a) latter　　(b) later　　(c) late

(3) The local police (　　　) still looking for the thieves. They stole a police car this morning.

(a) have　　(b) is　　(c) are

(4) I learned that honesty is the best policy, but we are living in a world (　　　) honesty does not pay.

(a) which　　(b) where　　(c) what

(5) The professor says that we can call and ask him about our papers even at midnight. It's 1:00 a.m. Do you think he's still (　　　)?

(a) wake　　(b) awake　　(c) to wake

(6) I thought Mr. Nakamura's behavior was (　　　) of a gentleman. Everybody admired him.

(a) that　　(b) it　　(c) this

(7) (　　　) is dangerous to go out at such a snowy night. We should stay home and watch TV.

(a) That　　(b) This　　(c) It

(8) (　) a cool train that is! I'm glad to have my camera with me. I can take many pictures of that.

(a) What　(b) How　(c) Where

(9) I saw a student (　　) in the rain this morning. She seemed to be late for school.

(a) to run　(b) running　(c) ran

(10) Let's go swimming to the beach if it (　) fine tomorrow. I know you are a good swimmer.

(a) will be　(b) be　(c) is

Ⅱ. 次の会話文中の(　)に入れるのに最も適当なものを一つ選びなさい。

(1) Mother: How about taking a break? Shall I make a strawberry smoothie for you?

Daughter: (　　　　　) I have to finish my online homework by the deadline.

Mother: All right.

(a) May I help you?　(b) Oh, don't bother.

(c) Behave yourself!

(2) A: Can you take a leave next month?

B: (　　　　　). I'm still very busy but haven't yet taken a paid vacation this year.

A: I see. Let's visit our father's grave.

(a) Cheer up　(b) Hopefully　(c) I know

(3) A: We missed the last bus. Do we have enough money to take a taxi?

B: (　　　　　　　　　　). We'd better take a train.

(a) I doubt it　　(b) Keep the change

(c) Might as well

(4) A: Are you sure you didn't tell Chihiro about our plans for her birthday?

B: (　　　　　　　　　　)! I haven't seen her for a while.

A: Good! We are going to be ready in a few days.

(a) Well done　　(b) Toast　　(c) I swear

(5) A: My nephew highly recommended this novel to me last month. Should I buy it?

B: (　　　　　　　　　　). I, too, read it before. I think it's too boring for you to read to the end.

(a) I'd love to　　(b) No booking fees

(c) It's not worth it

Ⅲ. 次の各英文の（　　）に入れるのに最も適当なものを一つ選びなさい。

(1) She has been busy handling another matter. How did she come (　　) with such a good idea?

(a) up　(b) on　(c) to

(2) We think three hours of driving has worn you out. Let's pull (　　) at the next rest stop.

(a) over　(b) down　(c) in

(3) The government should do (　　) with those old regulations because many people are against them.

(a) above　(b) away　(c) along

(4) We want you to undertake an extra job. Can you consider it? We look forward (　　) hearing from you soon.

(a) of　(b) on　(c) to

(5) Now I'm too busy to get enough rest. So it'll take me a long time to get (　　) my cold.

(a) up　(b) over　(c) away

Ⅳ．次の各英文の空欄を補うようにA～Dの語句を並べ替えた場合、最も適当な順番となるものを(a)～(c)から一つ選びなさい。ただし、文頭に来るべき語も小文字で始めています。

(1)　弟がさっき踏んづけちゃったのはネコだったんだよ。

It was ______ ______ ______ ______ a moment ago.

A．a cat　B．that　C．my brother　D．stepped on

(a)　A－B－C－D　(b)　C－D－A－B　(c)　A－B－D－C

(2)　テーブルの上のポットを私に持ってきてください。

Please get ______ ______ ______ ______.

A．me　B．on　C．the table　D．the pot

(a)　D－A－B－C　(b)　A－D－B－C　(c)　D－B－C－A

(3)　彼はお金をすっかりなくしてしまったので、欧州旅行する計画をあきらめた。

______ ______ ______ ______, he gave up his plan to take a trip to Europe.

A．lost　B．having　C．his money　D．all

(a)　B－A－D－C　(b)　C－D－B－A　(c)　D－C－B－A

(4)　あの古い建物が何か知っていますか。

Do you know ______ ______ ______ ______?

A．that　B．what　C．old building　D．is

(a)　A－D－C－B　(b)　A－C－D－B　(c)　B－A－C－D

(5)　彼女の表情から、父からの誕生日プレゼントを気に入ってないことがわかった。

______ ______ ______ ______ was not pleased with the birthday present from her father.

A．that　B．she

C．her expression　D．showed

(a)　A－D－C－B　(b)　C－D－A－B　(c)　C－B－A－D

V. 次の各英文の訳として最も適当なものを一つ選びなさい。

(1) **We regret rejecting your offer.**

(a) あなたの提案を拒否すれば悔いが残ります。

(b) 私たちが残念なのはあなたからのご提案がなかったことです。

(c) あなたの申し出をお受けできなかったことを後悔しています。

(2) **I'm by no means angry with my son.**

(a) 決して息子に怒ってはいないよ。

(b) 息子には憤りを禁じえない。

(c) どうやって息子を叱るべきかわからない。

(3) **When my daughter returns home from the club activity, I will have eaten dinner.**

(a) 娘が部活から帰って来たら夕食にしよう。

(b) 私が晩ご飯を食べている間に娘が部活から帰って来るだろう。

(c) 娘が部活から帰って来る頃には私は夕食を済ませているだろう。

(4) **We went to the amusement park, where we had a fight.**

(a) 私たちは遊園地に行ったが、そこで口論をした。

(b) 以前どの遊園地に行ったかについて、私たちは口論になった。

(c) 私たちは以前けんかをした遊園地に行った。

(5) **Without your homerun, we would have lost the game.**

(a) 君がホームランを打たないと、試合に勝てないだろう。

(b) 君のホームランがなかったら、試合に負けていただろう。

(c) 君がホームランを打ったとしても試合には勝てなかっただろう。

VI. 次の英文を読み、後に続く各設問に対する最も適当な答えを一つずつ選びなさい。

The 500 Series *Shinkansen* is a very stylish train. There is a practical reason for the design of the front. The train made a loud noise when it entered tunnels at high speed. However, the designers worked hard to find a solution for reducing this noise.

One of the solutions they① found was to make the nose of the train very long like a kingfisher's beak. The kingfisher is a kind of bird that is very good at diving into the water and catching fish. The shape of its beak enables it to dive with very little resistance to water. (②), the nose of the train acts like a kingfisher's beak to reduce the air resistance that causes noise in tunnels.

There are many other products that have been created by studying living creatures. In Africa there is an air-conditioning system that uses very small amounts of energy. The buildings with this eco-friendly air-conditioning system have specially designed chimneys, and windows with hoods. When wind blows, these chimneys and windows let out hot air from inside the building. Also, the walls are made with different thicknesses to absorb heat during the daytime, which they let out in the evening. This system imitates the natural ventilation③ system of a mound made by white ants. In Africa, the air temperature changes from about 10℃ to 40℃, but the temperature inside the mounds always stays around 30℃.

(Ushiro, Y., Nakagawa, C., & Le Pavoux, M., *Reader's Ark Basic*, 金星堂)

(注) kingfisher：カワセミ

beak：くちばし

mound：(土砂や石などを積み上げた) 山、マウンド

(1)　下線部①の they は何を指すか。最も適当なものを選びなさい。

(a)　the tunnels

(b)　the designers

(c)　the solutions

(2)　(　②　) に入る語として最も適当なものを選びなさい。

(a)　Similarly

(b)　Mostly

(c)　Contrarily

(3)　下線部③の ventilation を同じ意味を持つ本文中の語はどれか。最も適当なものを選びなさい。

(a)　living creature

(b)　air-conditioning

(c)　building

(4)　本文の内容と一致しないものはどれか。最も適当なものを選びなさい。

(a)　水面に飛び込むのが上手な鳥の存在が500系新幹線の設計のヒントになった。

(b)　アフリカの建物の中には、熱気を吸入または排出するために厚さが一定でない壁を持つものがある。

(c)　シロアリが作るマウンドの中の温度はいつも10～40℃である。

(5)　本文のタイトルとして最も適当なものを選びなさい。

(a)　Learning from Nature

(b)　Good Points of the 500 Series *Shinkansen*

(c)　High Technology Products in Japan and Africa

Genetic modification, or GM, is a hotly debated topic. Some believe that we can use it to solve a lot of the world's problems. Others think that we will end up causing more harm than good. Let's put the debate to one side and take a look at some of the things scientists are doing with GM.

Scientists have been studying tomatoes. For many years, they've tried to create a tomato with a vaccine in it. They plan to make these tomatoes into pills. These pills would be easy and cheap to produce and distribute. Using this method, people in poor countries would be able to afford the vaccines. Some people like this idea; however, the public is worried that these vegetables could get mixed up with normal vegetables. For greater (①), scientists are also trying to grow vaccines in plants that people don't usually eat.

Researchers have not only been working on food. You may have heard of modified bacteria that can clean up oil spills. Some researchers are looking at modified bacteria to turn soybean oil into fuel for cars. This fuel burns more cleanly than regular fuel, and many people have high expectations for it. Unfortunately, it takes a lot of land to grow enough soybeans for it.

Another GM product might surprise you. Scientists have added spider genes to goats! These goats then produce special proteins in their milk. The scientists hope these proteins will be as strong as spider silk. The reason is that spider silk is five times stronger than steel. Someday, they could make bulletproof clothing that looks and feels like a nice silk shirt. The proteins can also be used to make fishing nets that dissolve ② in water. That's good news for the oceans, which are already full of garbage.

Whether you are for or against genetic modification, it's hard not to be amazed by these developments ③. We can only guess at what the future holds.

(Sato, A., & Tidwell, V., *READING SUCCESS 2*)

(注) genetic modification：遺伝子組み換え
vaccine：ワクチン
pill：丸剤や錠剤などの薬
bacteria：最も原始的な単細胞生物の通称。細菌類
spill：こぼすこと、こぼれ
protein：たんぱく質
garbage：ごみ

(6) (①) に入る語として最も適当なものを選びなさい。

(a) safety
(b) difficulty
(c) comfortability

(7) 第2段落の内容と一致するものはどれか。最も適当なものを選びなさい。

(a) トマトの研究者は農薬を使わずにトマトを育てる方法を発見した。
(b) 貧しい国の人々がワクチン入りの野菜を気軽に買えるようになることが期待されている。
(c) 食用でない植物を食用に変える特別なワクチンが開発中である。

(8) 下線部②の dissolve と同じ意味を表す語はどれか。最も適当なものを選びなさい。

(a) float
(b) melt
(c) sink

(9) 下線部③の these developments の内容と一致しないものはどれか。最も適当なものを選びなさい。

(a) 薬の代わりになるトマトを甘くするバクテリア
(b) 大豆油を自動車用燃料に変えるバクテリア
(c) クモの遺伝子を持つヤギが作る特殊なたんぱく質

⑽ 筆者の意見として最も適当なものを選びなさい。

(a) In the future, we can distinguish easily between normal vegetables and vegetables containing vaccines.

(b) Increasing soybean fields in order to produce a new type of fuel will prevent global warming.

(c) The development of GM products which goes beyond our expectations will continue.

日本史

（2科目90分）

◆各小問の配点

大問	小問	配点
Ⅰ	①③⑤⑦⑨	各2点
	②④⑥⑧⑩	各3点
Ⅱ	①③⑤⑦⑨	各2点
	②④⑥⑧⑩	各3点
Ⅲ	①③⑤⑦⑨	各2点
	②④⑥⑧⑩	各3点
Ⅳ	①③⑤⑦⑨	各2点
	②④⑥⑧⑩	各3点

Ⅰ　次の文章を読んで、空欄 [①] ～ [⑩] にあてはまる最適な語句を、下の語群から選び、解答欄の記号をマークしなさい。

9世紀の半ばまでは、桓武天皇や嵯峨天皇が貴族たちをおさえて強い権力を握り、国政を指導した。しかし、この間に藤原氏とくに [①] が天皇家との結びつきを強めて、しだいに勢力を伸ばした。

858年に幼少の清和天皇を即位させた藤原 [②] は、天皇の [③] として摂政になり、866年の [④] の変では、伴・ [⑤] の両氏を没落させた。 [②] の地位を継いだ藤原基経は、 [⑥] 天皇を譲位させて光孝天皇を即位させ、天皇はこれに報いるために、884年に基経をはじめて [⑦] とした。さらに基経は、 [⑧] 天皇が即位に当たって出した勅書に抗議して、 [⑨] 年、これを撤回させ、関白の政治的地位を確立した。こうして藤原氏 [①] の勢力は、急速に拡大した。

基経の死後、藤原氏を母方の親戚である外戚としない [⑧] 天皇は摂政・ [⑦] をおかず、学者 [⑩] を重く用いたが、続く醍醐天皇の時、藤原時平は策謀を用いて追放した。

[語　群]

(a) 関　白	(b) 外祖父	(c) 陽　成	(d) 太安万侶
(e) 888	(f) 惺　窩	(g) 畠　山	(h) 孝　謙
(i) 末期養子	(j) 良　房	(k) 894	(l) 薬　子
(m) 聖　武	(n) 太政大臣	(o) 北　家	(p) 菅原道真
(q) 応天門	(r) 宇　多	(s) 紀	(t) 南　家

Ⅱ　次の文章を読んで、空欄 [①] ～ [⑩] にあてはまる最適な語句を、下の語群から選び、解答欄の記号をマークしなさい。

承久の乱の頃の武士は開発領主の系譜を引き、先祖以来の地に住み着いて、所領を拡大してきた。彼らは、河川の近くの微高地を選んで [①] をかまえ、周囲には堀・溝や塀をめぐらして住んでいた。その周辺部には、年貢や [②] のかからない直営地を設け、下人や所領内の農民を使って耕作させた。そして荒野の開発を進めていき、みずからは地頭など現地の管理者として、農民から年貢を徴収して [③] や荘園領主におさめ、定められた収入として [④] などを得ていた。

彼らは一族の子弟・女子たちに所領をわけ与える [⑤] を原則としていたが、それぞれは一族の血縁的統制のもとに、宗家を首長と仰ぎ、活動を広げていった。この宗家と分家との集団は、一門・一家と称され、宗家の首長を [⑥] 、ほかを [⑦] と呼んだ。武士の生活は簡素で、みずからの地位を守るためにも武芸を身につけることが重視され、彼らの日常生活の中から生まれた「武家のならい」などと呼ばれる道徳は、後世の [⑧] の起源となった。

支配権を拡大しようとする武士たちは、荘園・公領の領主や、近隣の武士とのあいだで年貢の徴収や境界の問題をめぐって紛争をおこすことが多かった。紛争解決のために領主たちは、やむを得ず地頭に荘園の管理いっさいを任せて、一定の年貢納入だけを請け負わせる [⑨] の契約を結んだり、さらには現地の土地の相当部分を地頭にわけ与え、相互の支配権を認め合う [⑩] の取決めをおこなったりすることもあった。幕府もまた、当事者間の取決めによる解決を勧めたので、荘園などの現地の支配権はしだいに地頭の手に移っていった。

［語　群］

(a) 公　事　　(b) 関　所　　(c) 駅　家　　(d) 分割相続

(e) 庶　子　　(f) 武士道　　(g) 食　封　　(h) 国　衙

(i) 管　領　　(j) 棟別銭　　(k) 館　　(l) 番　頭

(m) 加徴米　　(n) 下地中分　　(o) 本途物成　　(p) 惣　請

(q) 単独相続　　(r) 地頭請所　　(s) 経世論　　(t) 惣　領

Ⅲ 次の文章を読んで、空欄 ① ～ ⑩ にあてはまる最適な語句を、下記の語群から選び、解答欄の記号をマークしなさい。

幕府の財政収入は、17世紀末には400万石にもおよぶ直轄領から上がる年貢のほか、佐渡・ ① ・但馬生野・石見大森など主要鉱山からの収入であった。また、江戸・京都・大坂・長崎・堺などの重要都市を直轄にして、商工業や貿易を統制し、貨幣の鋳造権も握った。幕府の軍事力は、将軍直属の家臣団である旗本・御家人のほか、 ② の負担する軍役で構成され、圧倒的な力を保持していた。

幕府の職制は、徳川家康・ ③ 時代に側近たちが担ってきたのを改め、3代将軍家光の頃までに整備された。初め年寄と呼ばれて幕府の中枢にあった重臣が、 ④ と呼ばれ政務を統轄するようになった。臨時の最高職である大老は将軍代がわりなど、重要事項の決定のみ合議に加わった。

地方組織では、 ⑤ が重要で、朝廷の統制や西国大名の監視などをおこなった。重要都市の京都・大坂・ ⑥ には城代と町奉行が、 ⑦ ・長崎・佐渡・日光などには奉行がおかれた。また幕府直轄領では、関東・飛驒・美濃などには ⑧ が、そのほかには代官が派遣され、 ⑨ が統轄した。大名は、初期には領内の有力武士に領地を与え、その領民支配を認める ⑩ 知行制をとる場合もあったが、しだいに領内一円支配を進めて、有力武士も家臣団に編成して城下町に集住させ、家老や奉行などの役職につけて藩政を分担させた。

［語　群］

(a) 伏　見	(b) 大御所	(c) 秀　忠	(d) 小　浜
(e) 勘定奉行	(f) 金　沢	(g) 手　代	(h) 京都所司代
(i) 家　綱	(j) 伊　豆	(k) 若年寄	(l) 諸大名
(m) 大目付	(n) 地　方	(o) 老　中	(p) 松　江
(q) 郡　代	(r) 側用人	(s) 駿　府	(t) 町　方

Ⅳ　次の文章を読んで、空欄 [①] ～ [⑩] にあてはまる最適な語句を、下の語群から選び、解答欄の記号をマークしなさい。

1900年に入ると、清国では「 [①] 」をとなえる団体が勢力を増して各地で外国人を襲い、北京の列国公使館を包囲する [②] 事件がおこった。清国政府も [②] に同調して、列国に宣戦を布告した。これを [③] という。日本を含む列国は、連合軍を派遣し、 [②] を北京から追って清国を降伏させ、 [④] 年には清国と [⑤] を結んだ。

宗主国であった清国の [⑥] 戦争における敗北は、朝鮮王朝の外交政策にも影響を与え、ロシアの支援で日本に対抗する動きが強まり、親露政権が成立した。この政権は、日本に対抗する意味もあって、1897年、国号を [⑦] と改め、朝鮮国王も皇帝を名乗った。

[③] を機にロシアは中国北東部の [⑧] を事実上占領し、同地域における独占的権益を清国に承認させた。韓国と陸続きの中国東北部がロシアの手中に入れば、日本の韓国における権益がおびやかされるため、日本はロシアとの協調政策を変更し始めた。日本政府内には伊藤博文をはじめロシアとの「満韓交換」を交渉でおこなおうとする [⑨] もあったが、桂内閣はイギリスと同盟して韓国での権益を守る方針をとり、 [⑩] 年に日英同盟協約が締結された。

［語　群］

(a) 1905	(b) 門戸開放	(c) 扶清滅洋	(d) 旅　順
(e) 大韓民国	(f) 大韓帝国	(g) 1901	(h) 1902
(i) 義和団	(j) ハーグ密使事件	(k) 1894	(l) 脱亜論
(m) 北京議定書	(n) 日　清	(o) 南　北	(p) 北清事変
(q) 満　州	(r) 日露協商論	(s) 天津条約	(t) 甲申事変

数　学

（2科目90分）

◆各小問の配点

(1)〜(20)：各5点

問題文中の空欄 **ア** 〜 **ト** には，0〜9のいずれかの数字が入る。

空欄に当てはまる数字を解答用紙の解答欄**ア**〜**ト**にマークしなさい。ただし，設問に選択肢が設けられている場合は，空欄にあてはまる選択肢の番号をマークしなさい。なお，解答用紙のマーク欄±，−，＊は使用しないので注意すること。

（1）　$(x-1)(x+1)(x^2-1)=x^4-$ **ア** x^2+1 である。

（2）　$8xy+6y-4x-3=(4x+3)($ **イ** $y-1)$ である。

（3）　$x-\dfrac{1}{x}=\dfrac{1}{2\sqrt{3}}$ のとき，$x+\dfrac{1}{x}=\pm\dfrac{\boxed{ウ}\sqrt{3}}{6}$ である。

（4）　$\dfrac{\sqrt{3}}{\sqrt{5}-\sqrt{3}}-\dfrac{\sqrt{3}}{\sqrt{5}+\sqrt{3}}=$ **エ** である。

（5）　5人からなる2つの班A，Bがある。A班とB班の数学の小テストの得点は以下の表のとおりである。A班とB班の得点を比較したところ，A班の平均点は，B班の中央値より，1点低かったという。このとき，表の空欄（A班）の人の得点は， **オ** 点である。

	No.1	No.2	No.3	No.4	No.5
A 班	9	5	4		5
B 班	7	5	7	4	10

(6)　2 次関数 $y=-2x^2+4x+2$ のグラフの頂点の y 座標は，[カ] である。

(7)　設問(6)の 2 次関数の $0 \leqq x \leqq 3$ の範囲における y の最小値は，$-$[キ] である。

(8)　設問(6)の 2 次関数のグラフを x 軸方向に -3，y 軸方向に [ク] だけ平行移動すると，$y=-2x^2-8x+3$ のグラフに重なる。

(9)　2 次関数 $y=x^2+(a+1)x+(a+1)$（ただし，a は整数の定数）において，$y \geqq 0$ が常に成立するとき，a の取りうる値は，[ケ] 個ある。

(10)　2 次関数 $y=x^2+ax+b$（ただし，a，b は実数定数）のグラフは，点 (3, 5) を通り，また，軸が直線 $x=2$ であるという。このとき，$b=$ [コ] である。

(11)　$(\tan 20^\circ + \tan 70^\circ)^2 - (\tan 20^\circ + \tan 110^\circ)^2 =$ [サ] である。

(12)　$0° \leqq \theta \leqq 90°$，$\sin\theta = \dfrac{12}{13}$ のとき，$\tan\theta =$ **シ** である。

(12)の**選択肢**

⓪ $\dfrac{13}{3}$　① $-\dfrac{13}{3}$　② $\dfrac{13}{4}$　③ $-\dfrac{13}{4}$　④ $\dfrac{13}{5}$

⑤ $-\dfrac{13}{5}$　⑥ 3　⑦ -3　⑧ $\dfrac{12}{5}$　⑨ $-\dfrac{12}{5}$

(13)　△ABC において，△ABC は鋭角三角形であり，$\angle\mathrm{ABC} = 45°$，$\mathrm{AB} = 5\sqrt{6}$，$\mathrm{AC} = 10$ である。このとき，$\sin\angle\mathrm{BCA} =$ **ス** である。

(13)の**選択肢**

⓪ $\sqrt{2}$　① $\dfrac{\sqrt{2}}{2}$　② $\dfrac{\sqrt{2}}{3}$　③ $\dfrac{\sqrt{2}}{4}$　④ $\dfrac{2\sqrt{2}}{3}$

⑤ $\sqrt{3}$　⑥ $\dfrac{\sqrt{3}}{2}$　⑦ $\dfrac{\sqrt{3}}{3}$　⑧ $\dfrac{\sqrt{3}}{4}$　⑨ $\dfrac{2\sqrt{3}}{3}$

(14)　設問(13)の△ABC において，$\angle\mathrm{CAB} =$ **セ** である。

(14)の**選択肢**

⓪ $15°$　① $25°$　② $30°$　③ $45°$　④ $50°$

⑤ $60°$　⑥ $75°$　⑦ $90°$　⑧ $115°$　⑨ $120°$

(15)　設問(13)の△ABC の外接円の半径は，**ソ** である。

(15)の**選択肢**

⓪ $\dfrac{\sqrt{2}}{2}$　① $\dfrac{2\sqrt{2}}{3}$　② $\sqrt{2}$　③ $2\sqrt{2}$　④ $3\sqrt{2}$

⑤ $4\sqrt{2}$　⑥ $5\sqrt{2}$　⑦ $\sqrt{3}$　⑧ $2\sqrt{3}$　⑨ $3\sqrt{3}$

(16)　4人の子供たちが2人の保護者と縦一列に並んで登校する。安全のため2人の保護者が先頭と最後尾に並ぶとき，列の並び方は全部で，［タ］通りある。

(16)の**選択肢**

⓪ 40　① 42　② 46　③ 48　④ 50

⑤ 360　⑥ 450　⑦ 540　⑧ 630　⑨ 720

(17)　男子5人，女子4人の生徒会の委員9人から，2人の副会長と1人の会長の計3人の役員を選ぶ。このとき，3人の役員全員が男子とはならない，あるいは，全員が女子とはならないような選び方は全部で，［チ］通りある。

(17)の**選択肢**

⓪ 42　① 132　② 192　③ 200　④ 210

⑤ 220　⑥ 230　⑦ 240　⑧ 250　⑨ 252

(18)　100円硬貨が3個，50円硬貨が3個，10円硬貨が4個ある。これらの一部または全部使ってできる金額の種類は全部で，［ツ］通りある。

(18)の**選択肢**

⓪ 36　① 37　② 38　③ 39　④ 40

⑤ 46　⑥ 47　⑦ 48　⑧ 49　⑨ 50

(19)　「0000」，「0001」，「0002」，…，「9999」の4桁の番号のうち，数字の「0」と「1」のどちらも含む番号は全部で，［テ］個ある。

(19)の**選択肢**

⓪ 970　① 971　② 972　③ 973　④ 974

⑤ 975　⑥ 976　⑦ 977　⑧ 978　⑨ 979

(20)　3個のサイコロを同時に振り，出た目のうち，最大値をA，最小値をaとしたとき，その差「$\mathrm{A}-a$」が1より大きくなる確率は，**ト**である。

(20)の**選択肢**

⓪ $\frac{1}{12}$	① $\frac{1}{6}$	② $\frac{1}{4}$	③ $\frac{1}{3}$	④ $\frac{5}{12}$
⑤ $\frac{1}{2}$	⑥ $\frac{7}{12}$	⑦ $\frac{2}{3}$	⑧ $\frac{3}{4}$	⑨ $\frac{5}{6}$

㉚ 天網恢恢《かいかい》疎にして漏らさず。

a 天国に行くためには善人でなければならない。

b 悪事を働いても改心すれば天は赦してくれる。

c 悪事を行えば天罰から逃れることはできない。

d 天の網は水も漏れないほど密にできている。

㉗ 悪事千里を走る。

a 悪人ほど行動力がある。

b 悪い評判ほど早く伝わる。

c 悪人ほど往生際が悪い。

d 悪事をした報いは子孫にも影響する。

㉘ 隗《かい》より始めよ。

a 最初に早起きから始めること。

b 身近なところから始めること。

c 最初に身体を鍛えることから始めること。

d 食生活を整えることから始めること。

㉙ 下手な鉄砲も数撃てば当たる。

a 下手な人間が何かすれば、無関係な人が迷惑する。

b 努力を積み重ねれば、最終的には成功できる。

c 少数の優れた人間がいても人数の多い方が勝つ。

d 下手でも数多く試みれば、まぐれ当たりで成功することもある。

㉓ 厄介な問題を所理するために有能な人剤を集める。

a なし　b 一カ所　c 二カ所　d 三カ所

㉔ 絶体絶命の危畿だったが、間一発脱出した。

a なし　b 一カ所　c 二カ所　d 三カ所

㉕ 禍酷な訓錬で体調を崩して舞台を降番した。

a なし　b 一カ所　c 二カ所　d 三カ所

〔四〕次のことわざの意味として最も適当なものをa～dから一つずつ選びなさい。

㉖ 鬼を酢にして食う。

a 恐ろしいことであっても、全く平気であること。

b 強い者ほど自分の危険に鈍感であること。

c 飢えた人には恐れるものなどないこと。

d 危機を乗り越えて人間が成長すること。

⑱ 往生

a 生還 b 死亡 c 成功 d 失敗

⑲ 傾城

a 滅亡 b 勝利 c 武将 d 美女

⑳ 律儀

a 法律 b 使命 c 実直 d 運命

〔三〕 **次の各文の傍線部の漢字のなかで間違った漢字は何カ所あるか。a～dから一つずつ選びなさい。**

㉑ 規業が蓄えた利益を社会に環元する。

a なし b 一カ所 c 二カ所 d 三カ所

㉒ 親繕大使として国祭貢献のために人力する。

a なし b 一カ所 c 二カ所 d 三カ所

a　一部　　b　友人　　c　主人　　d　奴隷

⑮　傍線部15の具体的な説明として最も適当なものをa～dから一つ選びなさい。

a　他の人が望むような人間
b　自由の使者
c　自分ならではの貢献ができる人間
d　生きる意味を創造する人間

〔二〕　次の各熟語の意味として最も適当なものをa～dから一つずつ選びなさい。

⑯　如月

a　二月　　b　三月　　c　四月　　d　五月

⑰　光陰

a　時間　　b　南北　　c　失敗　　d　人生

a　こうけん　b　こうこん　c　へいけん　d　へいこん

⑪　傍線部11の意味として最も適当なものをa～dから一つ選びなさい。

a　仕事ができない
b　やる気が無い
c　だらしない
d　出世ができない

⑫　傍線部12の同義語として最も適当なものをa～dから一つ選びなさい。

a　成功者　b　勝利者　c　幸福者　d　立役者

⑬　傍線部13の理由として最も適当なものをa～dから一つ選びなさい。

a　彼が生きる意味を創造する人間であるから。
b　彼がかわいい奥さんに支えられているから。
c　彼がとても自由な人間であるから。
d　彼が仕事と遊びをうまく両立しているから。

⑭　空欄 **14** に入る言葉として最も適当なものをa～dから一つ選びなさい。

a 久　b 急　c 朽　d 究

⑥ 傍線部**6**の理由として最も適当なものを**a**～**d**から一つ選びなさい。

a 高い数字を得ることが生きる目標となってしまうから。
b 自由に競争できるから。
c 生きる意味から解放されるから。
d いろいろな障壁が取り除かれるから。

⑦ 傍線部**7**の漢字として最も適当なものを**a**～**d**から一つ選びなさい。

a 獲　b 稼　c 確　d 穫

⑧ 空欄 **8** に入る言葉として最も適当なものを**a**～**d**から一つ選びなさい。

a 消極　b 感覚　c 効率　d 受動

⑨ 傍線部**9**の漢字として最も適当なものを**a**～**d**から一つ選びなさい。

a 変革　b 変格　c 偏角　d 辺角

⑩ 傍線部**10**の読みとして最も適当なものを**a**～**d**から一つ選びなさい。

※　主として二〇〇一年以降に行われた一連の規制改革政策を指す。

①　傍線部1の漢字として最も適当なものをa～dから一つ選びなさい。

a　渦状　　b　過乗　　c　箇条　　d　過剰

②　空欄 [2] に入る言葉として最も適当なものをa～dから一つ選びなさい。

a　病　　b　呪　　c　希　　d　悟

③　傍線部3の読みとして最も適当なものをa～dから一つ選びなさい。

a　はま　　b　おちい　　c　くる　　d　つま

④　傍線部4の意味として最も適当なものをa～dから一つ選びなさい。

a　幾重にもしばりつけること

b　わずかにほつれること

c　しっかりつながっていること

d　完全にばらけていること

⑤　傍線部5の漢字として最も適当なものをa～dから一つ選びなさい。

そこからの脱出は、私たちひとりひとりが自分自身の生きる意味を創造していける社会への9ヘンカクである。〈生きる意味を創造するものとしての人間〉という人間像こそが、私たちを解放へと導くものなのである。「社会に生きている人間は誰もが高い報酬を得ることを第一の欲求としている」ということが前提とされている社会の、「生きる意味」におけるあまりの貧しさは、既に繰り返し指摘してきた。仕事のやりがいは報酬の額だけではない。自分の仕事に対する誇り、自分の技量が生かされ、自分ならではの10貢献ができることの喜び。仕事が取り結ぶ人間関係の豊かさ。報酬の額という数字ではなく、「仕事自体」の喜びがそこにはある。

あるいは、仕事からの報酬はそこそこのものでいい、家族との時間やオフタイムの趣味が楽しくてしょうがないという人もいるだろう。例えば『釣りバカ日誌』のハマちゃんは11うだつの上がらないサラリーマンで、出世街道にも乗りそびれているけれど、しかし彼はとても幸せそうだ。それは彼が彼独自の「生きる意味」に支えられているからで、釣りの世界では社長ともタメ口がきけてしまうような自由さがそこにはある。そしてその「生きる意味」をかわいい奥さんも支えてくれているのだから、本当に12果報者である。私はこれまで「二一世紀の人間像」といった講演やシンポジウムで、この『釣りバカ日誌』のハマちゃんを13「これぞ二一世紀社会における一番「強い」人間像だ」と紹介したことが何回もあるのだが、それは彼が「生きる意味」の創造者であり、「生きる意味」の自立を成し遂げているからである。

経済的に自立していても、「生きる意味」において自立していなければ、私たちはこの社会システムの［ 14 ］となってしまう。学校の成績が良くても、本当に自分のやりたいことが分かっていなければ、私たちは単なる15「いい子」だ。そこから本当に自分自身が「意味の創造者」となれるかどうかが問われているのである。

（上田　紀行著　『生きる意味』による）

〔一〕　**次の文を読んであとの設問に答えなさい。**

いま私たちの社会に求められていること、それは「ひとりひとりが自分自身の「生きる意味」の創造者となる」ような社会作りである。

長い間、この日本社会で私たちは「他者の欲求」を生きさせられてきた。他の人が欲しいものをあなたも欲しがりなさい。そして「他者の目」を[1]カジョウに意識させられてきた。他の人が望むようなあなたになりなさい。しかし、そうやって自分自身の「生きる意味」を他者に譲り渡すことによって得られてきた、経済成長という利得は既に失われ、私たちは深刻な「生きる意味の【2】」に[3]陥っている。

そこで彗《すい》星のごとく現れ出た「構造改革」※は、私たちを[4]がんじがらめの不毛な「生きる意味」から解放する、自由の使者のように登場した。しかし、それは一見自由に見えて「生きる意味」においては私たちに全く自由を与えない。「高い報酬を与えられる」ということ、「高い数字を得る」ということが誰にとっても[5]キュウ極の価値であるという目標が与えられ、その目標を達成するための競争においていままではいろいろな障壁があったのでそれを取り除き、これからは自由に競争できるようにしましょう、という社会ははたして自由な社会であろうか。それは「競争の自由」であって、決して「生きる意味の自由」ではない。それどころか、[6]私たちの「生きる意味」はこれまでよりもいっそう「数字」に縛りつけられることになるのだ。

私たちの抱えている一番の問題、それは私たちが「生きる意味を生み出す自由」を[7]カク得していないということだ。私たちの「生きる意味」は誰かから与えられる。そしてその「生きる意味」に向かってなるたけ【8】的に生きなさいという社会。私がいようといまいと、私の「生きる意味」は最初から決まっているように感じられてしまう社会。それは私たちの社会の意味のシステムと私たちひとりひとりの意識が重なり合って生まれている「生きる意味の【2】」なのである。

国語

（二科目九〇分）

◆各小問の配点

大問	小問	配点
一	①〜⑩	各四点
	⑪〜⑮	各三点
二	⑯〜⑳	各三点
三	㉑〜㉕	各三点
四	㉖〜㉚	各三点

解答編

英　語

I 解答

(1)―(c)　(2)―(a)　(3)―(c)　(4)―(b)　(5)―(b)　(6)―(a)
(7)―(c)　(8)―(a)　(9)―(b)　(10)―(c)

解説

(1)「私はそれを家に置いてきたにちがいない」と過去の推測なので，must have *done*「～したにちがいない」を用いる。

(2) the former は「前者」，the latter は「後者」の意味。

(3) police は複数扱いの名詞。

(4) honesty does not pay「正直は割に合わない（報われない）」の部分が完全な文になっているので，前には関係副詞 where がくる。

(5) be awake で「起きている」という状態を表す。

(6) that of～の that は the＋既出の名詞で置き換えられる。ここでは the behavior of a gentleman「紳士のふるまい」の意味。なお it にこの形はない。

(7) It は形式主語で to 以下が真主語。

(8) What a＋形容詞＋名詞（＋SV)! という形の感嘆文。

(9) saw a student running「生徒が走っているのを見た」の意味。知覚動詞＋O＋現在分詞の形。

(10) 条件を表す if 節では未来の内容でも現在形を用いる。

II 解答

(1)―(b)　(2)―(b)　(3)―(a)　(4)―(c)　(5)―(c)

解説

(1)「休憩したらどう？」に対して，Oh, don't bother.「ああ，気にしないで〔結構です〕」を選ぶ。

(2)「休みは取れないの？」に対して，「取れたらいいな。今のところとても忙しいけど，今年はまだ有給休暇を取っていないんだ」と答える。Hopefully.「そうだといいな」

(3)「最終バスに乗り遅れた。タクシーに乗るだけのお金はあるかな？」に対して，「疑わしいね。電車に乗った方がいいよ」と答える。I doubt it.「それを疑わしく思う」

(4)「チヒロに誕生日の計画のことを話していないと確信できる？」に対して，「本当だよ。彼女とはしばらく会っていないんだ」と答える。I swear「誓ってもいい，本当だよ」

(5)「甥が先月私にこの小説をすごくすすめていたんだ。買った方がいいかな？」に対して，「その価値はないよ。私も以前にそれを読んだ。君が最後まで読むには退屈すぎると思う」と答える。It's not worth it.「そんな価値はない」

Ⅲ　解答　**(1)**—(a)　**(2)**—(a)　**(3)**—(b)　**(4)**—(c)　**(5)**—(b)

解説

(1)「どうやって彼女はそんな良い考えを思いついたのですか」という意味なので，(a)を選ぶ。come up with ～「～を思いつく」

(2)「次の休憩所で停まろう」 pull over も pull in も「車を（路肩に）停める」という意味があるが，pull in には「(目的地に到着して) 停止する」という意味があり，pull over は，どこかに行く途中で立ち寄るという意味があるので，(a)over を選ぶ。

(3)「多くの人が反対しているので，政府はそれらの古い規則は廃止するべきだ」という意味なので，(b)を選ぶ。do away with ～「～を廃止する」

(4)「あなたから連絡があるのを楽しみにしています」 look forward to *doing*「～するのを楽しみに待つ」

(5)「だから風邪が治るのに長い時間がかかるだろう」 get over ～「を克服する，～が治る」

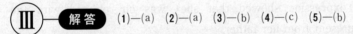

Ⅳ 解答 (1)—(a)　(2)—(b)　(3)—(a)　(4)—(c)　(5)—(b)

解説

(1) It was (a cat that my brother stepped on) a moment ago.

強調構文 It is *A* that～「～なのは *A* だ」の形。

(2) Please get (me the pot on the table).

第 4 文型 get IO DO という形で「IO に DO を与える，持ってくる」という意味。

(3) (Having lost all his money), he gave up his plan to take a trip to Europe.

分詞構文で接続詞を使って書き換えると As he had lost all his money となる。

(4) Do you know (what that old building is)?

What is that old building is? を Do you know に続く間接疑問文にしたもの。

(5) (Her expression showed that she) was not pleased with the birthday present from her father.

無生物を主語にして「彼女の表情は彼女が父からの誕生日プレゼントを気に入ってないことを示していた」という文にする。

Ⅴ 解答 (1)—(c)　(2)—(a)　(3)—(c)　(4)—(a)　(5)—(b)

解説

(1) regret *doing*「～したことを後悔する」

(2) by no means「決して～ない」

(3) will have *done*「～してしまっているだろう」

(4) 継続用法の関係副詞 , where はここでは but there の意味。書き換えると，but we had a fight there となる。

(5) 仮定法過去完了の文なので直訳すると「君のホームランがなかったなら，私たちは試合に負けていただろう」となる。

Ⅵ 解答

(1)―(b)　(2)―(a)　(3)―(b)　(4)―(c)　(5)―(a)　(6)―(a)
(7)―(b)　(8)―(b)　(9)―(a)　(10)―(c)

解説

《自然から学ぶこと》

(1)　the solutions they found は「彼らが見つけた解決策」という意味。この「彼ら」は前文の the designers「設計者」を指す。

(2)　「くちばしの形のおかげでカワセミはほとんど抵抗なく水に飛び込むことができる」「同様に，その列車の先端部はカワセミのくちばしのように～」と続くので，Similarly「同様に」を選ぶ。

(3)　ventilation は「換気，空調」の意味なので，air-conditioning「空調」を選ぶ。

(4)　(a)は第2段の内容に一致。(b)は最終段第5文（Also, the walls …）に一致。(c)は最終段最終文（In Africa, the air …）に「マウンドの中の温度は常に約30度を保つ」とあるので，一致しない。

(5)　「新幹線がトンネルの中で騒音を引き起こす空気抵抗を減らすためにカワセミの長いくちばしをヒントにし，シロアリのマウンドの自然の空調装置をまねてアフリカで建物の空調設備を作った」のだから，(a) Learning from Nature「自然から学ぶこと」が適切。

《遺伝子組み換え》

(6)　空欄①の前文に「大衆はワクチン入りの野菜が普通の野菜と混じる可能性があることを心配している」とあるので，続く文は for greater safety「より安全性を高めるために」となる。

(7)　(b)が第2段第4～5文（These pills would …）の内容に一致。(a)，(c)は本文に記載なし。

(8)　「水に溶ける漁網」という意味になるので，melt「溶ける」を選ぶ。

(9)　(b)は第3段第3文（Some researchers are …）に一致。(c)は第4段第3文（These goats then …）に一致。(a)は第2段に「中にワクチンが入ったトマト」のことしか書かれていないので不一致。

(10)　最終段に「あなたが遺伝子組み換えに賛成であろうと反対であろうと，これらの開発に驚かないことは難しい。私たちは将来がどうなるかを推測することしかできない」とあるので，(c)「私たちの予想を超える遺伝子組み換え製品の開発は続くだろう」に近い。

日本史

Ⅰ 解答 《摂関政治》

①―(o) ②―(j) ③―(b) ④―(q) ⑤―(s) ⑥―(c) ⑦―(a) ⑧―(r)
⑨―(e) ⑩―(p)

Ⅱ 解答 《鎌倉時代の武士の生活と土地支配》

①―(k) ②―(a) ③―(h) ④―(m) ⑤―(d) ⑥―(t) ⑦―(e) ⑧―(f)
⑨―(r) ⑩―(n)

Ⅲ 解答 《江戸幕府の財政と職制》

①―(j) ②―(l) ③―(c) ④―(o) ⑤―(h) ⑥―(s) ⑦―(a) ⑧―(q)
⑨―(e) ⑩―(n)

Ⅳ 解答 《日露戦争と日英同盟》

①―(c) ②―(i) ③―(p) ④―(g) ⑤―(m) ⑥―(n) ⑦―(f) ⑧―(q)
⑨―(r) ⑩―(h)

数　学

①〜⑤ 解答 《数と式，データの分析》

(1)**ア．** 2　(2)**イ．** 2　(3)**ウ．** 7　(4)**エ．** 3　(5)**オ．** 7

⑥〜⑩ 解答 《2次関数》

(6)**カ．** 4　(7)**キ．** 4　(8)**ク．** 7　(9)**ケ．** 5　(10)**コ．** 8

⑪〜⑮ 解答 《図形と計量》

(11)**サ．** 4　(12)**シ．** ⑧　(13)**ス．** 6　(14)**セ．** ⑥　(15)**ソ．** ⑥

⑯〜⑳ 解答 《場合の数，確率》

(16)**タ．** ③　(17)**チ．** ④　(18)**ツ．** ⑧　(19)**テ．** ④　(20)**ト．** ⑨

うとしていることをつかむ。

⑮　傍線部15の少し前に「本当に自分のやりたいことが分かっていなければ」とあるので、「『生きる意味』の自立を成し遂げて」（第七段落）いないことに関する表現を選ぶとよい。

二　解答　⑯―a　⑰―a　⑱―b　⑲―d　⑳―c

三　解答　㉑―c　㉒―d　㉓―c　㉔―c　㉕―d

四　解答　㉖―a　㉗―b　㉘―b　㉙―d　㉚―c

国語

一

出典 上田紀行『生きる意味』〈第5章 「苦悩」がきりひらく「内的成長」〉（岩波新書）

解答

①—d ②—a ③—b ④—a ⑤—d ⑥—a ⑦—a ⑧—c ⑨—a ⑩—a ⑪—d ⑫—c
⑬—a ⑭—d ⑮—a

解説

② 私たちは「自分自身の『生きる意味』を他者に譲り渡」し（第二段落二・三行目）、「私の『生きる意味』は最初から決まっているように感じられてしまう社会」（第四段落三行目）を生きており、自分で自分の「生きる意味」を見出せない状況にある。この望ましくない状況が「生きる意味の病」と表現されている。

⑥ 第三段落二・三行目の「『高い報酬を…』…目標が与えられ」という状況が、「『数字』に縛りつけられること」につながる。

⑧ 「高い報酬」や「高い数字」を得るために他の人と「競争」する社会（第三段落）においては、無駄だと思われることは避ける必要がある。これは「効率的」に生きるということにつながる。空欄8を含む一文の直前の「私たちの…与えられる」という一文だけを見て、「受動」を選ばないようにしよう。

⑬ 傍線部13の少し後の「それは彼が…成し遂げているからである」が理由を表している。

⑭ 傍線部9のある段落の「私たちを解放へと導く」がヒントとなる。空欄14を含む一文で筆者は、「『生きる意味』において自立していなければ、私たちはこの社会システムの」言いなりになり自由を失ってしまう、ということを述べよ

国語

総合型選抜　公募制入試：B日程

問題編

▶試験科目・配点

基礎学力テスト

選考型	教科等	科　　目	配　点
Aパターン	国　語	国語総合（古文・漢文を除く）	100点
	調査書	「全体の学習成績の状況」の20倍	100点
	資格点	大学が指定する資格・検定のスコア等を，70点，80点，90点，100点のいずれかに点数化	
Bパターン	選　択	「コミュニケーション英語Ⅰ・Ⅱ，英語表現Ⅰ」，日本史B，現代社会〈省略〉，「数学Ⅰ・A（場合の数と確率）」から1科目選択	100点
	国　語	国語総合（古文・漢文を除く）	100点
Cパターン	選　択	「コミュニケーション英語Ⅰ・Ⅱ，英語表現Ⅰ」，日本史B，現代社会〈省略〉，「数学Ⅰ・A（場合の数と確率）」から1科目選択	100点
	国　語	国語総合（古文・漢文を除く）	100点
	調査書	「全体の学習成績の状況」の20倍	100点
Dパターン	選　択	「コミュニケーション英語Ⅰ・Ⅱ，英語表現Ⅰ」，日本史B，現代社会〈省略〉，「数学Ⅰ・A（場合の数と確率）」から1科目選択	100点
	国　語	国語総合（古文・漢文を除く）	100点
	資格点	大学が指定する資格・検定のスコア等を，70点，80点，90点，100点のいずれかに点数化	

▶備　考

- 試験日自由選択制。試験日ごとの問題の難易度の違いによる有利・不利をなくすため，総得点を偏差値換算して合否判定を行う。

【資格・検定を有している場合】

Ａパターン：「国語」＋「調査書」＋「資格点」の総得点

Ｂパターン：「国語」＋「選択１科目」のうち高得点の１科目を２倍にした総得点

Ｃパターン：「国語」＋「選択１科目」＋「調査書」の総得点

Ｄパターン：「国語」＋「選択１科目」＋「資格点」の総得点

上記４パターンのうち最も上位の総得点を採用。受験生自身が選考パターンを選択する必要はない。

【資格・検定を有していない場合】

Ｂパターン：「国語」＋「選択１科目」のうち高得点の１科目を２倍にした総得点

Ｃパターン：「国語」＋「選択１科目」＋「調査書」の総得点

上記２パターンのうち最も上位の総得点を採用。受験生自身が選考パターンを選択する必要はない。

英　語

（2 科目 90 分）

◆各小問の配点

大　問	配　点
Ⅰ	各 2 点
Ⅱ	各 2 点
Ⅲ	各 2 点
Ⅳ	各 3 点
Ⅴ	各 3 点
Ⅵ	各 3 点

Ⅰ. 次の各英文の（　　）に入れるのに最も適当なものを一つ選びなさい。

(1) Toshio had a business trip to China last month, but he didn't have time（　　）his friends there.

(a) to meet　　(b) meets　　(c) meet

(2)（　　）Kenji had a bad sore throat yesterday, he didn't come to school. Now he feels better and he will join us today.

(a) Even though　　(b) Since　　(c) If

(3) Cindy lost her bag at the supermarket this afternoon, and she found only（　　）strap.

(a) it　　(b) it's　　(c) its

(4) A: Who is making dinner tonight, Jack or you?

B: As a matter of fact, both Jack and I（　　）.

(a) am　　(b) are　　(c) is

(5) Kevin's favorite baseball cap was torn, so he went to a sports equipment shop to buy one（　　）stylish as the old one.

(a) as　　(b) more　　(c) most

(6) After watching the boxing match for about 30 minutes, I was（　　）excited to sleep last night. I am very sleepy now.

(a) as　　(b) too　　(c) so

(7) My younger sister likes（　　）books, and she reads a lot of books every month. I believe she is very intelligent.

(a) reads　　(b) read　　(c) reading

(8) I remember one of ( ) I saw last summer was very exciting, but I don't remember which one it was.

(a) the movie　(b) the movies　(c) a movie

(9) She is a famous singer-songwriter ( ) songs have been sung by millions of people in the world.

(a) who　(b) whose　(c) that

(10) I heard you had a car accident the other day. It was snowing very heavily, wasn't it? You should have been more ( ).

(a) care　(b) careful　(c) carefully

Ⅱ. 次の会話文中の（　）に入れるのに最も適当なものを一つ選びなさい。

(1) A: Is there anything else I need to do before the presentation?

B: You spent the whole week preparing for it. ( ).

(a) I don't, either　(b) I think you're fine

(c) So do I

(2) A: How was the job interview you had this morning?

B: ( ). Other people seemed very confident after that. I guess I'll have to find another job.

(a) I think I failed it　(b) It went very well

(c) I got a new job

(3) A: Wow, that was a great exhibition! Actually, I wasn't really interested in art, but thanks to you, I am getting to like it very much.

B: ( ). I hope you'll enjoy the next one too.

(a) I'm glad you liked it (b) I'm sorry to hear that

(c) Of course not

(4) A: Are you OK? You look pale. Didn't you sleep well last night?

B: ( ), but the problem is that I fell asleep before I finished my homework. I will surely fail this class.

(a) Neither did I (b) Actually I did

(c) I have no idea

(5) A: Do you know anyone who can help me with my science homework? I don't think I can finish it before the deadline.

B: ( ). I couldn't have passed the science class without his help.

(a) Perhaps David can (b) Neither does David

(c) So is David

Ⅲ. 次の各英文の（ ）に入れるのに最も適当なものを一つ選びなさい。

(1) Brian, you must know you have to take ( ) your shoes when entering a house in Japan.

(a) off (b) in (c) on

(2) David just called me a few minutes ago and he told me he was ( ) the way to school then.

(a) by (b) on (c) in

(3) The children in that school were provided ( ) many clothes. Now they are very happy to choose whatever they like.

(a) with (b) to (c) for

(4) Mr. Sato is a very organized teacher, and he keeps his materials neatly on his desk (　　) all times.

(a) on　　(b) to　　(c) at

(5) There must be something wrong (　　) this printer. The image is not clear at all.

(a) with　　(b) to　　(c) for

Ⅳ. 次の各英文の空欄を補うようにA～Dの語句を並べ替えた場合、最も適当な順番となるものを(a)～(c)から一つ選びなさい。ただし、文頭に来るべき語も小文字で始めています。

(1) 5分歩けば図書館に着きますよ。

＿＿＿ ＿＿＿ ＿＿＿ ＿＿＿.

A. you　　B. will take

C. to the library　　D. five minutes' walk

(a) A－B－D－C　　(b) D－B－A－C　　(c) C－B－A－D

(2) ここでは2か月雨が降っていない。

＿＿＿ ＿＿＿ ＿＿＿ ＿＿＿ for two months.

A. have had　　B. here　　C. we　　D. no rain

(a) D－A－B－C　　(b) C－A－D－B　　(c) B－D－C－A

(3) シャーリーがその新しい環境に慣れるのにしばらくかかった。

＿＿＿ ＿＿＿ ＿＿＿ ＿＿＿ to adjust herself to the new environment.

A. Shirley　　B. took　　C. a while　　D. it

(a) A－B－D－C　　(b) D－B－A－C　　(c) C－A－B－D

(4) このフレーズを英語に訳すのは難しいとわかった。

I found ______ ______ ______ ______ into English.

A．difficult　　B．this phrase　　C．to translate　　D．it

(a) B－C－D－A　　(b) A－B－C－D　　(c) D－A－C－B

(5) 風邪のためケンは学校に行けなかった。

______ ______ ______ ______ going to school.

A．a cold　　B．from　　C．Ken　　D．prevented

(a) A－D－C－B　　(b) C－D－A－B　　(c) B－A－C－D

Ⅴ．次の各英文の訳として最も適当なものを一つ選びなさい。

(1) I cannot help but think of you.

(a) あなたを思わずにはいられない。

(b) あなたのことを考えることはできない。

(c) あなたを助けようとは思わない。

(2) My brother's driving almost cost him his life.

(a) 車の維持費のため私の兄の生活は苦しい。

(b) 私の兄は車の運転には非常に慎重である。

(c) 私の兄は運転中に命を落とすところだった。

(3) What he said is nothing but an excuse.

(a) 彼が言ったことは口実にすぎない。

(b) 彼は決して言い訳をしなかった。

(c) 彼の言い訳は全く通用しなかった。

(4) I couldn't agree with you more.

(a) 大賛成だ。

(b) 大反対だ。

(c) これ以上譲歩できない。

(5) My uncle is the last person to spoil his son.

(a) とうとう私の叔父は息子を甘やかした。

(b) 私の叔父は決して息子を甘やかさない。

(c) 私の叔父は息子に甘すぎる。

Ⅵ. 次の英文を読み、後に続く各設問に対する最も適当な答えを一つずつ選びなさい。

The Wizard of Oz is one of the most beloved films of all time. People forget, however, what a big hit the book was. Frank Baum had been a traveling salesman when he wrote the book. In his spare time in hotels and on trains, he wrote. When the book came out, it was an instant success ①. Baum quit his job, moved to a new house, and wrote for the rest of his life.

The movie was not only successful in theaters when it came out, but from early on it was shown annually on television. Children from the 1960s on could not remember the capital cities of states in America, but they could remember who played Dorothy, the Scarecrow, the Tinman, the Lion, and the Wicked Witch of the West. Strangely, one character did not stand out in people's minds: the wizard. It is also unusual because he plays three roles in the film.

Frank Morgan died ten years after the making of the film. However, in his obituaries, many forgot to mention his role as the wizard in *The Wizard of Oz*. Yet since he had played a sort of magician, Morgan could probably appreciate one bit of magic involving the film more than most people could.

（Ushiro, Y., Juppe, R. & Jorn, A., *Creative Reader*, クリエイド・ラーニング）

（注）wizard：魔法使い

virtually：大部分は

gender：性別

equality：平等

annually：毎年

obituary：死亡記事

(1) *"The Wizard of Oz"*に関して、第一段落の内容と一致するものを選びなさい。

(a) 作者のことを覚えている人はほとんどいない。

(b) 映画版は原作本とほぼ同時に発表された。

(c) 原作本は多くの人に愛された。

(2) "Frank Baum"に関して、下線部①が意味するものは何か。最も適当なものを選びなさい。

(a) 最初の本がすぐによく売れた。

(b) 新しい家を買った。

(c) 会社で昇格した。

(3) 第二段落の内容と一致するものを選びなさい。

(a) The movie of *The Wizard of Oz* was not successful at first.

(b) Children from the 1960s on could tell who played Dorothy.

(c) The Scarecrow appeared only in the movie of *The Wizard of Oz*.

(4) 本文のthe wizardについて正しく述べているものはどれか。最も適当なものを選びなさい。

(a) その役を演じた俳優は他にも二役演じた。

(b) はじめTinmanを演じていた俳優が途中からthe wizardを演じた。

(c) 複数の役者によって演じられていた。

(5) 第三段落の内容と一致するものを選びなさい。

(a) The man who played the wizard is Frank Morgan.

(b) The name of Frank Morgan was not written in the obituaries.

(c) Nobody remembers who played the wizard.

Do you enjoy your commute? Or is it something you dread every morning? Long commutes are said to increase stress and decrease health. According to a recent survey, people in Israel have the longest commute time at 97 minutes, the shortest average time is Japan with only 39 minutes.

In London the average commute is 74 minutes, the trains are crowded and expensive and the roads are congested with traffic jams, petrol and parking are expensive. Most journeys are not very far. So why don't more people cycle? In fact, the number of commuters cycling to work in London has doubled in the last ten years. But still only 5% of all trips in the UK are made by bicycle, compared to 30% in the Netherlands. Cycling is a great form of exercise and can keep people healthy; it① can also improve your mood, memory and creative thinking, too.

However, some people say they enjoy their commute②. They say it gives time for themselves, a neutral space in between home and work. Many people enjoy reading novels, catching up on the news or listening to podcasts, maybe even taking a course to learn new skills. Others like to listen to music or podcasts in the privacy of their cars and enjoy time alone. Even so, being stuck in traffic can be tiring. And when trains are late or crowded, it can be stressful.

(Waer, E., Uchida, M., & Kameyama, H., *Companion to English Communication*, 南雲堂)

(注) commute：通勤・通学する

dread：恐れる

congest：渋滞させる

petrol：ガソリン

the Netherlands：ネーデルランド、オランダ
neutral：中立の
podcast：ポッドキャスト（インターネットからiPodなどのプレイヤーにダウンロードして聴くことができる音声配信サービス）

(6) 第一段落の内容と一致するものを選びなさい。

(a) In Japan, the average time to commute is less than half an hour.
(b) In Israel, the longest commute time is about three hours.
(c) It is said that long commutes increase stress.

(7) 第二段落の内容と一致するものを選びなさい。

(a) In London, there are few cyclists because most journeys between home and work are far.
(b) In the Netherlands, there is a higher percentage of commuters cycling to work than that in the UK.
(c) In the UK, many people drive to work because roads are safer.

(8) 下線部①が指すものはどれか。最も適当なものを選びなさい。

(a) cycling
(b) driving
(c) walking

(9) 下線部②の例として本文に挙げられているものを選びなさい。

(a) When trains are crowded, people feel relaxed listening to music.
(b) When people are driving, they can enjoy time alone.
(c) When trains are late, people have time to study.

(10) 本文の中で書かれていないものはどれか。最も適当なものを選びなさい。

(a) 通勤時間の国別比較
(b) 自転車通勤の危険性
(c) 通勤時間の使い道

日本史

（2科目90分）

◆各小問の配点

大　問	小　問	配　点
Ⅰ	①③⑤⑦⑨	各2点
	②④⑥⑧⑩	各3点
Ⅱ	①③⑤⑦⑨	各2点
	②④⑥⑧⑩	各3点
Ⅲ	①③⑤⑦⑨	各2点
	②④⑥⑧⑩	各3点
Ⅳ	①③⑤⑦⑨	各2点
	②④⑥⑧⑩	各3点

I　次の文章を読んで、空欄 [①] ～ [⑩] にあてはまる最適な語句を、下の語群から選び、解答欄の記号をマークしなさい。

人類は新第三紀の終わり近くから第四紀を通じて発展したが、この第四紀はおよそ1万年余り前を境に更新世と [①] とに区分される。人類は化石人類の研究により、猿人・原人・ [②] ・新人の順に出現したことが知られるが、現在までに日本列島で発見された更新世の化石人骨は、 [③] 県の浜北人や沖縄県の [④] ・山下町洞人など、いずれも新人段階のものである。なお、猿人の化石は、 [⑤] にしか発見されておらず、人類はまず [⑤] で誕生したと考えられる。

日本人の原型は古くからアジア大陸に住んでいた人びとの子孫の [⑥] 人であり、その後、もともとは北アジアに住んでいて [⑦] 時代以降に渡来した人びとなどとの混血を繰り返し、現在の日本人が形成されたとされる。また、現在の日本人でも北海道に住む [⑧] の人びとや沖縄など南西諸島の人びとは、より強く [⑥] 人の特徴を受け継いでいると考えられている。

石器時代は主として更新世に当たる。基本的には打ち欠いただけの打製石器のみを用いた旧石器時代から、 [①] になり、石器を磨いて仕上げた磨製石器が出現する新石器時代へと移っていった。かつて、日本列島には旧石器時代の遺跡は存在しないと考えられていたが、 [⑨] 年、群馬県の [⑩] 遺跡の調査により、更新世にたい積した関東ローム層から打製石器が確認された。

[語　群]

(a) 1949	(b) 三内丸山	(c) 縄　文	(d) 現生人類
(e) アフリカ	(f) 港川人	(g) 完新世	(h) 明石人
(i) 弥　生	(j) 熊　襲	(k) 岩　宿	(l) 旧　人
(m) 静　岡	(n) 飛　鳥	(o) ヨーロッパ	(p) アイヌ
(q) 隼　人	(r) 神奈川	(s) 中新世	(t) 1954

Ⅱ　次の文章を読んで、空欄 ① ～ ⑩ にあてはまる最適な語句を、下の語群から選び、解答欄の記号をマークしなさい。

戦国大名は、新しく服属させた ① や地侍を家臣に組み入れていった。そして、彼らの収入額を、銭に換算した ② という基準で統一的に把握し、その地位・収入を保障するかわりに、彼らに ② にみあった一定の ③ を負担させた。

また、戦国大名は、家臣団統制や領国支配のための政策をつぎつぎと打ち出した。中には領国支配の基本法である ④ を制定するものもあった。また ⑤ など、戦国大名の新しい権力としての性格を示す法も多くみられた。戦国大名は、新たに征服した土地などで ⑥ をしばしば行った。これにより農民の耕作する土地面積と年貢量などが登録され、大名の農民に対する ⑦ の方向が強化された。

また戦国大名は、領国を一つのまとまりをもった経済圏とするため、領国内の ⑧ などの交通制度を整え、関所の ⑨ や市場の開設など商業取引の円滑化にも努力した。領国の中心には、家臣のおもなものが集められ、商工業者も集住して、しだいに領国の政治・経済・文化の中心としての ⑩ が形成されていった。

[語　群]

(a) 郵　便	(b) 管　領	(c) 城下町	(d) 分国法
(e) 軍　役	(f) 惣　領	(g) 抽分銭	(h) 相対済し令
(i) 直接支配	(j) 上げ米	(k) 寺内町	(l) 貫　高
(m) 国　人	(n) 宿駅や伝馬	(o) 間接統治	(p) 検見法
(q) 廃　止	(r) 喧嘩両成敗法	(s) 検　地	(t) 増　設

Ⅲ　次の文章を読んで、空欄 ① ～ ⑩ にあてはまる最適な語句を、下記の語群から選び、解答欄の記号をマークしなさい。

江戸時代初期の文化は、 ① を受け継いだが、幕藩体制が安定するにつれて、 ② 期(1624～44年)前後に新しい傾向を示し始めた。学問では、室町時代に ③ の禅僧が学んでいた朱子学を中心に、儒学がさかんになった。朱子学は君臣・父子の別をわきまえ、上下の秩序を重んじる学問であったため、幕府や藩に受け入れられた。京都 ④ 寺の禅僧であった藤原惺窩は、還俗して朱子学などの啓蒙につとめた。門人の ⑤ は家康に用いられ、その子孫は代々儒者として幕府に仕えて、学問と教育を担った。

絵画では狩野派から狩野探幽が出て、幕府の御用絵師となったが、その子孫は様式の踏襲にとどまった。また京都では ⑥ が現われ、土佐派の画法をもとに、装飾画に新様式を生み出し、元禄期の琳派の先駆となった。京都の上層町衆であった ⑦ は、多彩な文化人として知られ、書や蒔絵ですぐれた作品を生み出し、陶芸でも楽焼の茶碗に秀作を残した。

文禄・慶長の役の際に、諸大名がつれ帰った朝鮮人陶工の手で登窯や絵付の技術が伝えられ、九州・中国地方の各地で陶磁器生産が始められた。 ⑧ 焼(鍋島氏)・薩摩焼(島津氏)・萩焼 ⑨ ・平戸焼(松浦氏)・高取焼(黒田氏)などが有名である。とくに ⑧ では磁器がつくられ、 ⑩ は上絵付の技法で赤絵を完成させた。

[語　群]

(a) 林羅山	(b) 東山文化	(c) 住吉具慶	(d) (毛利氏)
(e) 桃山文化	(f) 新井白石	(g) 慶　安	(h) 尾形乾山
(i) 酒井田柿右衛門	(j) 俵屋宗達	(k) 円山応挙	(l) 建　仁
(m) 寛　永	(n) 五　山	(o) 常　滑	(p) 本阿弥光悦
(q) 相　国	(r) (大内氏)	(s) 本　山	(t) 有　田

Ⅳ 次の文章を読んで、空欄 ① ～ ⑩ にあてはまる最適な語句を、下の語群から選び、解答欄の記号をマークしなさい。

ハリスから通商条約の締結をせまられていた頃、幕府では13代将軍徳川 ① に子がなく、 ② がおこった。越前藩主 ③ ・薩摩藩主島津斉彬らは、賢明な人物を求めて一橋家の徳川慶喜を推した。これを一橋派といい、血統の近い幼年の紀伊藩主徳川慶福を推す譜代大名らからなる ④ 派と対立した。

⑤ 年、 ④ 派の彦根藩主井伊直弼が大老に就任し、日米修好通商条約の調印を強行するとともに、慶福を将軍の跡継ぎに決定し、14代将軍徳川 ⑥ とした。

条約の違勅調印は ⑦ 天皇の怒りをまねき、一橋派の大名や尊王と攘夷をとなえる志士たちから強い非難の声が上がった。これに対して井伊は強硬な態度で反対派の公家・大名をおさえ、その家臣たち多数を処罰した。これを ⑧ という。このきびしい弾圧に憤激した水戸脱藩の志士らは、 ⑨ 年、井伊を暗殺した。これを ⑩ という。

[語　群]

(a) 家　定	(b) 1858	(c) 松平容保	(d) 家　光
(e) 白　樺	(f) 松平慶永	(g) 家　茂	(h) 蛮社の獄
(i) 将軍継嗣問題	(j) 公武合体論	(k) 綱　吉	(l) 1866
(m) 桜田門外の変	(n) 安政の大獄	(o) 1853	(p) 孝　明
(q) 仁　孝	(r) 坂下門外の変	(s) 1860	(t) 南　紀

数　学

（2科目90分）

◆各小問の配点

(1)～(20)：各5点

問題文中の空欄 [ア] ～ [ト] には，0～9のいずれかの数字が入る。

空欄に当てはまる数字を解答用紙の解答欄**ア～ト**にマークしなさい。ただし，設問に選択肢が設けられている場合は，空欄にあてはまる選択肢の番号をマークしなさい。なお，解答用紙のマーク欄(±)，(−)，(*)は使用しないので注意すること。

（1）　$(6x-3y-1)(3x-2y+2)$

$=18x^2-21xy+6y^2+$ [ア] $x-4y-2$ である。

（2）　$6x^2-5xy-6y^2+13y-6=(2x-3y+$ [イ] $)(3x+2y-3)$ である。

（3）　$\dfrac{\sqrt{3}+\sqrt{2}}{\sqrt{6}-\sqrt{2}}+\dfrac{\sqrt{3}-\sqrt{2}}{\sqrt{6}+\sqrt{2}}=\dfrac{3}{2}\sqrt{2}+$ [ウ] である。

（4）　$|x-7|=3x-13$ の解は，$x=$ [エ] である。

(5)　1人3,500円で食べ放題の店がある。この店では，4人以上の利用で1人分が無料になるサービスを実施している。4人以上でできるかぎり大勢で行きたいとき，最大 **オ** 人までなら，1人あたり3,000円以下で食べることができる。

(6)　2次関数 $y=\frac{3}{2}x^2-x+\frac{37}{6}$ のグラフの最小値は，**カ** である。

(7)　2次関数 $y=3x^2-ax-b$（ただし，a，b は実数定数）のグラフが，2点 $(2,\ 3)$，$(-1,\ 0)$ を通るとき，$b=$ **キ** である。

(8)　2次関数 $y=x^2+ax+b$（ただし，a，b は実数定数）は，$-3\leqq x\leqq 3$ の範囲における y の値の範囲が $n\leqq y\leqq 2n$（ただし，n は実数定数）となる。この2次関数のグラフの頂点の x 座標が $x=-1$ のとき，$n=$ **ク** である。

(8)の選択肢

⓪　10	①　11	②　12	③　13	④　14
⑤　15	⑥　16	⑦　17	⑧　18	⑨　19

(9)　2次関数 $y=\frac{1}{5}x^2-\frac{2}{5}x+\frac{7}{5}$ のグラフを，x 軸方向に -3，y 軸方向に -1 だけ平行移動させると，$y=\frac{1}{5}x^2+\frac{4}{5}x+$ **ケ** のグラフに重なる。

(10)　2次関数 $y=9x^2+6ax+a^2+2a-18$（ただし，a は実数定数）のグラフと x 軸との共有点が2個となるのは，$a<$ **コ** のときである。

(11) $\sin 51^\circ(\sin 39^\circ - \cos 129^\circ) - \cos 51^\circ\left(\cos 39^\circ + \dfrac{\cos 51^\circ}{\tan 39^\circ}\right) = \boxed{\text{サ}}$ である。

(12) $\sin\theta - \cos\theta = \dfrac{1}{3}$ のとき，$(\sin\theta + \cos\theta)^2 = \boxed{\text{シ}}$ である。

(12)の**選択肢**

⓪ $\dfrac{10}{9}$　① $\dfrac{11}{9}$　② $\dfrac{4}{3}$　③ $\dfrac{13}{9}$　④ $\dfrac{14}{9}$

⑤ $\dfrac{5}{3}$　⑥ $\dfrac{16}{9}$　⑦ $\dfrac{17}{9}$　⑧ 2　⑨ $\dfrac{19}{9}$

(13) $\triangle$ABC において，$\mathrm{AB} = \dfrac{7}{2}\sqrt{6}$，$\angle\mathrm{ABC} = 45^\circ$，$\angle\mathrm{CAB} = 15^\circ$ のとき，

$\mathrm{CA} = \boxed{\text{ス}}$ である。

(14) $\triangle$ABC において，$\mathrm{AB} = 3\sqrt{3}$，$\mathrm{BC} = 4$，$\angle\mathrm{ABC} = 30^\circ$ のとき，

$\mathrm{CA} = \boxed{\text{セ}}$ である。

(14)の**選択肢**

⓪ 1　① $\sqrt{2}$　② $\sqrt{3}$　③ 2　④ $\sqrt{5}$

⑤ $\sqrt{6}$　⑥ $\sqrt{7}$　⑦ $2\sqrt{2}$　⑧ 3　⑨ $\sqrt{10}$

(15) 設問(14)の$\triangle$ABC の面積は，$\boxed{\text{ソ}}$ である。

(15)の**選択肢**

⓪ $\dfrac{3\sqrt{2}}{4}$　① $\dfrac{3\sqrt{3}}{4}$　② $\sqrt{2}$　③ $\sqrt{3}$　④ $2\sqrt{2}$

⑤ $2\sqrt{3}$　⑥ $3\sqrt{2}$　⑦ $3\sqrt{3}$　⑧ $4\sqrt{2}$　⑨ $4\sqrt{3}$

(16)　男子3人と女子4人が横一列に並ぶとき，両端が男子となる並び方は全部で，[タ] 通りある。

(16)の**選択肢**

⓪ 12　① 24　② 36　③ 48　④ 72

⑤ 144　⑥ 288　⑦ 360　⑧ 720　⑨ 1440

(17)　7人を3人組と2つの2人組に分けるとき，分け方は全部で，[チ] 通りある。

(17)の**選択肢**

⓪ 15　① 21　② 35　③ 105　④ 210

⑤ 315　⑥ 420　⑦ 630　⑧ 840　⑨ 2520

(18)　5人が全員でじゃんけんをして1回で勝敗が決まるとき，グー・チョキ・パーの出し方は全部で，[ツ] 通りある。

(18)の**選択肢**

⓪ 15　① 30　② 45　③ 60　④ 75

⑤ 90　⑥ 105　⑦ 120　⑧ 135　⑨ 150

(19)　硬貨を投げて，表が出れば2点，裏が出れば1点のポイントが入る。5回投げ終わったとき，ポイントが7点になる確率は，[テ] である。

(19)の**選択肢**

⓪ $\frac{1}{8}$　① $\frac{5}{32}$　② $\frac{3}{16}$　③ $\frac{7}{32}$　④ $\frac{1}{4}$

⑤ $\frac{9}{32}$　⑥ $\frac{5}{16}$　⑦ $\frac{11}{32}$　⑧ $\frac{3}{8}$　⑨ $\frac{13}{32}$

(20)　当たりくじを２本含む10本のくじを，A，B，Cの３人がこの順に１本ずつ引く。引いたくじは戻さないとき，Cが最後の当たりくじを引く確率は，［ト］である。

(20)の**選択肢**

⓪ $\frac{2}{45}$	① $\frac{1}{15}$	② $\frac{4}{45}$	③ $\frac{1}{9}$	④ $\frac{2}{15}$
⑤ $\frac{7}{45}$	⑥ $\frac{8}{45}$	⑦ $\frac{1}{5}$	⑧ $\frac{2}{9}$	⑨ $\frac{11}{45}$

㉙
a　大臣をコウ迭する。
b　契約をコウ改する。
c　免許証をコウ新する。
d　給付金をコウ付する。

㉚
a　ユウ待券を配る。
b　ユウ終の美を飾る。
c　ユウ機野菜を買う。
d　特ユウの症状がでる。

〔四〕次の各問における傍線部のカタカナを漢字で表したとき、異なる漢字が一つある。それぞれa～dから一つずつ選びなさい。

㉖
a　係ソウ中の事件。
b　為替ソウ場を確認する。
c　手ソウをみる。
d　宰ショウを務める。

㉗
a　端ショを開く。
b　応急ショ置をする。
c　出ショ進退を誤る。
d　事態に対して善ショする。

㉘
a　因ガ応報となる。
b　勇猛カ敢に戦う。
c　カ報は寝て待て。
d　大きなカ根を残す。

〔三〕 **次の各問の（　　）に入る言葉として最も適当なものをa～dから一つずつ選びなさい。**

㉑ 盗人（　）とはまさにこのことだ。

a かまびすしい　b けたたましい　c さかしい　d たけだけしい

㉒ この（　）に及んでまだ留任するというのか。

a 候　b 季　c 期　d 時

㉓ （　）十年にして出世する。

a 雌雄　b 埋蔵　c 雌伏　d 群雄

㉔ 彼はしばしば傍若無人であると（　）ている。

a そしられ　b はびこられ　c ふてくされ　d もてはやされ

㉕ 国際情勢においては（　）な気配が漂っている。

a 広汎　b 剣呑《のん》　c 嫌疑　d 空前

〔二〕 次の各問の傍線部の漢字として最も適当なものをa～dから一つずつ選びなさい。

⑯ 時期ショウソウである。

a 焦　b 省　c 相　d 尚

⑰ コウトウ無稽な話をする。

a 刀　b 党　c 唐　d 冬

⑱ センザイ一遇のチャンスをつかむ。

a 裁　b 栽　c 財　d 載

⑲ 台風イッカの晴天に恵まれた。

a 禍　b 下　c 過　d 家

⑳ イッキ呵《か》成に小説を書き上げる。

a 気　b 機　c 器　d 期

⑫　傍線部12の読みとして最も適当なものをa～dから一つ選びなさい。

a　からま　　b　はま　　c　おちい　　d　いきづま

⑬　傍線部13の反意語として最も適当なものをa～dから一つ選びなさい。

a　不運　　b　天運　　c　好運　　d　機会

⑭　空欄［14］に入る最も適当なものをa～dから一つ選びなさい。

a　有無《うむ》を言わせぬ　　b　歯に衣着せぬ

c　引く手あまたの　　d　諸刃の剣となる

⑮　本文で筆者が述べているものとして最も適当なものをa～dから一つ選びなさい。

a　筆者は、はじめにドイツ語を習得し、高等学校では英語を徹底的に勉強し習得した。

b　筆者は、自らの経験に基づいて、外国語はその習得を目的として勉強することが重要だと述べている。

c　筆者が育児の問題について原稿を書くことになったとき、育児に関してすでにある程度の知識をもっていた。

d　筆者が高等学校の生徒であった頃は、ドイツの学問が医学のみならず社会学においても大きな影響力をもっていた。

⑨　傍線部9の具体例として最も適当なものをa～dから一つ選びなさい。

a　日本において、ドイツ語がさまざまな学問に対して大きな影響力があったこと。
b　高校ではドイツ語を学んでいたため英語の学習は不要であったこと。
c　英語は商売人の言葉としても哲学の言葉としても重要であったこと。
d　シェークスピアなどを英語で読まなければならなかったこと。

⑩　空欄［ア］と［イ］に入る言葉の組み合わせとして最も適当なものをa～dから一つ選びなさい。

a　大まかに言えば・むろん
b　しかしそれは・しかし
c　要約すると・例えば
d　換言すれば・要するに

⑪　傍線部11について、私の例として最も適当なものをa～dから一つ選びなさい。

a　育児法について原稿を書くために必死で英語の本を読んだこと。
b　不景気でも失業者とはならなかったこと。
c　育児問題の研究者に出会えたこと。
d　結婚をし、子供がいたこと。

c　母国語が日本語である

d　中学でドイツ語を学んだ

⑤　傍線部5の理由として最も適当なものをa〜dから一つ選びなさい。

a　医者になる夢をあきらめたから。

b　もともと外国語が得意であったから。

c　社会学を学ぶために英語が必要だったから。

d　ドイツ語を重視するクラスに所属できていたから。

⑥　傍線部6の類義語として最も適当でないものをa〜dから一つ選びなさい。

a　留年　　b　失格　　c　失念　　d　不合格

⑦　空欄［A］・［B］に入る漢字の組み合わせとして最も適当なものをa〜dから一つ選びなさい。

a　絶・慢　　b　歓・泰　　c　広・悠　　d　寛・漫

⑧　空欄［8］に入る最も適当なものをa〜dから一つ選びなさい。

a　臑《すね》をかじり　　b　世間をながめ　　c　胡座《あぐら》をかいて　　d　斜にかまえ

語学のための語学をやっても、決して能率の上るものではない。

（清水幾太郎『本はどう読むか』による）

① 傍線部1の意味として最も適当なものをa～dから一つ選びなさい。

a 解釈が難しいこと。

b 溜《りゅう》飲が下がること。

c 説明ができないこと。

d 合点がいかないこと。

② 傍線部2の漢字として最も適当なものをa～dから一つ選びなさい。

a 耐　b 堪　c 忍　d 甚

③ 空欄 3 に入る最も適当なものをa～dから一つ選びなさい。

a 約束　b 理念　c 順序　d 例外

④ 空欄 4 に入る最も適当なものをa～dから一つ選びなさい。

a 日本の医学を学ぶ

b 英語が苦手であった

行われている英語教育は、もちろん、英語の修得が目的になっている。それでも、長い年月の間には、多少は身につくであろうが、しかし、あまり役に立ちはしない。外国語は、これを手段として勉強した時に初めて身につく、というのが私の考えである。[ア]、或る目的があって、それを達成するためには、泣いても笑っても、或る外国語をマスターせねばならぬという場合、外国語の勉強は気持よく進むものである。外国語は、或る目的を達するための手段であって、それが目的ではない。学校の外国語教育の効果が思わしくないのは、外国語そのものが目的になっているからである。

11私の例を話そう。大学を卒業してから二年ばかり経つうち、私は、まったく無収入の生活に12陥ってしまった。一九三〇年の前半といえば、日本を初めとして、世界中が大変な不景気で、どの国にも失業者の大群があった。私も、この大群の仲間に入ったのである。私にとっては、勉強することより、どんな方法でもよい、生活することが問題であった。夢中になって仕事を探している私に誰かが投げ与えてくれたのは、育児法について原稿を書くという仕事であった。私は、結婚してはいたが、まだ子供を持っていなかったし、それまでに、育児の問題など考えたこともなかった。しかし、私は、生きて行くために、この仕事に飛びついた。飛びつきはしたが、自分に育児の経験があるわけでもなく、また、今日のように、日本に多くの育児問題研究者がいるわけでもなかった。ところが、13仕合せなことに、親切な友人が、アメリカで沢山の育児文献が出版されていることを教えてくれ、同時に、その何冊かを私に貸してくれた。これ以上、陰気な過去の話をする必要はない。[イ]、私にとっては、英語はどうでもよいのであった。まして、落ち着いて英語を勉強しようという気はなかった。問題は、生きることであった。そして、生きるためには、育児法の原稿を書かねばならず、それを書くのには、判ろうと、判るまいと、英語の本を読まねばならなかったのである。食いつめなければ外国語は身につかぬ、と私は言っているのではない。私が言いたいのは、[14]絶対の目的があって、或る外国語の習得が、その目的を達成するための、これまた[14]絶対の手段である時、こういう緊張関係の中でこそ外国語の勉強は身につくということである。他に目的がなく、[B]然と、の後、医者志望を捨てて、社会学者になろうとしていたが、高等学校の入学試験を受けた時も、外国語はドイツ語を選んだし、入学後も、文科乙類という、ドイツ語を第一外国語とし、英語を第二外国語とするクラスに所属した。

そこまでは5無事であった。ところが、ドイツ語で入学試験を受けた人間は相当いたのだが、入学したのは私一人で、私は、中学で英語を勉強して来た連中と同じ取扱いを受けることになってしまった。ドイツ語の時間は、仲間と一緒にABCからやるのであるから、非常に楽でもあったし、怠け放題でよかった。しかし、英語の時間になると、ABCも碌《ろく》に知らない私が、スティーヴンソン、ラスキン、シェークスピアなどというものを読まねばならない。手も足も出るわけはない。これでは6落第するに決まっている。私はそう思った。それで、私のために特別の英語のクラスを作ってくれ、と学校当局に交渉してみた。学校当局は、結局、特別のクラスは作ってくれなかったが、その代り、試験の時に白紙の答案を出しても、最低の及第点は与える、という約束をしてくれた。今から思えば、この[A]大な条件を利用して、あの時に英語を徹底的に勉強しておけばよかったのである。ところが、私は、この約束の上にノンビリと[8]、三年間、教室にもほとんど出ず、万事をよい加減に済ませてしまった。まったく恥ずかしいことである。

しかし、弁解がましい言い方になるが、ドイツの学問が大きな影響力を持っていたのは、何も医学ばかりではなかったという事情も少しは働いていたと思う。言い換《か》えれば、哲学は言うに及ばず、私が研究しようとしている社会学でも、ドイツ社会学が日本中を支配していた。ドイツ語は学問の言葉というのが、これも一つの常識であった。そして、戦後と違って、どちらかというと、英語は軽く見られていた。英語は商売人の言葉、まして、英会話などというものは、インテリには縁のないものであった。9そういう空気を口実に、私は英語の勉強を真面目に考えなかった。

私が英語の勉強を始めたのは、大学卒業後のことである。そうではない。私は、英語の勉強を始めたのではない。私の正直な考え方を言うと、外国語というものは、その外国語の修得を目的として勉強しても、あまり進歩しないものである。学校で

〔一〕 次の文を読んであとの設問に答えなさい。

読者の多くは、長い間、学校で英語を勉強して来たに違いない。しかし、失礼ながら、英語の本が読める人は非常に少ないであろう。学校では英語の成績が良かったにも拘らず、英語の本を読もうとすると、なかなか、思うように行かない、そういう人が多いと思う。それが母国語と外国語との違いであると言ってしまえば簡単であるが、学校教育で英語のために費して来た莫《ばく》大なエネルギーのことを考えると、どうも、1 腑《ふ》に落ちない。何年間も英語の勉強で苦しんで、それで英語の本が読めないのなら、そんな英語教育はやめてしまった方がよい。私は、明治以来の日本人が英語のために空費して来たエネルギーの大きさを考えて、時々、2 タマらなく腹が立って来る。

一口に読書法といっても、日本語の書物の場合は、今まで述べて来た通り、何を読むべきか、いかに読むべきか、という、書物の内容に関係のある、人間の内面的成長に関係のある高級な(?)問題が中心になるが、英語の本の場合は、そもそも「読む」ということ自体がまず大きな問題になる。読めるか読めないかが大問題になる。そこで、どこまで読者の役に立つか、自信はないけれども、私の経験を基礎にして、外国語の本の読書法について述べてみることにする。

しかし、それを述べる前に、あまり気が進まないのだが、[3]として、私自身が学んだ外国語について書いておく必要がある。外国語教育という点では、多くの読者と違って、私は或る不幸なコースを歩いて来たからである。いや、実は不幸ではなかったのに、私が自分で不幸にしてしまったのだとも言える。それは、どうでもよい。私の風変りなコースは、[4]ことから始まっている。前に述べたように、或る時期、私は医者になるつもりであったため、全国の医者の息子が集まる独逸学協会学校中学という学校へ入った。当時の日本の医学は、ドイツの医学の強い影響を受けていた。その頃は、医者になるならドイツ語を勉強せねば、というのが常識で、ドイツ語を教える中学は、日本中で、この学校だけであった。そ

国語

（二科目九〇分）

◆各小問の配点

大問	小問	配点
一	①～⑩	各四点
	⑪～⑮	各三点
二	⑯～⑳	各三点
三	㉑～㉕	各三点
四	㉖～㉚	各三点

解答編

英語

I 解答

(1)—(a) (2)—(b) (3)—(c) (4)—(b) (5)—(a) (6)—(b)
(7)—(c) (8)—(b) (9)—(b) (10)—(b)

解説

(1) to meet は形容詞的用法の不定詞で time にかかる。

(2) 「昨日喉が痛かった」のは原因・理由なので Since を選ぶ。

(3) 「そのストラップだけが見つかった」 it の所有格は its である。

(4) both *A* and *B* が主語の場合，動詞は複数形になる。

(5) 後ろに as があるので，as … as ～「～と同じくらい…」になる。

(6) 「とても興奮して眠れなかった」という意味になるので，too … to *do*「とても…なので～できない」になる。

(7) 「本を読むのが好きだ」という意味なので，like *doing* は「～するのが好きだ」になる。

(8) 「～のうちの一つ」は，one of the＋複数形名詞で表す。

(9) 「その人の歌が世界中で歌われている有名なシンガーソングライター」という意味なので，singer-songwriter を先行詞とする関係代名詞の所有格を入れる。

(10) 「君はもっと注意すべきだったのに」 be careful で「注意する」の意味。

II 解答

(1)—(b) (2)—(a) (3)—(a) (4)—(b) (5)—(a)

解説

(1) 「プレゼンの前に他になにかやることがありますか？」に，「君は今週

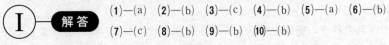

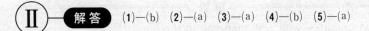

全てをそれの準備に費やした。君は大丈夫だと思うよ」と答えている。I think you're fine.「君は大丈夫だと思う」

(2)「今朝受けた面接はどうでした？」に,「ダメだったと思う。その後ほかの人たちは自信がありそうだった。他の仕事を探さなければならない」と答えている。I think I failed it.「私はそれに失敗したと思う」

(3) A は展覧会が気に入ったようなので, I'm glad you liked it.「気に入ってくれてうれしいです」を選ぶ。

(4)「昨夜よく眠れなかったのですか？」に,「実は眠れたのですが, 宿題を終える前に寝てしまったのです」と答えている。Actually I did.「実際はやった」

(5)「私の科学の宿題を手伝える人を知りませんか？　締め切りまでに終えられないと思います」に,「おそらくデイビットなら手伝えるでしょう」と答えている。

Ⅲ 解答　(1)—(a)　(2)—(b)　(3)—(a)　(4)—(c)　(5)—(a)

解説

(1) take off ～「～を脱ぐ」

(2) be on the way to ～「～へ行くところだ」

(3)「その学校の生徒達にはたくさんの衣服が提供された」という意味になる。be provided with ～「～を提供される」

(4)「サトウさんはとてもきちんとした先生で, いつも教材をきちんと机に置いている」 at all times「いつでも」

(5)「このプリンターはどこかおかしい」 There is something wrong with ～「～はどこかおかしい, 故障している」

Ⅳ 解答　(1)—(b)　(2)—(b)　(3)—(b)　(4)—(c)　(5)—(a)

解説

(1) (Five minutes' walk will take you to the library).

無生物主語の代表的な構文で,「5分の歩行があなたを～に連れていく」と考える。

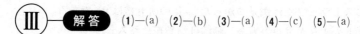

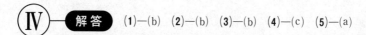

(2) (We have had no rain here) for two months.

継続を表す過去完了形を用いる。

(3) (It took Shirley a while) to adjust herself to the new environment.

It takes＋人＋時間＋to *do*「人が～するのにある時間がかかる」という構文。

(4) I found (it difficult to translate this phrase) into English.

第5文型の find O C「O が C だとわかる」の O の位置に形式目的語 it が来て真目的語は to *do* という形。

(5) (A cold prevented Ken from) going to school.

無生物主語の代表的な構文で，S prevent O from *doing*「S は O が～するのを妨げる」という形になる。

V 解答

(1)―(a)　(2)―(c)　(3)―(a)　(4)―(a)　(5)―(b)

解説

(1) cannot help but *do*＝cannot help *doing*「～せざるを得ない」

(2) cost O_1 O_2「O_1 に O_2 を失わせる」 almost「もう少しで～するところだ」

(3) What he said「彼が言ったこと」が主語。excuse「言い訳，口実」

(4) couldn't agree more は「これ以上ない同感」つまり「全く同感だ」という意味になる。

(5) the last *A* to *do*「決して～しない *A*」

VI 解答

(1)―(c)　(2)―(a)　(3)―(b)　(4)―(a)　(5)―(a)　(6)―(c)
(7)―(b)　(8)―(a)　(9)―(b)　(10)―(b)

解説

《オズの魔法使い》

(1) 第1段第1文に「『オズの魔法使い』はこれまでで最も愛された映画の1つだ」とあり，第1段第2文（People forget, however …）に「その本がどんな大きいヒットだったか」とあることから(c)に一致。

(2) 「それは即座の成功だった」とは「その本はすぐによく売れた」という意味なので(a)に一致。

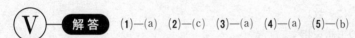

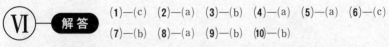

⑶ 第2段第2文（Children from the 1960s…）の but 以下に「子どもたちは誰がドロシーを演じたか覚えている」とあるので，(b)に一致。

⑷ 第2段最終文（It is also…）に「彼はその映画で3つの役を演じた」とあるので，(a)に一致。

⑸ 第3段第2文（However, in his…）に「彼の死亡記事の多くは彼の魔法使いの役について記述するのを忘れていた」とあるが，「モーガンが魔法使いの役を演じた」のだから，(a)に一致。

《通勤時間》

⑹ 第1段第3文（Long commutes are…）に一致。

⑺ 第2段第5文（But still only…）に「イギリスでは自転車で通勤するのは，オランダの30パーセントに比べて，わずか5パーセントである」とあるので，(b)「オランダではイギリスよりも多くの割合の人が自転車で通勤する」に一致。

⑻ 前節の主語を指す。

⑼ 第3段第4文（Others like to…）に一致。

⑽ (a)は第1・2段に，(c)は第3段にあるが，(b)はない。

日本史

I　解答　《人類の誕生と旧石器時代の日本人》

①—(g)　②—(l)　③—(m)　④—(f)　⑤—(e)　⑥—(c)　⑦—(i)　⑧—(p)
⑨—(a)　⑩—(k)

II　解答　《戦国大名の分国支配》

①—(m)　②—(l)　③—(e)　④—(d)　⑤—(r)　⑥—(s)　⑦—(i)　⑧—(n)
⑨—(q)　⑩—(c)

III　解答　《寛永期の文化》

①—(e)　②—(m)　③—(n)　④—(q)　⑤—(a)　⑥—(j)　⑦—(p)　⑧—(t)
⑨—(d)　⑩—(i)

IV　解答　《開国後の影響》

①—(a)　②—(i)　③—(f)　④—(t)　⑤—(b)　⑥—(g)　⑦—(p)　⑧—(n)
⑨—(s)　⑩—(m)

数　学

①〜⑤ 解答 《数と式》

(1)ア．9　(2)イ．2　(3)ウ．1　(4)エ．5　(5)オ．7

⑥〜⑩ 解答 《２次関数》

(6)カ．6　(7)キ．5　(8)ク．⑥　(9)ケ．1　(10)コ．9

⑪〜⑮ 解答 《図形と計量》

(11)サ．0　(12)シ．⑦　(13)ス．7　(14)セ．⑥　(15)ソ．⑦

⑯〜⑳ 解答 《場合の数，確率》

(16)タ．⑧　(17)チ．③　(18)ツ．⑤　(19)テ．⑥　(20)ト．⓪

は、その体験から筆者が読者に伝えたいことが端的に述べられていることから選ぶ。

⑪　「育児の問題など考えたこともなかった」（最終段落五行目）筆者が、「生きるためには、…読まねばならなかった」（同段落十・十一行目）ことを捉える。

⑭　英語がわかるかどうか、勉強したいかどうかにかかわらず、「生きるため」に何としても「英語の本を読まねばならなかった」（最終段落十・十一行目）筆者の体験をふまえて選ぶ。何としても果たさなくてはならない目的（筆者の場合「生きるため」）があって、「外国語の習得」しか他に手段がないとき、「外国語の勉強は身につく」と筆者は述べている。

⑮　第五段落一・二文目からdが最適。

二　解答

⑯―d　⑰―c　⑱―d　⑲―c　⑳―a

三　解答

㉑―d　㉒―c　㉓―c　㉔―a　㉕―b

四　解答

㉖―a　㉗―a　㉘―d　㉙―d　㉚―a

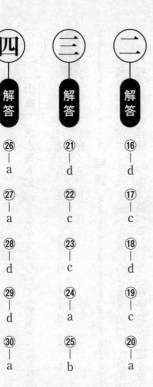

国語

一

解答

出典　清水幾太郎『本はどう読むか』〈外国書に慣れる法〉（講談社現代新書）

①—d　②—b　③—c　④—d　⑤—d　⑥—c　⑦—d　⑧—c　⑨—a　⑩—d　⑪—a　⑫—c
⑬—a　⑭—a　⑮—d

解説

③　空欄3の少し前に「それを述べる前に」とあるので、「外国語の本の読書法について」述べる（第二段落最終文）前に自分自身の経験について述べるという「順序」で話題を進めようとしていることが読み取れる。

④　第三段落の四行目以降、筆者が中学でドイツ語を勉強したことが述べられている。

⑤　傍線部5直前の「そこ」が、第三段落最後の「入学後も、…所属した」を指していることから選ぶ。

⑦　A、空欄Aの前の行の「試験の時に…という約束」は、度量の大きい条件であると言える。B、空欄Bの直前の「他に目的がなく」につながる表現を完成させたい。

⑧　⑦のAでおさえた「試験の時に…という約束」があったため、筆者が英語の勉強をしなかったことから選ぶ。

⑨　傍線部9の「そういう」は、傍線部9を含む段落の「ドイツの学問が」さまざまな学問の分野において「大きな影響力を持っていた」（同段一行目）という内容を指している。

⑩　ア、空欄アの前の行の「外国語は、…初めて身につく」という筆者の考えが、空欄アを含む一文で表現を変えて述べられていることから選ぶ。イ、空欄イの直前までで筆者の過去の体験が述べられているが、空欄イを含む一文以降で

一般選抜 一般入試：前期A日程

問題編

▶試験科目・配点

	教科等	科　目		配　点
3科目方式	英　語	コミュニケーション英語Ⅰ・Ⅱ，英語表現Ⅰ		100点
	国　語	国語総合（古文・漢文を除く）		100点
	選　択	日本史B，世界史B，※「現代社会・政治経済」，「数学Ⅰ・A（場合の数と確率）」		100点
2科目方式	選択必須	「コミュニケーション英語Ⅰ・Ⅱ，英語表現Ⅰ」，国語総合（古文・漢文を除く）	選択必須2科目，もしくは選択必須を含む2科目選択	各100点
	選　択	日本史B，世界史B，※「現代社会・政治経済」，「数学Ⅰ・A（場合の数と確率）」		

▶備　考

- 3科目方式・2科目方式のどちらかを選択。
- 試験日自由選択制。試験日ごとの問題の難易度の違いによる有利・不利をなくすため，総得点を偏差値換算して合否判定を行う。

【3科目方式】

①3科目の総得点（300点満点）を偏差値化

②高得点2科目の総得点（200点満点）を偏差値化

①②のどちらか高い方の偏差値で選考する。

【2科目方式】

英語と国語の2科目，もしくは英語または国語と「日本史，世界史，現代社会・政治経済，数学から1科目」の2科目を解答し，総得点（200点満点）を偏差値化して選考する。

※「現代社会」と「政治経済」のいずれの履修者でも解答可能な範囲。

英　語

（60 分）

◆各小問の配点

大　問	配　点
Ⅰ	各3点
Ⅱ	各3点
Ⅲ	各2点
Ⅳ	各3点
Ⅴ	各2点
Ⅵ	各2点

Ⅰ. 次の英文を読み、あとに続く各設問に対する答えを1つ選びなさい。

"What do Americans eat?" is a futile question for the most part. (1)Even finding the statistics for America's favorite foods may be meaningless, mainly because the diet varies greatly by each person's background.

Some ethnic groups may eat their ethnic foods a lot more than other ethnic groups eat (2)their own. Regional trends in food preferences exist as well. Many families have a meat-and-potato diet, but a growing number of families and individuals are vegetarians. Some others have religious restrictions, such as kosher food requirements.

In general, however, the average Japanese will consider the average American diet to be "limited" in varieties of menus and ingredients. A stereotypical American school kid's daily diet consists of cereals with milk for breakfast, a peanut butter and jelly sandwich and a whole apple or a small bag of chips for lunch, and a hamburger or steak with potatoes for dinner, — everyday.

The average daily caloric intake for an American is much higher than (3)that of a Japanese. For one, an American consumes 149 pounds of refined sugar per year. No wonder that American desserts and junk foods often taste too sugary for the Japanese palate. Many Japanese find, over time, that the food in the States is too greasy, too bland, or too something for their liking, and rediscover (4)they are more Japanese than they thought they were. Note that (5)it also works both ways. Most Americans, for example will not tolerate eating unflavored rice day in and day out.

The power of food is strong. The age-old advice for a lovelorn woman, "the way to a man's heart is through his stomach", may be in a way applicable to cross-cultural understanding as well. (6)If not, eating is still an enjoyable way to explore a different culture firsthand, — and a fattening one, perhaps, for an average Japanese.

注：futile＝役に立たない、無駄な

kosher food requirements＝ユダヤ教の食物取り扱い上の定め

pound＝ポンド；重さの単位（1ポンドは約450 g）

palate＝味覚

bland＝味気ない

lovelorn＝失恋した

（清池恵美子, & Granger, C. H. 2010. *Culture Watch U.S.A.*, 成美堂）

(1)　下線部(1)の主な理由は何か。最も適切なものを選びなさい。

(a)　体重を減らしたい理由は個人によってずいぶん異なるから。

(b)　食事の内容は個人によってずいぶん異なるから。

(c)　体重を減らすことがアメリカ人の大きな課題であるから。

(2)　下線部(2)のあとに省略されている語として最も適切なものを選びなさい。

(a)　food preferences

(b)　vegetables

(c)　ethnic foods

(3)　下線部(3)を言い換えるとどうなるか。最も適切なものを選びなさい。

(a)　the average daily caloric intake

(b)　the daily diet

(c)　the daily meals

(4)　下線部(4)にある they はすべて同じものを意味する。意味するものとして最も適切なものを選びなさい。

(a)　Japanese people

(b)　American people

(c)　American foods

(5) 文脈から考えて、下線部(5)の意味が表すものとして最も適切なものを選びなさい。

(a) 早起きは三文の徳

(b) 逆もまた然り

(c) 弘法にも筆の誤り

(6) 下線部(6)を言い換えるとどうなるか。最も適切なものを選びなさい。

(a) Even if this age-old advice may not be applicable to cross-cultural understanding

(b) Even if viewpoints of cross-cultural understanding may not be unique

(c) Even if good advice may not be given from cross-cultural understanding viewpoints

(7) 第1段落から第3段落の内容と一致しないものを選びなさい。

(a) アメリカ人のお気に入りの食べ物について調べることは、ほとんどの場合、何の役にも立たない。

(b) 食に関する好みは、民族、地域、宗教に加え、性別でも異なる。

(c) アメリカの子ども達の夕食は、ハンバーガー、ステーキ、ポテトが一般的だと思われている。

(8) 第4段落と第5段落の内容と一致しないものを選びなさい。

(a) アメリカのデザートは日本人には甘すぎる。

(b) ほとんどのアメリカ人は、毎日白米を食べることに耐えられないだろう。

(c) 食文化を理解することは、必ずしも異文化理解につながるとは限らない。

II. 次のメモは、ある会社の受付係が書いた電話の伝言メモです。あとに続く各設問に対する答えを1つ選びなさい。

PHONE MEMO

Date: *Fri., March 5* Time: *3:25* ☐ a.m. ☑ p.m.

While you were out...

Mr. Michael White of *ABC Software Company*

Called for *Nancy Smith*

Regarding:

Your appointment with Mr. White for tomorrow afternoon needs to be rescheduled preferably for some day next week. His flight was cancelled due to the big storm.

☐ Please Call

☐ Will Call Again

☑ Urgent

Taken by: *Ken Sato*

(1) Who made the phone call?

(a) Michael White

(b) Nancy Smith

(c) Ken Sato

(2) When was the original appointment with Mr. White?

(a) March 5

(b) March 6

(c) March 7

(3) Why did Mr. White ask to reschedule his appointment?

(a) Because he was in bad health.

(b) Because his software company was attacked by a computer virus.

(c) Because he couldn't take his flight.

(4) What is Ms. Smith likely to do next?

(a) She will visit Mr. White next week.

(b) She will call Mr. White right away.

(c) She will wait until Mr. White calls her back.

(5) Which of the following is true?

(a) Mr. White needs to be picked up at the airport.

(b) Mr. Sato works for ABC Software Company.

(c) Ms. Smith will probably see Mr. White sometime next week.

Ⅲ. 次の各会話文の（ ）に入れるのに最も適切なものを選びなさい。

(1) Beth: I really need to go to the bank today.
Ken: I hear the bank has been closed!
Beth: Really! ( ).
Ken: About two weeks.

(a) I wonder how much
(b) I wonder how far
(c) I wonder how long

(2) Customer: Excuse me, but could you tell me if this shirt is available in any other size?
Clerk: ( )
Customer: That's too bad. I wanted to have a medium size.

(a) I'm afraid we only have this item in this size.
(b) I'm sure we have all the items.
(c) How about this blue one?

(3) Hiro: I worked overtime until 11:30 last night.
Ronny: Were you able to catch the last train, or did you stay at a hotel?
Hiro: ( ).
Ronny: Glad to hear that.

(a) It was so expensive to stay at a hotel
(b) Yes, I was so tired
(c) I managed to catch the last train

(4) Lisa: Has the IT department fixed the copy machine yet?

James: I don't think they have even looked at it yet. They looked so busy.

Lisa: I really need to copy some reports by tomorrow.

James: All right. (　　　　　　　　). I'll ask them to make ours a priority.

(a) Let me call the IT department immediately
(b) Let's go to the nearby convenience store and copy them by ourselves
(c) We should buy a new copy machine

(5) Wife: There was a package delivered for you this afternoon.

Husband: (　　　　　　　　)

Wife: I put it on the desk in your room.

Husband: Thank you. I'll go and get it now.

(a) What time?
(b) I didn't see it.
(c) Did you pay for it?

Ⅳ．次の日本文に合うように、それぞれの下に与えられた語・語群を使って英文を作った場合、○印のある箇所にくる語・語群を選びなさい。ただし、文のはじめにくる語も小文字になっている。

(1)　この音楽を聴けば、きっとリラックスできるだろう。

This music will surely _____ _____ __○__ _____.

(a) relaxed　(b) you　(c) feel　(d) make

(2)　あのとき、彼のメールアドレスを書き留めておけばよかったなあ。

I wish _____ __○__ _____ _____ his email address then.

(a) had　(b) down　(c) written　(d) I

(3)　私たちが初めて会った日を覚えていますか。

Do you _____ _____ __○__ _____ first met?

(a) remember　(b) when　(c) we　(d) the day

(4)　私たちのチームが明日の試合に勝てるかどうか分からない。

I don't know __○__ _____ _____ _____ the tomorrow's game.

(a) will　(b) our team　(c) win　(d) if

(5)　人は手に入るものが増えれば増えるほど、もっと欲しくなるものだ。

The more you have, _____ __○__ _____ _____.

(a) the　(b) you　(c) want　(d) more

(6)　そのコンサートは以前に行ったことがあるので、今回は行かない。

__○__ _____ _____ _____ before, I wouldn't go this time.

(a) gone　(b) the concert　(c) having　(d) to

(7)　そんな間違いをするなんて、なんと不注意だったのだろう。

_____ _____ __○__ _____ it was to make such a mistake!

(a) of　(b) how　(c) me　(d) careless

V. 次の各英文の（　　）に入れるのに最も適切なものを選びなさい。

(1) I heard the baby (　　　) upstairs. Let me go and check.

(a) cries　　(b) to cry　　(c) crying

(2) The cherry tree (　　　) in my yard has grown so big.

(a) planted　　(b) was planting　　(c) was planted

(3) My father really likes Okinawan food because he (　　　) in Okinawa in his childhood.

(a) had lived　　(b) lived　　(c) has lived

(4) I have a friend (　　　) sister is a professional basketball player.

(a) who　　(b) whose　　(c) whom

(5) It's amazing that the price of the land here is so (　　　).

(a) expensive　　(b) raising　　(c) high

(6) We (　　　) with Mr. Ohtani's good manners. That's why many people in the world love him.

(a) were impressed　　(b) impressed　　(c) were impressing

(7) Don't sleep (　　　) the light on. You should be more aware of the energy problems.

(a) with　　(b) for　　(c) in

(8) Don't depend too much (　　　) your parents since you're already grown-up.

(a) for　　(b) on　　(c) with

(9) I am so (　　) of my son's having been awarded in the speech contest.

(a) proud (b) excited (c) pleased

(10) This photo (　　) me of my elementary school days.

(a) supplies (b) prevents (c) reminds

Ⅵ. 次の各説明が示す語として最も適切なものを選びなさい。

(1) the state of feeling nervous or worried that something bad is going to happen

(a) surprise (b) excitement (c) anxiety

(2) being well known from long or close association

(a) familiar (b) equal (c) dangerous

(3) to give something, especially money in order to help achieve or provide something

(a) contrast (b) concentrate (c) contribute

(4) having a calm, mild and kind character

(a) important (b) gentle (c) effective

(5) to work together with somebody else to accomplish something

(a) reduce (b) cooperate (c) capture

日本史

（60 分）

◆各小問の配点

大　問	配　点
Ⅰ	各3点
Ⅱ	各2点
Ⅲ	各3点
Ⅳ	各2点

Ⅰ　次の文章を読んで、空欄 [①] ～ [⑩] に最適な語句を、下の語群から選び、解答欄の記号をマークしなさい。

奈良時代後半には、仏教が政治に深く介入して弊害も生まれた。[①] は長岡京から平安京に遷都し、新しい仏教を支持した。

近江出身で近江国分寺や比叡山で修業した [②] は、804年 [③] に従って中国に渡り、帰国後に [④] を開いた。彼の開いた草庵に始まる比叡山 [⑤] は、やがて仏教教学の中心となっていった。

讃岐出身の [⑥] も、中国で密教を学び、帰国後に高野山に [⑦] を建てて [⑧] を開いた。また嵯峨天皇より [⑨] (東寺)を賜り、都における密教の根本道場として発展させた。

[④] ものちに、弟子の [⑩] (慈覚大師)らによって本格的に密教が取り入れられた。

〔語　群〕

(a) 空　海	(b) 東大寺	(c) 鑑　真	(d) 桓武天皇
(e) 教王護国寺	(f) 金剛峰寺	(g) 円　珍	(h) 臨済宗
(i) 延暦寺	(j) 天台宗	(k) 真言宗	(l) 円　仁
(m) 行　基	(n) 法華宗	(o) 遣唐使	(p) 法隆寺
(q) 最　澄	(r) 遣隋使	(s) 興福寺	(t) 聖武天皇

Ⅱ　次の史料を読んで、設問に対する最適な語句を、下の語群から選び、解答欄の記号をマークしなさい。

　コノ［ A ］位ノ御時、……［ B ］ノ記録所トテハジメテヲカレタリケルハ、諸国七道ノ所領ノ宣旨・官符モナクテ公田ヲカスムル事、一天四海ノ巨害ナリトキコシメシツメテアリケルハ……

（『愚管抄』）ア

設問①　これは記録荘園券契所の設置に関する史料である。［ A ］に入る天皇は誰か選びなさい。

設問②　この記録荘園券契所の設置を定めた荘園整理令の出た元号で［ B ］に入る語句は何か選びなさい。

設問③　設問①の天皇が対立した関白は誰か選びなさい。

設問④　設問①の天皇が記録荘園券契所の職員に起用したのは誰か選びなさい。

設問⑤　荘園整理令が902年に最初に出されたときの天皇は誰か選びなさい。

設問⑥　記録荘園券契所のもとで34ヵ所の荘園のうち、13ヵ所が整理の対象となった荘園所有者の神社はどこか選びなさい。

設問⑦　下線部アの作者は誰か選びなさい。

設問⑧　この荘園整理で、国司は国内をどのように再編したか選びなさい。

設問⑨　荘園公領制で耕地を割り当てられた有力な農民は何か選びなさい。

設問⑩　名主が領主におさめた手工業製品や特産物を何というか選びなさい。

〔語　群〕

(a) 大江匡房	(b) 後三条	(c) 慈　円	(d) 白　河
(e) 年　貢	(f) 国・郡・里	(g) 郡・郷・保	(h) 藤原道長
(i) 公　事	(j) 伊勢神宮	(k) 藤原頼通	(l) 醍　醐
(m) 藤原時平	(n) 後冷泉	(o) 田　堵	(p) 北畠親房
(q) 延　久	(r) 石清水八幡宮	(s) 寛　徳	(t) 所　従

Ⅲ　次の文章を読んで、空欄 ① ～ ⑩ に最適な語句を、下の語群から選び、解答欄の記号をマークしなさい。

8代将軍 ① のあと、9代将軍徳川家重を経て10代将軍徳川家治の時代になると、1772年に側用人から ② となった ③ が十数年間にわたり実権を握った。 ③ は幕府財政を再建するために、年貢増徴だけに頼らず民間の経済活動を活発にし、そこで得られた富の一部を財源に取り込もうとした。

まず、都市や農村の商人・職人の同業組織を ④ として広く公認し、商工業者の営業免許税である ⑤ などの増収をめざした。また、はじめて定量の計数 ⑥ を鋳造させ、金を中心とする貨幣制度の一本化を試みた。

さらに、 ⑦ ・手賀沼の大規模な干拓を行い ⑧ 開発も試みた。また仙台藩工藤平助の意見(⑨)を取り入れ、蝦夷地の開発やロシア人との交易の可能性を調査させた。こうした政策に刺激を受けて、民間の学問・文化・芸術が多様な発展をとげた。

しかし、一方でわいろや縁故による人事が横行するなどの批判もあった。1784年に若年寄の ⑩ が江戸城内で刺殺されると、 ③ の勢力は急速に衰えた。

〔語　群〕

(a)　飯　沼	(b)　田沼意次	(c)　株仲間	(d)　『赤蝦夷風説考』
(e)　御用金	(f)　新　田	(g)　印旛沼	(h)　田沼意知
(i)　銅　貨	(j)　御家人	(k)　冥　加	(l)　徳川吉宗
(m)　松平定信	(n)　銀　貨	(o)　徳川家光	(p)　組合村
(q)　『華夷通商考』	(r)　老　中	(s)　本　田	(t)　新井白石

Ⅳ　次の文章を読んで、空欄 ① ～ ⑩ に最適な語句を、下の語群から選び、解答欄の記号をマークしなさい。

① 海軍軍縮会議・昭和恐慌・満州事変などをきっかけに、軍人や右翼による急進的な ② 運動が活発になった。

1931年には陸軍青年将校のクーデター未遂事件があり、1932年には ③ 率いる右翼の団員が ④ 前蔵相、団琢磨 ⑤ 合名会社理事長を暗殺し（ ⑥ 事件)、さらに同年５月15日には海軍青年将校が首相官邸におし入り、 ⑦ 首相を射殺するという事件(五・一五事件)があいついだ。

1932年９月、斎藤実内閣は ⑧ を取り交わして満州国を承認した。国際連盟側は1933年２月の臨時総会で、 ⑨ 調査団の報告にもとづき、日本が満州国の承認を撤回することを求める勧告案を採択した。それに反発した日本政府は３月に、正式に国際連盟からの脱退を通告し、1934年には溥儀を ⑩ 帝として、満州国を帝政に移行させた。

〔語　群〕

(a)　国家改造	(b)　スチムソン	(c)　ワシントン	(d)　北京議定書
(e)　三　井	(f)　ロンドン	(g)　犬養毅	(h)　新体制
(i)　血盟団	(j)　高橋是清	(k)　光　緒	(l)　井上日召
(m)　橋本欣五郎	(n)　三　月	(o)　リットン	(p)　宣　統
(q)　岡田啓介	(r)　井上準之助	(s)　三　菱	(t)　日満議定書

世界史

（60分）

◆各小問の配点

大　問	小　問	配　点
Ⅰ	問1	各2点
	問2	各5点
Ⅱ	問1	各2点
	問2	各5点
Ⅲ	(1)～(5)	各3点
Ⅳ	(1)～(5)	各4点

I　下の文章を読み、設問に答えなさい。

1981年にアメリカ合衆国の大統領に就任したレーガンは不況の克服のため、民間経済の活力再生を重視、減税や規制緩和によって「[(1)]」をめざす新自由主義的な改革を提唱した。また、レーガン大統領は「強いアメリカ」の復活を訴えた。ソ連邦を「悪の帝国」と非難、大規模な核兵器の軍事拡張を推進した。その結果、米ソ関係は「第２次冷戦」といわれる緊張した状況になった。

一方、1985年にソ連邦の共産党書記長に就任したゴルバチョフは、いきづまった社会主義体制をたて直すため、<u>情報公開</u>(イ)による言論の自由化や国内の改革を提唱し、「新思考外交」の推進も表明した。レーガン大統領もソ連邦との対話を重視しはじめた。1985年11月に米ソ首脳会談が開催され、1987年には[(2)](INF)の全廃に合意した。レーガン大統領の後任のブッシュ大統領は1989年12月、ゴルバチョフ書記長とマルタ島で首脳会談を開催し、冷戦の終結を宣言した。また、1991年には[(3)]も妥結した。

ゴルバチョフ書記長は東欧社会主義圏に対する内政干渉を否定した。ポーランドでは[(4)]を指導者として1980年から自主管理労組「連帯」が組織され、改革の必要性を訴えた。1989年には複数政党制のもとで選挙が実施され、「連帯」を中心とする連立政権が発足した。ハンガリーやチェコスロバキアでも複数政党制が採用され、共産党単独政権は倒壊した。

東ドイツでは1989年10月にホネカー書記長が退陣し、翌月の11月には[(5)]が開放され、東西ドイツ間の自由な往来が認められた。1990年10月、西ドイツは東ドイツを吸収し、統一ドイツが誕生した。1991年には<u>経済相互援助会議(コメコン)</u>(ロ)や[(6)]も解消され、東欧社会主義圏は消滅した。

ソ連邦では1990年に共産党の指導にかわり、大統領制が導入され、ゴルバチョフが大統領に選出された。計画経済から[(7)]への移行が始まり、<u>スターリン体制</u>(ハ)下で犠牲になった人々の名誉回復もおこなわれた。東欧の民主化はソ連邦内のさまざまな民族にも影響を与え、[(8)]をはじめとする独立運動が始まった。ソ連邦を構成していた共和国がソ連邦からの離脱を宣言した。1991年12月、[(9)]を大統領とするロシア連邦を中心に、[(10)]が結成され、ソ連邦は解体した。

問1　文中の (1) ～ (10) に最適な語句を、それぞれの選択肢からひとつずつ選びなさい。

(1)　(A)　福祉国家　(B)　大衆宣伝
　　(C)　小さな政府　(D)　大きな政府

(2)　(A)　世界貿易機関　(B)　ヨーロッパ共同体
　　(C)　北米自由貿易協定　(D)　中距離核戦力

(3)　(A)　戦略兵器削減交渉　(B)　プロレタリア文化大革命
　　(C)　公民権運動　(D)　核実験禁止条約

(4)　(A)　チャウシェスク　(B)　ワレサ
　　(C)　ブラント　(D)　ドプチェク

(5)　(A)　天安門　(B)　北緯38度線
　　(C)　ベルリンの壁　(D)　サイゴン

(6)　(A)　東南アジア諸国連合　(B)　ワルシャワ条約機構
　　(C)　アジア太平洋経済協力会議　(D)　北大西洋条約機構

(7)　(A)　市場経済　(B)　ブロック経済
　　(C)　統制経済　(D)　マルクス主義

(8)　(A)　ベネルクス3国　(B)　バルト3国
　　(C)　パレスチナ　(D)　カシミール

(9)　(A)　プーチン　(B)　スハルト
　　(C)　エリツィン　(D)　ティトー

(10)　(A)　独立国家共同体(CIS)
　　(B)　ヨーロッパ原子力共同体(EURATOM)
　　(C)　アラブ連盟(アラブ諸国連盟)
　　(D)　国際通貨基金(IMF)

問2　下の各問いに答えなさい。

(イ)　下線(イ)と同義の表現は次のどれか。

(A)　インティファーダ
(B)　レジスタンス
(C)　グラスノスチ
(D)　プールナ=スワラージ

(ロ) 下線(ロ)が創設されたのは次のどれか。

(A) 1939年1月

(B) 1949年1月

(C) 1959年1月

(D) 1969年1月

(ハ) 下線(ハ)について、正しいものは次のどれか。

(A) スターリンは有力指導者や反対派とみなした人々を粛清し、個人崇拝を強めた。

(B) スターリンは1935年、エチオピアに侵攻した。

(C) スターリンは1938年、オーストリアを併合した。

(D) スターリンは1941年、ハワイの真珠湾を攻撃した。

Ⅱ 下の文章を読み、設問に答えなさい。

中世ヨーロッパでは、学問はキリスト教の支配下にあった。神学は最高の学問とされ、哲学や自然科学はその下におかれた。当時の学者や知識人のほとんどは聖職者や修道士であり、彼らは [(1)] 語を学問の国際的共通語として使用していた。キリスト教文化は今日にいたってもなお、ヨーロッパ文化の重要な要素である。

カール大帝(イ)は宮廷に多くの学者をまねき、そこから [(1)] 語による文芸復興がおこった。これは [(2)] と呼ばれる。 [(3)] が発明されたのもこの時期である。また、教会の権威を理論面から支えるために、信仰を論理的に体系化しようとする [(4)] もこの頃に始まった。 [(4)] は中世の西ヨーロッパに形成された特有の学問で、その中心的議論は実在論と [(5)] とのあいだの普遍論争であった。普遍論争を展開した学者のなかではとくに、 [(5)] を説くウイリアム＝オブ＝オッカムが近代合理思想の基礎を築いた。

十字軍の遠征をきっかけに東方との交流が盛んになる12世紀には、ビザンツ帝国やイスラーム圏からもたらされたギリシアの古典が本格的に [(1)] 語に翻訳されるようになった。これに刺激されて学問や文芸も発展した。このようななか、アリストテレス(ロ)哲学の影響をうけて [(4)] は壮大な体系となり、 [(6)] を著したトマス=アクィナスにより大成されて、教皇権の理論的支柱へと成長した。一方、イスラーム科学の影響も大きく、実験を重視する (7) の自然科学はのちの近代科学を準備するものであった。

大学が誕生するのも12世紀頃のことであった。それまで教育と学問の中心は田園地域の修道院にあったが、商業が発達するにつれて、都市の大学が修道院にとってかわって学問と教育の中心を担うようになった。教会付属学校を母体とする大学は、教授や学生の組合としてできたのが始まりであり、教皇や皇帝の (8) によって自治権を与えられた一種のギルドであった。おもな大学には神学・ (9) ・医学の3学部があったほか、基礎的な教養科目として自由七科も教育された。最古の大学といわれるイタリアのボローニャ大学は (9) で、パリ大学は神学で有名だった。イギリスではパリ大学を模範に創設された (10) 大学が、独自の学寮(コレッジ)制を基に発展した。

問1 文中の (1) ～ (10) に最適な語句を、それぞれの選択肢からひとつずつ選びなさい。

(1) (A) ロシア (B) アラビア (C) ラテン (D) スワヒリ

(2) (A) 12世紀ルネサンス (B) カロリング=ルネサンス
(C) 新文化運動 (D) 国土回復運動

(3) (A) アルファベットの小文字 (B) 活版印刷術
(C) 十進法 (D) 羅針盤

(4) (A) 三位一体説 (B) スコラ学
(C) 博物学 (D) 王権神授説

(5) (A) 経験論 (B) 進化論 (C) 唯物論 (D) 唯名論

(6) (A) 『神学大全』 (B) 『ローマ法大全』
(C) 『プリンキピア』 (D) 『純粋理性批判』

(7) (A) フランシス=ベーコン (B) デカルト
(C) プラトン (D) ロジャー=ベーコン

(8) (A) 特許状 (B) 贖宥状
(C) ミラノ勅令 (D) 聖職叙任権

(9) (A) 生物学 (B) 社会学 (C) 経済学 (D) 法学

(10) (A) オクスフォード　(B) ケンブリッジ
(C) エディンバラ　(D) サレルノ

問2　下の各問いに答えなさい。

(イ) 下線(イ)について、カール大帝にローマ皇帝の帝冠を与え、「西ローマ帝国」の復活を宣言した教皇は次の誰か。

(A) グレゴリウス7世　(B) レオン3世
(C) ウルバヌス2世　(D) レオ3世

(ロ) 下線(ロ)について、誤っているものは次のどれか。

(A) プラトンに学び、マケドニアの王子の教育係を務めたことがある。
(B) 代表作は『政治学』である。
(C) 諸学を体系的に集大成したことから「万学の祖」と称される。
(D) ストア派を創始した哲学者である。

Ⅲ 次の各問いに答え、最適なものを(A)〜(D)より選びなさい。

(1) ムガル帝国第5代皇帝のシャー=ジャハーンが愛妃のために建てた墓廟は次のどれか。

(A) アンコール=ワット　(B) ボロブドゥール
(C) サンスーシ宮殿　(D) タージ=マハル

(2) イスラーム教スンナ派の政治権力者の称号は次のどれか。

(A) ハディース　(B) スルタン　(C) ブハラ　(D) ジズヤ

(3) 中国国民党の指導者で、台湾に中華民国国民政府を樹立したのは次の誰か。

(A) 蔣介石　(B) 李登輝　(C) 毛沢東　(D) 鄧小平

(4)　アイユーブ朝の建国者で、十字軍との戦いでその勇武が十字軍側をも感服させたクルド人の武将は次の誰か。

(A)　ムアーウィヤ　　(B)　サラディン

(C)　ティムール　　(D)　スレイマン１世

(5)　「帰去来辞」を書いた東晋の田園詩人は次の誰か。

(A)　謝霊運　　(B)　陶潜(陶淵明)

(C)　白居易(白楽天)　　(D)　顔真卿

Ⅳ　文中の [(1)] ～ [(5)] に最適な語句を、それぞれの選択肢からひとつずつ選びなさい。

1206年、モンゴル高原の小部族出身のテムジン(チンギス＝ハン)がモンゴル全部族を統一した。

彼の死後、オゴタイは1234年、金を滅ぼし、都を外モンゴルの [(1)] に定めた。ついで、チンギス＝ハンの孫バトゥがヨーロッパへと遠征し、1241年、[(2)] でドイツ・ポーランド連合軍を撃破した。彼は南ロシアでキプチャク＝ハン国をたてた。また、同じくチンギス＝ハンの孫の [(3)] は西アジアへと遠征し、[(4)] 朝を滅ぼし、イル＝ハン国をたてた。[(5)] では、チンギス＝ハンの次子チャガタイを君主とするチャガタイ＝ハン国が成立した。

このようにして、13世紀中頃には、東アジアから西アジア、ロシアにいたる世界史上空前の大帝国が現出することとなった。

(1)　(A)　フェニキア　　(B)　長安

　　(C)　イスファハーン　　(D)　カラコルム

(2)　(A)　ワールシュタットの戦い　　(B)　ポエニ戦争

　　(C)　レパントの海戦　　(D)　百年戦争

(3)　(A)　ダレイオス１世　　(B)　エカチェリーナ２世

　　(C)　フラグ　　(D)　イヴァン４世

(4)　(A)　シャイレンドラ　　(B)　ササン

(C) アッバース　(D) プランタジネット

(5) (A) 中央アジア　(B) イベリア半島

(C) 北アメリカ　(D) 朝鮮半島

現代社会・政治経済

（60分）

◆各小問の配点

大　問	小　問	配　点
Ⅰ	(1)	各2点
	(2)〜(6)	各3点
Ⅱ	(1)	各2点
	(2)〜(6)	各3点
Ⅲ	(1)	各2点
	(2)〜(6)	各3点
Ⅳ	(1)	各2点
	(2)〜(6)	各3点

I　次のA先生とBさんの会話文を読み、あとの問いに答えなさい。

A先生：今日は民主政治の成立について勉強しましょう。16世紀頃から、ヨーロッパでは王の権力は神に由来するという説が唱えられていたのはご存知ですか。

Bさん：はい、［　1　］説です。国王の権力は神聖不可侵であるという考え方です。

A先生：よく勉強していますね。このような考え方に対して、［　2　］思想に基づいて社会契約説があらわれました。どのような思想家がいたかわかりますか。

Bさん：［　3　］を著したホッブズなどでしょうか。

A先生：そうです。ホッブズは結果的には国王の専制政治を擁護することになります。<u>イギリスの思想家ロック</u>(ア)は、国家が組織されるのは人間が生まれながらにしてもっている自由・生命・財産の自然権を守るためだと考えたのですね。

Bさん：ロックの思想の影響も受けて『社会契約論』を著したのはフランスの思想家でした。

A先生：［　4　］ですね。全人民が参加する集会や投票による直接民主制を主張しました。

Bさん：民主政治について<u>「人民の人民による人民のための政治」</u>(イ)という言葉を聞いたことがあります。

A先生：［　5　］が残した有名な言葉ですね。民主政治を説明するときに、よく参照される言葉です。

(1)　文中の［　1　］から［　5　］にあてはまる最適な語句を、それぞれ選択肢(a)〜(d)の中から一つずつ選びなさい。

1　(a)　権力分立　　(b)　天賦人権　　(c)　王権神授　　(d)　一般意志

2　(a)　自然法　　(b)　実定法　　(c)　慣習法　　(d)　制定法

3　(a)　『孤独な群衆』　　(b)　『法の精神』
　　(c)　『マグナ・カルタ』　　(d)　『リヴァイアサン』

4　(a)　モンテスキュー　　(b)　ルソー

(c)　カント　(d)　デカルト

5　(a)　リースマン　(b)　ワシントン　(c)　リンカン　(d)　ヘーゲル

(2)　文中の下線部(ア)の著書として最も適切なものを、選択肢(a)〜(d)の中から一つ選びなさい。

(a)　『経済発展の理論』　(b)　『統治二論』

(c)　『資本論』　(d)　『国富論』

(3)　文中の下線部(イ)という演説が行われた場所はどこですか、最も適切なものを、選択肢(a)〜(d)の中から一つ選びなさい。

(a)　ウィーン　(b)　ワーテルロー

(c)　ゲティスバーグ　(d)　ワイマール

(4)　日本国憲法に規定されている直接民主制的なものとして最も適切でないものを、選択肢(a)〜(d)の中から一つ選びなさい。

(a)　最高裁判所の裁判官に対する国民審査

(b)　特別法に関する住民投票

(c)　憲法改正に際しての国民投票

(d)　首相公選制

(5)　フランス人権宣言が出された年として最も適切なものを、選択肢(a)〜(d)の中から一つ選びなさい。

(a)　1628年　(b)　1689年　(c)　1776年　(d)　1789年

(6)　「法の支配」の説明として、最も適切なものを、選択肢(a)〜(d)の中から一つ選びなさい。

(a)　「人の支配」と並んで人権を保障するために必要な原則である。

(b)　人権が保障されるためには、政治権力も法によってしばられるという原則である。

(c)　人権を保障するためには「法の支配」よりも「人の支配」の確立が必要である。

(d)　人権を保障するために必要なものであり、「立憲主義」と相反する原則である。

Ⅱ　次の文章を読み、あとの設問に答えなさい。

第２次世界大戦後の日本経済は、インフレ対策を進めたことが不況を生じさせるなど、低迷していたが、[1]年から始まった朝鮮戦争(ア)による特需で活気づく。また、政治面では1951年に[2]平和条約を結び、独立を回復した。特需から活気づいた日本経済は、高度経済成長(イ)が本格化した。その要因として、企業による[3]の活発化、間接金融(ウ)による[3]を支えた[4]率の高さ、安価な資源価格、豊富な労働力の存在などが指摘されている。高度成長を通じて、都市化の進展(エ)と、三種の神器と呼ばれた[5]など耐久消費財の普及もまた経済成長を推し進める要因となった。

(1)　文中の[1]～[5]にあてはまる最適な語句を、それぞれ選択肢(a)～(d)の中から一つずつ選びなさい。

1　(a)　1949　(b)　1950　(c)　1951　(d)　1952

2　(a)　サンフランシスコ　(b)　ニューヨーク　(c)　ロサンゼルス　(d)　ワシントン

3　(a)　公共投資　(b)　在庫投資　(c)　住宅投資　(d)　設備投資

4　(a)　出資　(b)　貯蓄　(c)　配当　(d)　融資

5　(a)　カラーテレビ　(b)　クーラー　(c)　電気冷蔵庫　(d)　パソコン

(2)　下線部(ア)に参戦した国として最も適切でないものを、選択肢(a)～(d)の中から一つ選びなさい。

(a)　アメリカ　(b)　韓国　(c)　中国　(d)　日本

(3)　文中の下線部(イ)に関連し、以下の記述のうち最も適切なものを、選択肢(a)～(d)の中から一つ選びなさい。

(a)　実質経済成長率の年平均が20％を超えた。

(b)　1968年頃、日本のGNPは資本主義圏で２位になった。

(c)　神武景気、平成景気、いざなぎ景気といった好況が続いた。

(d)　背景には石油から石炭へのエネルギー転換もあげられる。

(4)　文中の下線部(ウ)の説明として最も適切なものを、選択肢(a)～(d)の中から一つ選びなさい。

(a)　株式発行が、その代表である。

(b)　企業による社債発行を指す。

(c)　金融機関からの融資がその主体である。

(d)　政府からの金融支援を指す。

(5)　第１次オイルショックのきっかけとなった戦争として最も適切なものを、選択肢(a)～(d)の中から一つ選びなさい。

(a)　第一次中東戦争

(b)　第二次中東戦争

(c)　第三次中東戦争

(d)　第四次中東戦争

(6)　文中の下線部(エ)に関連し、以下の記述のうち最も適切でないものを、選択肢(a)～(d)の中から一つ選びなさい。

(a)　第二次・第三次産業の就業者数が増えた。

(b)　重化学工業化が進展したことが要因の一つである。

(c)　都市部から農村部への若年労働者の移動がおこった。

(d)　都市部の世帯数が増加した。

Ⅲ　次のX先生とYさんの会話文を読み、あとの設問に答えなさい。

X先生：核兵器、化学兵器、生物兵器は大量破壊兵器と呼ばれ、とりわけ非人道的なものとされています。

Yさん：大量破壊兵器の使用を禁止する動きはないのでしょうか。

X先生：あります。［　1　］年には生物毒素兵器禁止条約、1993年には化学兵器禁止条約が調印されています。核兵器については、1968年に核拡散防止条約（［　2　］）が調印され、1996年に［　3　］核実験禁止条約（CTBT）が国連で採択されています。しかし、1998年にはインドと［　4　］で核実験が実施されるなど、大量破壊兵器を完全になくすことは今後の課題となっています。

Yさん：ほかにはどのような脅威がありますか。

X先生：クラスター爆弾(ア)や地雷を挙げることができます。地雷については、1997年に［　5　］条約が締結されています。

(1)　文中の［　1　］～［　5　］にあてはまる最適な語句を、それぞれ選択肢(a)～(d)の中から一つずつ選びなさい。

1　(a)　1967　(b)　1972　(c)　1978　(d)　1983

2　(a)　**NPT**　(b)　**IMF**　(c)　**ITU**　(d)　**UNEP**

3　(a)　軍事的　(b)　防衛的　(c)　包括的　(d)　戦略的

4　(a)　インドネシア　(b)　ベトナム
　(c)　トルコ　(d)　パキスタン

5　(a)　対人地雷兵器削減　(b)　対人地雷兵器縮小
　(c)　対人地雷全面禁止　(d)　対人地雷拡散禁止

(2)　文中の下線部(ア)に関する説明として最も適切でないものを、選択肢(a)～(d)の中から一つ選びなさい。

(a)　クラスター爆弾禁止条約は武器貿易条約よりも前に採択・調印された。

(b)　クラスター爆弾禁止条約は化学兵器禁止条約よりも後に採択・調印された。

(c)　クラスター爆弾禁止条約の採択・調印にあたり、NGOは関与できなかった。

(d)　クラスター爆弾とは大型の爆弾ケースに多数の爆弾を詰めたものである。

(3) 核をめぐる以下の出来事のうち、最初に行われたものとして最も適切なものを、選択肢(a)～(d)の中から一つ選びなさい。

(a) 第五福竜丸の被爆

(b) 核兵器(原子兵器)絶対禁止の署名運動(ストックホルム・アピール)

(c) 第1回パグウォッシュ会議の開催

(d) 第1回原水爆禁止世界大会(広島)の開催

(4) 非核地帯に関する条約として最も適切でないものを、選択肢(a)～(d)の中から一つ選びなさい。

(a) ウェストファリア条約　(b) ペリンダバ条約

(c) ラロトンガ条約　(d) トラテロルコ条約

(5) アメリカとソ連(ロシア)が関与した軍縮の取り組みの説明として最も適切でないものを、選択肢(a)～(d)の中から一つ選びなさい。

(a) 1963年に部分的核実験禁止条約(PTBT)が調印された。

(b) 1991年にSTART I が調印された。

(c) 中距離核戦力(INF)全廃条約の調印を契機にSALT I が成立した。

(d) 2010年に新STARTが調印された。

(6) 2018年の軍事支出(国防費用)が世界で2番目に多い国として最も適切なものを、選択肢(a)～(d)の中から一つ選びなさい。

(a) インド　(b) ロシア　(c) イギリス　(d) 中国

Ⅳ　次のX先生とYさんの会話文を読み、あとの設問に答えなさい。

X先生：今日は経済発展への取り組みについてみていきましょう。前回は日本のODAの基本方針を示した開発協力大綱(ア)について学びました。

Yさん：日本の開発協力の理念として改訂されたと学びました。

X先生：日本の支援としては、政府による資金援助の他に、青年海外協力隊(イ)による人を介した国際協力もあります。

Yさん：ノーベル平和賞を受賞したグラミン銀行が気になっています。

X先生：グラミン銀行は [1] で設立されていますが、その創設者が [2] です。貧困層の人々の暮らしぶりを改善することに貢献したことが評価されノーベル平和賞を受賞しました。

Yさん：途上国には [3] カルチャー経済の国が多いと聞きます。

X先生：先進国の植民地だった時代におしつけられた経済構造ですね。輸出用換金作物(ウ)を生産し、輸出する貿易構造となっています。しかし、こうした作物は価格変動により大きく価格が低下することがあり、こうしたことも途上国の経済発展を阻害しているといえます。

Yさん：フェアトレードについて教えてください。

X先生：途上国の生産者に長期的かつ公平な条件での取引機会を提供し、貧困からの脱却を支援する取り組みといえます。フェアトレード認証団体が基準を満たす製品にラベルを付与しているので見たことあるのではないでしょうか。

Yさん：途上国が債務返済に苦しんでいるという話もききました。

X先生：[4] 債務問題ですね。これらについては、世界銀行やIMFが構造調整プログラム(エ)を実施するほか、債権国による [5] や債権放棄などもおこなわれています。

(1)　文中の [1] ～ [5] にあてはまる最適な語句を、それぞれ選択肢(a)～(d)の中から一つずつ選びなさい。

1　(a)　インド　　(b)　スリランカ
　(c)　パキスタン　　(d)　バングラデシュ

2　(a)　コフィー・アナン　　(b)　マララ・ユスフザイ

(c) ムハマド・ユヌス　　(d) モハメド・エルバラダイ

3 (a) シングル　　(b) フラット

(c) モノ　　(d) ユニバーサル

4 (a) 加重　　(b) 収束　　(c) 飽和　　(d) 累積

5 (a) リエンジニアリング　　(b) リスケジューリング

(c) リバランシング　　(d) リローディング

(2) 下線部(ア)の基本方針の説明として最も適切でないものを、選択肢(a)〜(d)の中から一つ選びなさい。

(a) 非軍事的協力による貢献

(b) 人間の安全保障の推進

(c) 被援助国との対話・協働による自立的発展に向けた協力

(d) 法の支配の抑制

(3) 文中の下線部(イ)の説明として最も適切でないものを、選択肢(a)〜(d)の中から一つ選びなさい。

(a) 開発途上国の課題解決に取り組む人材を日本から送り出す制度である。

(b) 青年海外協力隊の隊員は20〜39歳の青年である。

(c) 40〜69歳の人材によるシニア海外ボランティアもある。

(d) 女性は隊員となることができない。

(4) グラミン銀行のマイクロクレジットの説明として最も適切でないものを、選択肢(a)〜(d)の中から一つ選びなさい。

(a) 少額での融資

(b) 事業資金への融資

(c) 融資に際して担保をとらない

(d) 保証人が必要

(5) 文中の下線部(ウ)に該当するものとして最も適切でないものを、選択肢(a)〜(d)の中から一つ選びなさい。

(a) コーヒー　　(b) 砂糖　　(c) 鉄鋼　　(d) 綿花

(6)　文中の下線部(エ)の説明として最も適切でないものを、選択肢(a)〜(d)の中から一つ選びなさい。

(a)　市場メカニズムの整備を求めている。

(b)　途上国が金融支援を受けるための条件となる変革を指す。

(c)　民間部門への規制緩和を求めている。

(d)　民間企業の国有化を求めている。

数　学

（60 分）

◆各小問の配点

大　問	小　問	配　点
Ⅰ	(1)〜(3)	各5点
	(4)コ	3点
	(4)サシ	2点
Ⅱ	(1)〜(5)	各6点
Ⅲ	(1)〜(4)	各5点
Ⅳ	(1)〜(5)	各6点

数学の解答用紙の記入方法

問題文中の **ア** ， **イウ** などの □ には，数値または符号（−，±）が入る。これらを以下の方法で解答用紙の対応する欄に解答せよ。

(1)　**ア**，**イ**，**ウ**，… のひとつひとつは，右ページの(4)の場合を除き，それぞれ数字（0，1，2，…，9）あるいは符号（−，±）のいずれかひとつに対応する。それらを解答用紙の**ア**，**イ**，**ウ**，… で示された欄にマークせよ。

［例］ **アイ** に−5と答えたいときは，次のようにマークせよ。

ア	±	●	0	1	2	3	4	5	6	7	8	9	*
イ	±	−	0	1	2	3	4	●	6	7	8	9	*

(2) 分数の形の解答は，すべて既約分数（それ以上約分できない分数）で答えよ。

符号（−，±）をつける場合は，分子につけ，分母につけてはいけない。

［例］ $\dfrac{\boxed{\text{ウエ}}}{\boxed{\text{オ}}}$ に $-\dfrac{4}{7}$ と答えたいときは，次のようにマークせよ。

ウ	±	●	0	1	2	3	4	5	6	7	8	9	*
エ	±	−	0	1	2	3	●	5	6	7	8	9	*
オ	±	−	0	1	2	3	4	5	6	●	8	9	*

(3) 根号を含む形の解答は，根号の中の自然数が最小となる形で答えよ。例えば，

$\boxed{\text{カ}}\sqrt{\boxed{\text{キ}}}$，$\dfrac{\sqrt{\boxed{\text{ク}}}}{\boxed{\text{ケ}}}$ に $4\sqrt{2}$，$\dfrac{\sqrt{2}}{2}$ と答えるところを，

$2\sqrt{8}$，$\dfrac{\sqrt{8}}{4}$ のように答えてはいけない。

(4) $\boxed{\text{コサ}}$ のような2桁の空欄において，1桁の数を答えたいとき，最初の解答欄にその数をマークし，残った不要な解答欄には，⊛ をマークせよ。3桁以上の空欄においても同様に残った不要な欄には，⊛ をマークせよ。

［例］ $\boxed{\text{コサ}}$ に5と答えたいときは，次のようにマークせよ。

コ	±	−	0	1	2	3	4	●	6	7	8	9	*
サ	±	−	0	1	2	3	4	5	6	7	8	9	●

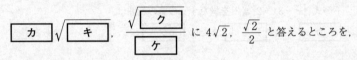

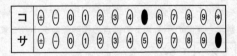

I　次の各問の空欄の**ア～シ**にあてはまる数字または符号を求めよ。また，根号を含む形の解答は，根号の中の自然数が最小となる形で答えよ。

(1)　$6x^2-3xy-3y^2-9x-18y-27$

$=\boxed{\text{ア}}\left(x-y-\boxed{\text{イ}}\right)\left(\boxed{\text{ウ}}x+y+\boxed{\text{エ}}\right)$

(2)　$x=\dfrac{1}{\sqrt{10}+\sqrt{6}}$，$y=\dfrac{1}{\sqrt{10}-\sqrt{6}}$ のとき，$x^2+y^2=\boxed{\text{オ}}$ である。

(3)　不等式 $\left|x^2-3x-2\right|\leqq 2$ を満たす x の値の範囲は，

$-\boxed{\text{カ}}\leqq x\leqq\boxed{\text{キ}}$ または $\boxed{\text{ク}}\leqq x\leqq\boxed{\text{ケ}}$ である。

(4)　下表は，5人の生徒A，B，C，D，Eが受けた数学と国語の小テストの得点である。

	A	B	C	D	E
数学（点）	6	8	10	7	9
国語（点）	7	8	9	6	5

このとき，数学と国語の小テストの得点の標準偏差はどちらも，$\sqrt{\boxed{\text{コ}}}$ 点であり，数学と国語の小テストの得点の相関係数を小数で求めると，

$\boxed{\text{サ}}.\boxed{\text{シ}}$ である。

Ⅱ　2次関数 $y=x^2-4ax+4a^2-8a+1$（ただし，a は実数定数）…①を考える。このとき，次の各問の空欄の**ア**～**コ**にあてはまる数字または符号を求めよ。分数は既約分数で答えよ。

なお，本問では，解答用紙の<u>解答欄**サ**と**シ**は使用しない</u>ので注意すること。

(1)　①のグラフの軸は，$x=\boxed{\text{アイ}}\,a$ である。

(2)　①のグラフが点（1，2）を通るとき，$a=\boxed{\text{ウ}}$ または $a=\boxed{\text{エ}}$ である。

注） ただし，$\boxed{\text{ウ}}<\boxed{\text{エ}}$ として解答せよ。

(3)　①のグラフと x 軸の共有点がただ1つのとき，$a=\dfrac{\boxed{\text{オ}}}{\boxed{\text{カ}}}$ である。

(4)　①のグラフを x 軸方向に1，y 軸方向に -1 だけ平行移動したグラフが，

$y=x^2-4x$ のグラフに一致するとき，$a=\dfrac{\boxed{\text{キ}}}{\boxed{\text{ク}}}$ である。

(5)　$-2\leqq x\leqq 0$ における①の最小値が1のとき，$a=\boxed{\text{ケ}}$ または

$a=\boxed{\text{コ}}$ である。

注） ただし，$\boxed{\text{ケ}}<\boxed{\text{コ}}$ として解答せよ。

Ⅲ　赤玉４個と白玉２個の合計６個の玉が入っている袋Ａと，赤玉６個と白玉４個の合計10個の玉が入っている袋Ｂがある。このとき，次の各問の空欄の**ア〜シ**にあてはまる数字を求めよ。分数は既約分数で答えよ。

(1)　袋Ａから無作為に玉を１個取り出すとき，取り出す玉が赤玉である確率は，

$\dfrac{\boxed{\text{ア}}}{\boxed{\text{イ}}}$ である。

(2)　袋Ａから無作為に玉を２個取り出すとき，取り出す２個の玉が，赤玉１個，白玉１個である確率は，$\dfrac{\boxed{\text{ウ}}}{\boxed{\text{エオ}}}$ である。

(3)　Ａ，Ｂそれぞれの袋から無作為に玉を１個ずつ取り出すとき，取り出す２個の玉が，赤玉１個，白玉１個である確率は，$\dfrac{\boxed{\text{カ}}}{\boxed{\text{キク}}}$ である。

(4)　袋Ａから無作為に玉を１個取り出し，その玉の色を確認して，袋Ｂに入れる。続いて，袋Ｂから無作為に玉を１個取り出す。袋Ｂから取り出した玉が白玉であるとき，袋Ａから取り出して袋Ｂに入れた玉も白玉である確率は，

$\dfrac{\boxed{\text{ケコ}}}{\boxed{\text{サシ}}}$ である。

Ⅳ　半径 $\dfrac{\sqrt{21}}{3}$ の円に内接する△ABC において，AB＝2，BC＝$\sqrt{7}$ である。このとき，次の各問の空欄の**ア**～**シ**にあてはまる数字または符号を求めよ。分数は既約分数で答えよ。また，根号を含む形の解答は，根号の中の自然数が最小となる形で答えよ。

(1)　△ABC の面積を sin∠ABC を用いた式で表すと，$\sqrt{\boxed{\text{ア}}}\sin\angle\mathrm{ABC}$ である。

(2)　sin∠ABC を AC を用いた式で表すと，$\dfrac{\sqrt{\boxed{\text{イウ}}}}{\boxed{\text{エオ}}}\mathrm{AC}$ である。

(3)　cos∠CAB を AC を用いた式で表すと，$\dfrac{\boxed{\text{カキ}}+\mathrm{AC}^2}{\boxed{\text{ク}}\,\mathrm{AC}}$ である。

(4)　△ABC の面積が $\dfrac{\sqrt{3}}{2}$ であるとき，AC＝$\boxed{\text{ケ}}$ である。

(5)　(4)のとき，∠CAB＝$\boxed{\text{コサシ}}^{\circ}$ である。

問六　本文中に登場する校長の見解として最も適当なものを、つぎの①～④の中から一つ選びなさい。

①　今の子は、読解力以前に、いわば言葉が失われている状態なので、自分で考え、想像し、表現できる、しっかりとした言葉を身につけさせる必要がある。

②　今の子は、物事を感じたり、想像したりする力が抜け落ちているため、国語の教材や大学入試の読解問題文を実用的な文章に変えていく必要がある。

③　今の子は、自分で考え、想像し、表現する言葉を持たないため、小説や詩を読むことによって、論理的な思考力や読解力を身につけさせる必要がある。

④　今の子は、物語を論理的に理解する力が欠けているため、多様な生活経験を通して、自分で考え、想像し、表現する言葉を身につけさせる必要がある。

問三 空欄 B — C に入れる言葉の組み合わせとして最も適当なものを、つぎの①〜④の中から一つ選びなさい。

① さもしい — 善意や欲望
② ひもじい — 悪意や欲望
③ さもしい — 悪意や憐み
④ ひもじい — 善意や憐み

問四 傍線部**ア**の内容として最も適当でないものを、つぎの①〜④の中から一つ選びなさい。

① 物事を感じたり、想像したりする力
② 論理的な文章を正確に理解する力
③ 自分の考えを客観視する批判的思考
④ 登場人物の気持ちを想像する力

問五 つぎの一文を入れるのに最も適当な箇所を、あとの①〜④の中から一つ選びなさい。

だからこそ、契約書など実用的な文章を読む力をつけさせようとしているのだ。

① 〔**ア**〕 ② 〔**イ**〕 ③ 〔**ウ**〕 ④ 〔**エ**〕

設問

問一　二重傍線部a〜eと同じ漢字を含む最も適当なものを、つぎの各群の①〜④の中から一つずつ選びなさい。

a　ミジン
① ビミョウな立場　② 鋭敏なミカク
③ 病のチョウコウ　④ ファンをミリョウする

b　ハバカられる
① ヒナン経路を確保する　② 作業のシンチョク
③ キタンのない意見　④ エンリョする

c　ショウゲキ
① 交通のヨウショウ　② ショウガイブツ競走
③ キンコウを保つ　④ アンショウに乗り上げる

d　アイマイ
① 無知モウマイ　② マイキョにいとまがない
③ ムミ乾燥　④ 政局がコンメイする

e　カン過
① カンコウチを巡る　② 会計をカンサする
③ カンシャ状を贈る　④ 病人をカンゴする

問二　空欄 A に入れるのに最も適当なものを、つぎの①〜④の中から一つ選びなさい。

① 過激な具材なので
② 考えて欲しい場面なので
③ 中身を知らせたくないので
④ ごんが見た光景なので

校長はつづける。

「学校で得る知識って、社会で生きていくための入り口みたいなものですよね。子供たちはその入り口から、自分の言葉でもってたくさんのことを想像したり、悩んだり、表現したりすることで生きる力を身につけていきます。それによって人間関係や社会が豊かになっていく。

でも、今の子は知識の暗記や正論を述べることだけにとらわれて、そこから自分の言葉で考える、想像する、表現するといったことが苦手なので、国語に限らず、他の教科から日常生活までいろんな誤解が生じ、生きづらさが生まれたり、トラブルになったりしてしまうのです。言ってしまえば、子供たちの中で言葉が失われている状態なのです。

こういう子たちは中学を卒業した後もずっと生きづらさを抱えていくことが多いのではないかと感じています。よく卒業生の親御さんからこう言われることがあります。

『せっかく高校へ行ったのに、子供がすぐに中退してしまった。バイトも一カ月ももたない。何度も話し合いの場を持っても、子供は自分でも原因がわかっていないらしく、説明が要領を得ない。親として対処のしようがない』

親も教員も、何とかしてあげたいと思っても、本人が自分が抱えている問題を言葉にできなければ手を差し伸べることができません。だからこそ、そのようになる前にしっかりとした言葉を身につけさせていかなければならないのです」

（石井光太『ルポ　誰が国語力を殺すのか』より）

読解力というのはテクニックのような面もあります。方法を教えて練習をつみ重ねれば読めるようになります。でも、子供たちはテクニックをつける前段階のところで、ア重大な力を失っているように思えてならないのです。それが彼らに様々な問題を引き起こしてしまっている。あまり指摘する人がいませんが、私としてはとても深刻な事態ではないかと危ぶんでいます」

今の子供たちは、昔とは比較にならないくらい大量の情報に取り囲まれ、常にそれを取捨選択する必要性に迫られている。その点では、彼らは溢れんばかりの情報を次から次に整理したり、処理したりする力はあるのかもしれない。

だが、そうした力と、一つの物事の前に立ってじっくりと向き合い、そこから何かを感じ取ったり背景を想像したりして、自分の思考を磨き上げていく力はまったく別のものだ。校長が今の子供たちの多くに欠けているのではないかと危惧しているのはこちらの能力なのだ。

先の話でいえば、生徒が後者の能力を持っていれば、学校で学んだ戦争をきっかけに、その国に暮らす人々の生活を思い描き、武器を持って争い合うことのおぞましさを感じ、自分のなすべきことを固めていけるだろう。しかし、戦争を記号のように受け止めてしまえば、どこまでも他人事でしかない。

クラスメイトに対する暴言に関しても同じだ。今の子供は好ましくないことが起これば、二言目には「死ね」と吐き捨てる傾向にある。言われた側が、その言葉をどう受け止めるかを考えていない。だから、相手が深く傷ついて学校にこられなくなっても、自分が原因だと考えられない。

もしかしたら『ごんぎつね』の根本的な誤読も、この延長線上にあるのではないだろうか。登場人物の内面や物語の背景を考えることをせず、文章を字面のみで記号のように組み合わせているだけだから、堂々と「兵十の母親を煮ている」などと発言し、それをおかしいと感じない。仮に今の子供の中から、物事を感じたり、想像したりする力が抜け落ちているのだとしたら、eカン過できることではない。

この改革には、一部の教育者から疑問が投げかけられている。漢字や古文を学ばなければならない日本の国語教育と、アルファベットだけで成り立つ欧米の国語教育は根本的に異なるものだとか、島国で物事をdアイマイにしながら関係性を築く日本文化と、多民族国家で個人主義が重視される欧米文化とでは求められる能力が違うといった意見だ。

それでも文科省があえて変更に踏み切った背景には、近年のグローバリゼーションがあるといえるだろう。インターネットで世界中の人たちとつながり、ビジネスからエンターテイメントまであらゆるところで国境の垣根が消えつつある今、PISAのテストが求めるような読解力を日本の子供につけさせなければ、国際的な競争から取り残されてしまうという危機感がある。〔　ウ　〕

どちらの主張にも一理あるが、今回、校長が指摘しているのは、こうした教育界を主導する人たちの間で行われている議論への違和感だ。つまり、そもそも学校現場で見られる子供たちの思考力の欠如や珍妙な解釈を、「読解力の低下」という問題だけに留めて考えていいのかということである。文章を正確に読んで理解する以前のところで、子供たちは何か大きなものにつまずいているのではないか。

校長は言う。

「大学の研究者や文科省の上の人たちは、今の子供たちの活字離れだとか、読解力低下の問題ばかりを重視しています。私もそれがまったくないとは思いません。でも、教育現場にいて感じるのは、国語の文章が読めるかどうかは一つの事象でしかなく、他の教科や日常においても、先に話したのと同じような現象が見られることの方が危ういということです。〔　エ　〕

社会で戦争のことを学んでも、そこで生きる人たちの生活の苦しみを想像できない。理科で生態系を勉強しても、命の尊さに結びつけて考えられない。生活指導でクラスメイトに『死ね』と言ってはいけないと話しても、『なぜ？』と理解できないといったことです。

三年ごとに行われるテストに、日本は第一回の二〇〇〇年から参加しており、数学的リテラシー、科学的リテラシーが常に上位であるにもかかわらず、読解力は長らく低迷してきた。当初は「ＰＩＳＡショック」とも呼ばれて教育界に大きなｃショウゲキを与え、直近の二〇一八年でも、数学が六位、科学が五位に対して、読解力は一五位だ（二〇二一年実施予定だったテストはコロナ禍のため二〇二二年に延期）。〔　ア　〕

一般の人たちにこの問題が広まったのは、二〇一八年に国立情報学研究所の新井紀子教授が著した『ＡＩ vs. 教科書が読めない子どもたち』がブームを巻き起こした時だろう。新井は調査研究から、小学校のクラスのうち二、三人しか教科書を正確に読むことができていないことを明らかにした。本人たちは読めているつもりでも、実際は理解していないという現象が起きているのだ。

文部科学省はこうした現状を深刻なものとして受け止め、国語の授業の改革を真剣に検討するようになった。ＰＩＳＡのテストの内容は、論理的な文章の読解、複数の資料の比較・検討、自由記述などが中心となっている。一方、日本の国語はかつてと比べれば減ったとはいえ、文学作品の読解、漢字の暗記、選択式の問題が多い。そのため、文科省は日本の国語のあり方を見直し、授業の中でＰＩＳＡで求められるような実用的な文章を通して論理的な思考力を高めるための教育を取り入れることにした。〔　イ　〕

二〇二二年度、文科省が教育改革の一つとして行ったのが新学習指導要領における国語の内容の変更だ。高校国語で必修だった「国語総合」を「言語文化」と「現代の国語」にわけたのである。前者はこれまで通りの小説や詩といった文学作品を扱い、後者は契約書の読解やデータの読み取りなど実用的な文章を通して実社会に必要な能力の育成を目指している。実用的な文章とは他に、企画書、会議の記録、電子メール、宣伝文なども含まれ、ゆくゆくは国語の授業や大学入試の読解が文学作品からそういった文章に替わるのではないかという声が上がっている。

作中には、父親がコスモスを渡した時の心理描写はないが、登場人物の立場に立ち、状況や背景を踏まえれば、行間から父親の気持ちを想像できるだろう。だが、一部の生徒たちはその力がないので、父親の［C］を描いた作品だと受け取ってしまう。二〇二二年二月八日朝日新聞朝刊でも、この物語の誤読問題が取り上げられているので、特別な例ではないのだろう。

校長はつづける。

「学校は学力を育てる場なので、子供たちが誤読をするのは悪いことではありません。そこで教員に正してもらうことで、読解力を高めていけばいい。でも私は、こうした子たちの反応は単なる読み違いではないと考えています。

もし『ごんぎつね』の鍋のシーンを、家が食堂を経営しているとか、喪服を消毒していると読んだのだとしたら、誤読と言えるでしょう。ありえないことではないからです。しかし、母親の死体を煮ているというのは、常識に照らし合わせれば明らかにおかしいとわかるはずで、平気でそう解釈してしまうのは単なる読み間違えではありません。

こうした子たちに何が欠けているのかといえば、読解力以前の基礎的な能力なのです。登場人物の気持ちを想像する力とか、別の事を結び付けて考える力とか、物語の背景を思い描く力などです。自分の考えを客観視する批判的思考もそうでしょう。それらの力が不足しているから、常識に照らし合わせればとんでもないような発想をしているのに気づかず、手を挙げて平然と答えられてしまう。読解力の有無で済ましてはいけないことだと思うのです」

校長がそう語る背景にあるのは、近年教育業界を中心に湧き起こっている「読解力の低下」の議論だ。

ＰＩＳＡ（生徒の学習到達度調査）という国際的な学力テストをご存じだろうか。ＯＥＣＤ（経済協力開発機構）が調査参加国の十五歳の子供に対して行っているものであり、数学的リテラシー、科学的リテラシー、読解力の三つが計られる。

「今日のケースは少々極端でしたが、最近は多かれ少なかれあのような意見が出るのは普通です。教員もそれをわかっているので、先ほどの授業でも班になって話し合わせたのでしょう。それでもああいう回答になってしまったようですが……。残念ながら、似たようなことは、私も他の学校でしばしば経験してきました」

校長が同じような例として挙げたのが、四年生の国語の教科書に載っている戦争文学の名作『一つの花』（今西祐行）だった。物語の概要を記す。

戦時中、どの家も貧しく十分なご飯がなかった。　**B**　生活の中で育った少女ゆみ子は、「一つだけちょうだい」と言うのが口癖になっていた。そう頼めば、何かもらえると思ったのだ。イモ、カボチャの煮つけ、何を求めるにしても、かならず「一つだけ」と付け加えるのを忘れなかった。

戦争が激しくなり、ついに父親が兵士として戦場へ行くことになった。駅へ見送りに行く途中、ゆみ子は「一つだけ」と言って父親が持っていくはずのおにぎりをみんな食べてしまった。汽車に乗り込む前、ゆみ子はまた「一つだけ」とおにぎりをせがみだす。もうおにぎりは残っていない。父親は不憫に思い、駅構内のゴミ捨て場のようなところに咲くコスモスを摘んで、「一つだけあげよう」と言って渡す。

一〇年が過ぎ、戦争が終わって日本に平和な日常が訪れた。父親は戦争から帰ってこなかった。その代わり、ゆみ子の家の周りにはたくさんのコスモスが咲き乱れていた——。

校長によれば、この物語を生徒たちに読ませ、父親が駅でコスモスを一輪あげた理由を尋ねると、次のような回答があるという。

「駅で騒いだ罰として、（ゴミ捨て場のようなところに咲く）汚い花をゆみ子に食べさせた」

「このお父さんはお金儲けのためにコスモスを盗んだ。娘にそのコスモスを庭に植えさせて売ればお金になると思ったから」

新美南吉は、[A]「何か」という表現をしたのだ。葬儀で村の女性たちが正装をして力を合わせて大きな鍋で何かを煮ていると書かれていることから、常識的に読めば、参列者にふるまう食事を用意している場面だと想像できるはずだ。教員もそう考えて、生徒たちを班にわけて「鍋で何を煮ているのか」などを話し合わせた。ところが、生徒たちは冒頭のように「兵十の母の死体を消毒している」「死体を煮て溶かしている」と回答したのである。

当初、私は生徒たちがふざけて答えているのだと思っていた。だが、八つの班のうち五つの班が、三、四人で話し合った結論として、「死体を煮る」と答えているのだ。みんな真剣な表情で、冗談めかした様子は[a]ミジンもない。この学校は一学年四クラスの、学力レベルとしてはごく普通の小学校だ。

おそらく私にとって初めてのことなら、苦笑いして流していただろう。だが、似たような場面に出くわしたのは一度や二度ではなかった。

私は著述業をする傍ら年間に五〇件ほど講演会を引き受けており、子供をテーマにしたノンフィクションや児童書を数多く手掛けていることから、依頼の三割は学校をはじめとした教育機関だ。そのため、この十数年ほぼ毎月、全国のいろんな教育機関を訪れ、実際に授業に参加させてもらったり、教員や保護者と語り合ったりしているのだが、たびたび同様のことを目撃していたのである。

とはいえ、授業に口出しするのも[b]ハバかられるので、毎回私はその場にいた教員と「困りましたね」と笑って済ませたり、聞こえなかったふりをしてやりすごしたりしていた。だが、この時の授業では、生徒たちから出ていた意見があまりに現実離れしていたこともあって強烈に頭に残り、これまでの体験との関連性を考えずにはいられなかったのである。

講演会が終わって校長室でお茶を飲んでいる時、私は『ごんぎつね』のことを持ち出し、ああいう意見はよく出るのかと尋ねた。校長の男性は、三〇年以上の教員経験があり、国語を専門にしていた。彼は次のように語った。

「昔もお墓はあったはずです。だって、うちのおばあちゃんのお墓はあるから。でも、昔は焼くところ（火葬場）がないから、お湯で溶かして骨にしてから、お墓に埋めなければならなかったんだと思います」

「うちの班も同じです。死体をそのままにしたらばい菌とかすごいから、煮て骨にして土に埋めたんだと思います」

生徒たちが開いていたのは国語の教科書の『ごんぎつね』だ。作家の新美南吉が十八歳の時に書いた児童文学で、半世紀以上も国語の教材として用いられている。生徒たちはその一節を読んだ後、班ごとにわかれてどういう場面だったかを話し合い、意見を述べていたのである。『ごんぎつね』の話を覚えていない方のために、おおまかな内容を記そう。

ある山に、「ごん」という狐が住んでいた。ごんは悪ふざけが好きで、近くの村の人たちに迷惑ばかりかけていた。その日も、小川で兵十《ひょうじゅう》という男性が獲ったうなぎや魚を逃がしてしまった。

一〇日ほど経った日、ごんは兵十の家で母親の葬儀が行われているのを見かける。兵十が川で魚を獲っていたのは、病気の母親に食べさせるためだったのかと気づく。自分はそれを知らずに逃がしてしまったのだ。ごんは反省し、罪滅ぼしのために毎日のように兵十の家へ行き、内緒で栗や松茸を届ける。

そんなある日、兵十は自分の家にごんが忍び込んでいるのを目撃する。彼は、いたずらをしに来たのか、と早とちりして火縄銃で撃ち殺す。だが、土間に栗が置かれているのを見て、これまで食べ物を運んでくれていたのがごんだったことに気づき、その場に立ちすくむ――。

授業で取り上げたのは、ごんが兵十の母親の葬儀に出くわす場面である。そこでは、兵十の家に村人たちが集まり、葬儀の準備をしているシーンが描かれる。家の前では村の女たちが大きな鍋で料理をしている。作中の描写は次の通りだ。

〈よそいきの着物を着て、腰に手ぬぐいを下げたりした女たちが、表のかまどで火をたいています。大きななべの中では、何かぐずぐずにえていました〉

問七　本文の内容として最も適当なものを、つぎの①～④の中から一つ選びなさい。

① 近代以前の日本における美的活動の実践によって、その文化を身に纏わなければ排除されるという日本独特のシヴィリティーが生まれた。

② 近代以前の日本では美しきものの領域から育まれたシヴィリティーによって、階級制度を超えた西欧的な市民社会が形成された。

③ 近代以前の日本では異なった階級の人びとが集い花鳥風月を楽しむという美的活動が実践され、西欧的なシヴィリティーが発達した。

④ 近代以前の日本ではいろいろな人びとが座に集い相互に影響し合いながら芸術が創造され、日本固有のシヴィリティーが発達した。

〔二〕　つぎの文章を読んで、あとの設問に答えなさい。

都内のある公立小学校から講演会に招かれた時のことだ。校長先生が学校の空気を感じてほしいと国語の授業見学をさせてくれた。小学四年生の教室の後方から授業を見ていたところ、生徒の間から耳を疑うような発言が飛び交いだした。

「この話の場面は、死んだお母さんをお鍋に入れて消毒しているところだと思います」

「私たちの班の意見は違います。もう死んでいるお母さんを消毒しても意味がないです。それより、昔はお墓がなかったので、死んだ人は燃やす代わりにお湯で煮て骨にしていたんだと思います」

問四　つぎの一文を入れるのに最も適当な箇所を、あとの①〜④の中から一つ選びなさい。

こうした特徴によって、後の時代にまで大きな影響力をもつ「文化」となることができたのである。

①〔ア〕　②〔イ〕　③〔ウ〕　④〔エ〕

問五　傍線部**ア**の具体例として最も適当なものを、つぎの①〜④の中から一つ選びなさい。

① 座に集った人びとが競い合って歌を詠み優劣をつけること。
② 人びとがあらかじめ詠んだ歌を座に持ち寄りみんなで鑑賞し合うこと。
③ 人びとが座に集い歌を詠み合い、相互作用的な作品づくりを楽しむこと。
④ 座に集う人びとが師範に倣って歌を詠み指導を受け磨きをかけること。

問六　傍線部**イ**の意味として最も適当なものを、つぎの①〜④の中から一つ選びなさい。

① 当時の日本では異なった身分の交流は制限されていたが、集団で文芸や芸能を楽しむ場では問われなかった。
② 集う人々が互いに影響し合いながら美を生み出し味わうには、なによりもその空間での親密度が優先されていた。
③ 堅苦しい現実社会から逃れ花鳥風月を楽しむ世界では、世俗から離れて無欲に暮らす隠遁者が一目置かれていた。
④ 当時の日本であってもこと美の世界においては、技能の度合いによって現実社会とは異なる序列ができていた。

設問

問一 空欄 a ～ h に入れるのに最も適当なものを、つぎの①～⑩の中から一つずつ選びなさい。ただし、選択は一語一回に限ります。

① 二分法的　② 協調的　③ 民主的　④ 挑発的　⑤ 社会的
⑥ 特徴的　⑦ 悲劇的　⑧ 本質主義的　⑨ 市民的　⑩ 近代主義的

問二 二重傍線部a～dのカタカナを漢字に直すのに最も適当なものを、つぎの①～④の中から一つずつ選びなさい。

a ① 上　② 翔　③ 焦　④ 昇
b ① 象　② 照　③ 称　④ 償
c ① 刺　② 埒　③ 喇　④ 辣
d ① 鉦　② 笙　③ 唱　④ 鐘

問三 空欄 A ― B に入れる言葉の組み合わせとして最も適当なものを、つぎの①～④の中から一つ選びなさい。

① さらに ― やはり
② しかし ― 意外にも
③ しかし ― やはり
④ さらに ― 意外にも

ないのは言うまでもあるまい。

多民族的また多宗教的な社会構造をもつ前近代社会においても、さまざまなメカニズムによって、異なったバックグラウンドをもつ人びと同士の交際上のルールや文化が存在することはめずらしいことではない。たとえば交易都市やバザール、港湾都市などで、そうした見知らぬ人びとと、異なった人びととの取引や交際のルールが存在した。前近代の社会で、相異なる社会背景、宗教をもつ個人同士が実際安全にまた効果的にコミュニケートしている例をさがすことはむずかしいことではない。今、民族、宗教の対立と暴力の嵐に揺れる中東の国ぐににしても、西欧流の国民国家という考えが導入されることでかえってこうした前近代の「シヴィリティー」を破壊したという面がある。だからこそわたしは、前近代の日本にも西欧的な市民社会のモデルに適合はしないが、固有の市民交際の文化である「シヴィリティー」が存在したと考える。

日本の歴史を組織論の観点で見直してみて実に興味深いのは、人びとの水平的で自発的なネットワークが、多くの点で美の世界と重なり合っていたという事実だ。芸能・詩歌のさまざまな結社は、人びとをその直接の居住地域や身分関係を超えて広がるネットワークへと組織し始めた。近世日本における芸能・詩歌の仲間組織や結社組織は、経済的・身分的に相異なるさまざまな背景をもつ人びとのあいだにつながりをつけることで、西欧政治史で市民たちのネットワークが果たしたのと機能的に類似した役割を果たしていた。

（池上英子『美と礼節の絆』より）

注　歌垣——古代における集団儀礼。毎年春秋の二回、時を定め山上や市などの聖場で催された。

んでいる。それはこうした水平的結社組織が、国家の領域の外で市民の声を政治へ反映させる働きをして、市民社会の質にとってそれが肯定的な意味合いをもつとされるからである。とくにソ連崩壊以後東欧などで次つぎと新しい政治体制が生まれるなかで、世界中の知識人たちは、市民社会という考え方に大きな政治的関心を示してきた。それはさまざまな市民団体、労働組合、政党などが政府=国家から独立して政治的領域を形成すべきであり、民主主義がうまく機能するには健全で活発かつ自律的な市民社会が必要条件だと考えられたからだった。その後、中東その他の地域で継続する暴力紛争によって、市民社会というテーマはグローバルな政治論議の中央舞台へと再々もち出される。これらの地域は歴史上市民社会が不在だったとされ、それが民主主義建設の困難さの根本問題だとしばしば断言されるといったぐあいだ。そのなかでも、とくに市民社会の本質として、水平的・自発的結社の存在、ヨコ型のネットワークの活発さに注目するロバート・パットナムなどが影響力をもち、「新トクヴィル派」などと呼ばれることがある。パットナムは、たとえばイタリア地方政治改革を研究して、北イタリアでは水平的で自発的な市民組織の伝統が存在したことが、南イタリア社会に伝統的に根強い親分子分的タテ型組織にくらべ、地方政治の［ g ］改革のため有利な条件であったと論じた。彼はその後も、アメリカの社会にこの伝統的な自発的・水平的市民的なつながりの伝統が薄れてきていると、警dショウを鳴らしつづけている。

　こうして市民社会を単に理念としてでなく組織論として捉える論点には、確かに有効な点が多々あるのだが、わたしは、欧米中心の市民社会概念を大雑把に用いるだけでは、非西欧の社会経験の積極面を十分解明することができないと思う。自発的で水平的な結社組織というものの重要性に注目する新トクヴィル派の考え方は、ある程度まで役立つのだが、そうしたアプローチだけでは、近代以前に目だって活気に満ちていた非西欧社会における社会生活の質を解明することはできない。また、西欧近代政治の基本である市民団体や政党などの制度は、民主主義の歴史という点で重要な発展であることは事実だが、こうした政治組織が「あるか、ないか」というような［ h ］設問では、多くの非西欧社会の社会組織と特徴を捉えることができずに卑近な言い方をするなら、たとえばお金を持っていても良い人間関係のネットワークに恵まれていない人は大きな仕事ができない、と言うことがある。こういう人はネットワークとしての「社会資本」という視点で見れば、本当に豊かな人とは言えないわけだ。回り道になったが、日本における美を中心とする社交の伝統は、日本列島に住む人びとにとって美の形式として文化資本であり、しかも社会に新たな交流の場を設けてネットワークの多様化をもたらした点で社会資本をも豊富にしたという、二つの面で大きな貢献をしたのである。

美の世界と組織論が交差するところを追っていくと、日本における交際文化に対する関心へと収斂していく。こうした美的社交形式という文化資本と社会資本とが、やがて一種の「シヴィリティー」とでも言うべきものを形成することにつながっていったからだ。この「シヴィリティー」という言葉は周知の通り、「市民社会」という意味での「シヴィル・ソサエティー」と語源を同じくしている。一応、「［ f ］な礼節の文化」とでも言っておこうか。しかし実際には「市民性」とでも言うべきもっと広い感覚の言葉で、単に鄭重さを示すものではない。シヴィリティーという考え方は、もともと敵でもなければ味方でもない軽い知り合いや、見知らぬ人との交際をどうするかという問題と深く関わっている。これは、市場経済の台頭を前にして、スコットランド啓蒙派の論者たちが深く考えこんだ問題だった。なにしろ市場経済の拡大は、旧制度のより長期的な人間関係の枠をこえて、取引を通じて見知らぬ人と人を結びつけるのだから。もちろん、前近代の日本には、いわゆる西欧的な意味での市民社会は誕生しなかったのだけれど、交際の文化という点から考えると、慎ましくまた洗練された交際の文化を完成させていた。見知らぬ人やいわゆる地縁・職縁以外のところでの交際の作法も豊かに発展した。〔　エ　〕

わたしは市民社会というより、まずシヴィリティーという言葉をてこにして、日本の前近代の交際の文化を分析してみたいと思う。近年の社会科学理論では、自発的で水平的な結社組織の形成を歴史的・社会構造的に研究することが新たな関心を呼そうした芸能の原型は、明らかに古代の「歌垣」注のような慣習や平安朝の「歌合」のような形式にまでさかのぼることができる。[A]、協同的なふれ合いの重要性を重くみる芸能・文芸が自覚的で洗練されたスタイルや方法論へとショウ華したのは、[B]中世だったと言ってよいだろう。これらの芸能では、人と人のふれ合いの過程における潑ラツ（c）とした交流にこそ最も意味ある芸が宿ると考えられていた。こうした実演芸術の形態を「座」の芸能・文芸と呼んだ学者もあるが、ここで大事なのが、（イ）美を制作する「場」は現実社会の秩序とは別の空間だと意識されていたことだ。ふれ合いの圏域における協同的なエネルギーのダイナミズムをこうして周到に理論化したことで、この芸能スタイルは独自の美の形となったばかりか、人間交際の重要な手段ともなった。「連歌」として知られる連詩の形態や「茶の湯」は、このような美学理論の精神を遺憾なく発揮したのみならず、社交の形式としても重要な手段へと成長していった。座の芸能・文芸の出現が日本文化の発展に重要な影響を及ぼしたのは、それがきわめて魅力的な芸術形式を生み出したのと同時に、そうした芸術活動の実践を可能にする[e]ネットワークの具体的なシステムを制度化したからだった。

　座の芸能の勃興は、日本における重要な「文化資本」の出現を示していた。近代以前の日本の芸術形態のすべてに集合的なアプローチが見られたというわけではなかったけれども、芸能のつどいの場とそこでの交流の意味を重視する美学の理想は、芸術の社会的役割一般に対して永続的な影響を及ぼしたのである。すなわち、このスタイルの芸能は、日本社会にとっての「文化資本」になると同時に「社会資本」でもあった、と言うことである。〔ウ〕

　「資本（キャピタル）」という概念を純経済的な概念から文化的・社会的なものにまで押し広げて考えることは、今では社会科学一般でよく行なわれる分析方法である。そのなかでも「社会資本」という言い方には、さまざまな使われ方がある。わたしは本書では、「文化資本」が個人や集団が保有する趣味・性向や価値観など文化の世界での資本であるのに対し、「社会資本」とはネットワーク、つまり社会関係に具現されている資本であるという、社会学者がよく使う定義にしたがっている。誤解を恐れ見せる。近代以前の日本における芸能・文芸の営みの重要な部分は孤立した個人の活動ではなく、ア参加者は美的制作品の創造者であると同時に受け取り手でもあるような形をとることが多かった。この点から明らかになるのは、前近代の日本人は芸能を演じる場での強烈な情緒的恍惚感が生むシナジー（相乗効果）を通じての芸術創造という、相互作用的なプロセスに価値を置いていたという事実である。言葉を換えれば、日本の芸能的・詩的な伝統ははなはだ美的であるとともに、高度に社会的でもあったのだ。そして社会的であるということ、つまり人びとの交際と創造の場として美を契機とする組織が重要だったということは、たとえその場が花鳥風月を旨とする非政治的世界であったとしても、と言うよりむしろ、きわめて非政治的な美の世界であったからこそ、政治的な意味合いをもたざるをえなかった――というのが本書の論旨なのである。

つまり、美の国日本というイメージはきのうきょう出来上がったものではなく長い歴史の産物であり、その根底には日本の社会的・政治的組織の発展の道筋の深い影響がある。日本の歴史を社会組織論・ネットワーク論として見直すことによって、美を中心とした交際の形式がもつ深い意味が見えてくるはずだ。しかも美を創造し、分かち合い、そして心を通わせるという交際の形式は決してエリートだけのものではなく、この列島に住む実に多様な人びとの生活のなかにさまざまな形で静かに入りこんでいった――天皇、将軍、武士、商人、農民から遊女、被差別民その他のマージナル（周縁的）な集団にまで。この列島に住む人びとはこうして、互いの交際関係のさまざまなあり方を絶えず実験したのだった。

ただし近代以前の日本が発展させた独自の芸能形態を、単に集団的な芸能・文芸と捉えるだけではその一面しか見ていないと言えよう。共同体における集団的芸能自体は、世界的に見て決してめずらしい現象ではないのだから。日本の場合に[d]なのは、つどいの場と文芸・芸能を楽しむふれ合いの「プロセス」自体の重要性とが、一種独特の美学として結晶化する方向に発展したことと、それが既存の社会的結びつき、共同体の団結のために行われるだけではなく、新しい人びとの出会いをつくる場として重要な意味をもってきたことだった。【 イ 】

ての社会史的研究を提示して、川端・大江が提起した問題を歴史のコンテクストのなかに置いてみようと思う。すなわちそれは、この列島に住む人びとが美しさの世界を実際どのようにして社会生活へと取りこんできたのか、という問題である。つまり本書が考察するのは、ともに美を探究し合うことで生まれる交際関係が近代以前の日本における社交生活の大事な部分を構成するようになった、そのプロセスである。この交際の文化はやがて、近代以前の社会生活のグラマー（文法規則）とも言うべき、礼節の文化（「シヴィリティー」）へと[a]ショウ華していったのである。〔　ア　〕

　ところで美しきものの領域は、近代の西欧的観念のなかでは通常、ぎらぎらした政治とは正反対の世界と理解されている。実際わたしがアメリカやヨーロッパの同僚に向かって、美と政治の関係を歴史社会学的また組織論的に研究していると説明すると、ただちに不思議そうに、そうした西欧的観念にもとづいて質問を投げ返してくる人たちが数多くいた。その上さらに、西欧近代的な考え方では、美の世界は本来的にスタジオや書斎に独り閉じこもって創作活動に励む孤独な個人としての芸術家によって生み出されるもの、とされがちだ。一方、鑑賞者はそれを美術館の壁にかかっているオブジェクトとして楽しむか、あるいは自宅のソファの上でこれまた孤独な個人として、文学作品に触れようとする。つまり創造者と鑑賞者は明らかに二つの世界に引き裂かれ、ともに孤立する個の世界にあって、芸術作品というものを仲介としてのみ間接的に交差すると思念されている。こうした観念は西欧の歴史そのもののなかでつくられた観念なのであって、どの社会においても実際には、美の世界と政治はそれなりに深く結びついているのは言うまでもない。今はわたしたち日本人もこの［　c　］な芸術観・美学観の影響のもとにあるから、街に美術館がたくさんあれば市民の生活に美が根づいているなどと思いがちだ。しかしよく考えてみれば、近代になって誕生した美術館の思想は、もともと生活の場と美、また生活者とプロ芸術家とを切り離すという観念を前提に成立していた。

　ところが近代以前の日本における詩歌その他の芸能に対するアプローチは、こうした欧米の「常識」的観念と鋭い対[b]ショウを

〔一〕　**つぎの文章を読んで、あとの設問に答えなさい。**

　一九六八年のこと、眼光鋭く痩身、高齢の小説家が、ストックホルムの演壇に姿を現わした。日本人初のノーベル文学賞受賞者、川端康成の受賞記念講演のタイトルは「美しい日本の私」だった。中世の仏教者・明恵の詩を引用しながら、雪月花の詩美が誘《いざな》い出す人間感情の深みについて語る川端は、自分が日本の美的伝統と連帯していることを高らかに宣言したのである。川端の講演は日本の文化的アイデンティティーを、美という観点から力強く表明したものだった。川端のスピーチは、日本が戦後の経済復興からさらなる飛躍への道を歩き始め、文化的にもそれに見合った地位を国際社会でも築こうと格闘していた時代の雰囲気を映し出していたのかもしれない。その意味では、非政治的な美のコンテクストで自らのアイデンティティーを語る川端のパーソナルな言葉が、実は最も巧みな政治的言説だったと言ってよいだろう。

　それから二六年ほど経って、日本人二番目のノーベル文学賞受賞者となった大江健三郎は同じ演壇から、 a な演説を行なった。その受賞スピーチのタイトルは「あいまいな日本の私」で、明らかに川端への挑戦と受けとれるものだった。大江が言おうとしたのは、日本の美的伝統の無批判な賞賛がもたらしたのはあいまいモードのコミュニケーションの過大評価であり、それは近代日本の民主主義にとってきわめて否定的な諸結果につながった、というものだった。大江の演説の根っこには、日本とは美だ、というその b なメッセージを繊細な表現で楽らくと謳い上げる川端への反感がこめられているようだった。

　この二人の講演は今ではセピア色の記憶からすでに歴史の一ページへと変わりつつあるが、日本の美的文化がもつ政治的意味について考えさせる一つの糸口と言えよう。といってもわたしは、この本のなかで二人の見解を説明したり検討したりしようという気は毛頭ない。そのかわり二人の議論で欠落している部分に焦点を絞るつもりだ。わたしは美を愛する人びとについ

国語

（六〇分）

◆各小問の配点

大問	小問	配点
一	問一・問二	各三点
	問三	四点
	問四〜問七	各五点
二	問一	各三点
	問二〜問六	各五点

解答編

英 語

I 解答

(1)—(b) (2)—(c) (3)—(a) (4)—(a) (5)—(b) (6)—(a)
(7)—(b) (8)—(c)

解説

《アメリカの食事》

(1) 下線部に続く mainly because 以下の内容。「食事はそれぞれの人の背景によって大いに異なる」

(2) 「民族グループの中には，他の民族グループが自身の（　　）を食べるより，多く食べるかもしれません」この文の前半に ethnic foods「民族料理」との記載があり(c)が正解。

(3) 「アメリカ人の毎日の平均的なカロリーの摂取量は日本人のそれ（カロリーの摂取量）よりもずっと高い」

(4) 下線部(4)は「彼ら（日本人）は彼ら（日本人）が自分たち（日本人）がそうだと思っている以上に日本人であるということ」という意味になる。

(5) 下線部(5)は「それは両方向に機能する」という意味で，前文で日本人のこと，下線部(5)に続く文でアメリカ人のことを述べているので(b)を選ぶ。

(6) 「たとえそうでないとしても」は前文を受けているので，(a)を選ぶ。

(7) (a)は第1段第1文に，(c)は第3段第2文に一致。(b)は第2段にあるが性別に関する記述はない。

(8) (a)は第4段第3文に，(b)は第4段最終文に一致。(c)は本文に記述なし。

II 解答

(1)—(a) (2)—(b) (3)—(c) (4)—(b) (5)—(c)

解説

《電話の伝言メモ》

(1)「誰が電話をしたのか」

While you were out… の後に書かれている。

(2)「ホワイトさんとの元の約束はいつだったか」

Regarding: の後に「明日の午後のホワイトさんとの約束」とある。電話のあった日は3月5日なので3月6日。

(3)「なぜホワイトさんは予定の変更を求めたのか」

Regarding: の3行目に「彼の乗る便は大嵐のために欠航になった」とあるので，(c)「彼は飛行機に乗れなかったから」を選ぶ。

(4)「スミスさんは次に何をしそうか」

メモの一番下の Urgent「緊急」にチェックが入っているので，(b)「彼女はすぐにホワイトさんに電話するだろう」を選ぶ。

(5)「以下のどれが正しいか」

Regarding: に「来週のいつか」とあるので，(c)「スミスさんはおそらく来週のいつかホワイトさんに会うだろう」を選ぶ。

Ⅲ　解答　(1)―(c)　(2)―(a)　(3)―(c)　(4)―(a)　(5)―(b)

解説

(1)「銀行は閉まっているらしいよ」→「本当ですか。どれくらいの間だろうか」→「2週間くらいです」

(2)「すみませんが，このシャツの別のサイズはありますか？」→「残念ながらこの商品はこのサイズしかありません」→「残念です」

(3)「昨夜11時30分まで残業しました」→「終電に間に合ったの？　それともホテルに泊まったの？」→「なんとか終電に間に合いました」

(4)「IT部門の人，コピー機を修理してくれましたか？」→「彼らは忙しくてまだ見てさえいないようです」→「私は明日までに数枚報告書をコピーする必要があります」→「わかりました。すぐ私にIT部門に電話させて。彼らに私たちのを優先するように頼んでみます」

(5)「今日の午後あなた宛てに小包が届きました」→「見えないけど」→「あなたの部屋の机の上に置きました」

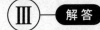

Ⅳ 解答

(1)—(c) (2)—(a) (3)—(b) (4)—(d) (5)—(d) (6)—(c) (7)—(a)

解説

(1) This music will surely (make you feel relaxed).
使役動詞＋O＋原型不定詞を用いる。

(2) I wish (I had written down) his email address then.
I wish＋S＋過去完了「～すればよかったのに」

(3) Do you (remember the day when we) first met?
when は関係副詞で the day が先行詞。

(4) I don't know (if our team will win) the tomorrow's game.
この if は「～かどうか」の意味で名詞節を導く。

(5) The more you have, (the more you want).
The＋比較級～, the＋比較級…「～すればするほど，ますます…」

(6) (Having gone to the concert) before, I wouldn't go this time.
分詞構文。接続詞で書き換えると，As I had gone to the concert before となる。

(7) (How careless of me) it was to make such a mistake!
It was very careless of me to～を感嘆文にしたもの。

Ⅴ 解答

(1)—(c) (2)—(a) (3)—(b) (4)—(b) (5)—(c) (6)—(a) (7)—(a) (8)—(b) (9)—(a) (10)—(c)

解説

(1) 知覚動詞＋O＋*doing*「O が～しているのを…」

(2) 分詞が形容詞句を作り前の名詞を修飾。「庭に植えられた桜の木」

(3) in his childhood は過去を表すので，過去形を選ぶ。

(4) 所有格の関係代名詞。「姉（妹）がプロのバスケットボール選手である友人」

(5) 商品の値段が高いときは expensive だが，price「値段」が高いときは high を使う。

(6) S be impressed は「S が感銘を受ける，感心する」という意味。

(7) 付帯状況の with を使う。with the light on「明かりを on にした状況で」→「明かりをつけたままで」

⑻ depend on ～「～に頼る，依存する」

⑼ be proud of ～「～を誇りに思う」

⑽ remind *A* of *B*「*A* に *B* のことを思い出させる」 無生物主語で使われることが多い。

Ⅵ 解答 ⑴―(c) ⑵―(a) ⑶―(c) ⑷―(b) ⑸―(b)

解説

⑴「何か悪いことが起こると緊張したり心配している状態」という意味なので，anxiety「不安」を選ぶ。

⑵「長いあるいは密接な交友関係のためよく知られていること」という意味なので，familiar「親しい，よく知っている」を選ぶ。

⑶「何かを成し遂げたり準備したりするために何か，特にお金を，与えること」という意味なので，contribute「貢献する，寄付する」を選ぶ。

⑷「落ち着いて穏やかで優しい性格を持っていること」という意味なので，gentle「温和な，穏やかな」を選ぶ。

⑸「何かを成し遂げるために他の誰かと一緒に働くこと」という意味なので，cooperate「協力する」を選ぶ。

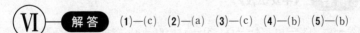

日本史

Ⅰ 解答 《平安仏教》

①—(d) ②—(q) ③—(o) ④—(j) ⑤—(i) ⑥—(a) ⑦—(f) ⑧—(k)
⑨—(e) ⑩—(l)

Ⅱ 解答 《延久の荘園整理令と荘園公領制》

①—(b) ②—(q) ③—(k) ④—(a) ⑤—(l) ⑥—(r) ⑦—(c) ⑧—(g)
⑨—(o) ⑩—(i)

Ⅲ 解答 《田沼時代》

①—(l) ②—(r) ③—(b) ④—(c) ⑤—(k) ⑥—(n) ⑦—(g) ⑧—(f)
⑨—(d) ⑩—(h)

Ⅳ 解答 《軍部の台頭》

①—(f) ②—(a) ③—(l) ④—(r) ⑤—(e) ⑥—(i) ⑦—(g) ⑧—(t)
⑨—(o) ⑩—(p)

世界史

Ⅰ 解答 《1980～90年代の米ソ》

問1. (1)―(C)　(2)―(D)　(3)―(A)　(4)―(B)　(5)―(C)　(6)―(B)　(7)―(A)
(8)―(B)　(9)―(C)　(10)―(A)

問2. (イ)―(C)　(ロ)―(B)　(ハ)―(A)

Ⅱ 解答 《西欧中世の学問》

問1. (1)―(C)　(2)―(B)　(3)―(A)　(4)―(B)　(5)―(D)　(6)―(A)　(7)―(D)
(8)―(A)　(9)―(D)　(10)―(A)

問2. (イ)―(D)　(ロ)―(D)

Ⅲ 解答 《イスラーム世界，中国の近代，六朝文化に関する小問集合》

(1)―(D)　(2)―(B)　(3)―(A)　(4)―(B)　(5)―(B)

Ⅳ 解答 《モンゴル帝国の形成》

(1)―(D)　(2)―(A)　(3)―(C)　(4)―(C)　(5)―(A)

現代社会・政治経済

Ⅰ 解答 《民主政治の成立》

(1) 1 —(c)　2 —(a)　3 —(d)　4 —(b)　5 —(c)

(2)—(b)　(3)—(c)　(4)—(d)　(5)—(d)　(6)—(b)

Ⅱ 解答 《戦後の日本経済》

(1) 1 —(b)　2 —(a)　3 —(d)　4 —(b)　5 —(c)

(2)—(d)　(3)—(b)　(4)—(c)　(5)—(d)　(6)—(c)

Ⅲ 解答 《軍縮の動向と課題》

(1) 1 —(b)　2 —(a)　3 —(c)　4 —(d)　5 —(c)

(2)—(c)　(3)—(b)　(4)—(a)　(5)—(c)　(6)—(d)

Ⅳ 解答 《国際社会における日本の役割》

(1) 1 —(d)　2 —(c)　3 —(c)　4 —(d)　5 —(b)

(2)—(d)　(3)—(d)　(4)—(d)　(5)—(c)　(6)—(d)

数　学

I 解答 《小問４問》

(1)ア． 3　**イ．** 3　**ウ．** 2　**エ．** 3　**(2)オ．** 2　**(3)カ．** 1　**キ．** 0
ク． 3　**ケ．** 4　**(4)コ．** 2　**サ．** 0　**シ．** 3

II 解答 《２次関数》

(1)アイ． 2＊　**(2)ウ．** 0　**エ．** 3　**(3)オ．** 1　**カ．** 8　**(4)キ．** 1　**ク．** 2
(5)ケ． 0　**コ．** 2

III 解答 《場合の数，確率》

(1)ア． 2　**イ．** 3　**(2)ウ．** 8　**エオ．** 15　**(3)カ．** 7　**キク．** 15
(4)ケコ． 5＊　**サシ．** 13

IV 解答 《図形と計量》

(1)ア． 7　**(2)イウ．** 21　**エオ．** 14　**(3)カキ．** -3　**ク．** 4　**(4)ケ．** 1
(5)コサシ． 120

解説

問二　空欄Ａの四行前に「ごんが兵十の母親の葬儀に出くわす場面」とあり、ごんを主体として述べられているので、「作中の描写」もごんの目を通してなされている。

問三　Ｂ、空欄Ｂの直前の「どの家も貧しく十分なご飯がなかった」を表す語が入る。Ｃ、空欄Ｃの三・四行前の「駅で騒いだ…食べさせた」や「このお父さんは…思ったから」という回答を表す語が入る。

問四　傍線部アの四・五行後の「そこから…想像したり」する力や、「校長が…危惧している」、空欄Ｃの十行後の「自分の考えを客観視する批判的思考」力に該当しないものを選ぶ。

問五　空欄ウに入れると、「ＰＩＳＡのテストが求める」ような実用的な文章を読む「読解力を…危機感がある」ため、「実用的な…つけさせようとしている」（脱文）という流れができる。

問六　傍線部アを含む一文、最後から九行目の段落、最終文から①が最適。

問三 空欄A、Bを含む第八段落の最初の部分で、筆者は第七段落で述べられたような「芸能の原型」は古代や平安朝まで「さかのぼることができる」が、中世こそが「協同的な…ショウ華した」時代であると述べていることから選ぶ。

問四 脱文の「こうした特徴」は、問一のdでおさえた第七段落の日本の芸能形態の「特徴」のことを指している。

問五 傍線部アの二行後に「相互作用的なプロセスに価値を置いていた」とあるので、「相互作用的」がキーワードであることがわかる。

問六 傍線部イの「現実社会の秩序」は身分社会のことを言い、これに従うと身分を超えて交流することは許されない。しかし、これとは「別の空間」とあるので、例えば「連歌」や「茶の湯」などの「協同」の場では身分を超えて人々がふれ合うことができたことを表している。

問七 第八段落四行目「『座』の芸能・文芸」、第五段落四行目「相互作用的なプロセスに価値を置いていた」、第十四段落最終文「固有の市民交際の文化である『シヴィリティー』が存在した」から、④が最適。

二

出典 石井光太『ルポ　誰が国語力を殺すのか』〈序章〉（文藝春秋）

解答

問一 a—①　b—③　c—①　d—①　e—④

問二 ④

問三 ②

問四 ②

問五 ③

問六 ①

国語

一

出典　池上英子『美と礼節の絆―日本における交際文化の政治的起源』〈序章　美の国日本と徳川ネットワーク革命〉（NTT出版）

解答

問一　**a**―④　**b**―⑧　**c**―⑩　**d**―⑥　**e**―⑤　**f**―⑨　**g**―③　**h**―①

問二　**a**―④　**b**―②　**c**―①　**d**―④

問三　③

問四　②

問五　③

問六　①

問七　④

解説

問一　**b**、空欄bの前に「日本とは美だ」とあり、これは「日本」に「美」という特性を当てはめる考え方であるので、この考え方を表す語が入る。**c**、空欄cの直前に「わたしたち日本人も」とあるので、空欄cを含む段落で述べられている「西欧近代的な考え方」（空欄cの五行前）に関する語が入る。**d**、空欄d以降で日本の芸能形態の「特徴」が述べられている。**e**、空欄eの直後に「ネットワーク」とあるので、「文芸・芸能を楽しむ」（第七段落三行目）「社会」に属する「人と人のふれ合い」（第八段落三行目）が表現されていることを捉える。**g**、空欄gを含む段落が「市民社会」と「民主主義」のつながりについて述べられていることをふまえて選ぶ。

一般選抜 一般入試：前期B日程

問題編

▶試験科目・配点

<table>
<tr><th></th><th>教科等</th><th colspan="2">科　　目</th><th>配　点</th></tr>
<tr><td rowspan="3">3科目方式</td><td>英　語</td><td colspan="2">コミュニケーション英語Ⅰ・Ⅱ，英語表現Ⅰ</td><td>100点</td></tr>
<tr><td>国　語</td><td colspan="2">国語総合（古文・漢文を除く）</td><td>100点</td></tr>
<tr><td>選　択</td><td colspan="2">日本史B，世界史B，※「現代社会・政治経済」，「数学Ⅰ・A（場合の数と確率）」</td><td>100点</td></tr>
<tr><td rowspan="2">2科目方式</td><td>選択必須</td><td>「コミュニケーション英語Ⅰ・Ⅱ，英語表現Ⅰ」，国語総合（古文・漢文を除く）</td><td rowspan="2">選択必須2科目，もしくは選択必須を含む2科目選択</td><td rowspan="2">各100点</td></tr>
<tr><td>選　択</td><td>日本史B，世界史B，※「現代社会・政治経済」，「数学Ⅰ・A（場合の数と確率）」</td></tr>
</table>

▶備　考

- 3科目方式・2科目方式のどちらかを選択。
- 試験日自由選択制。試験日ごとの問題の難易度の違いによる有利・不利をなくすため，総得点を偏差値換算して合否判定を行う。

【3科目方式】

①3科目の総得点（300点満点）を偏差値化

②高得点2科目の総得点（200点満点）を偏差値化

①②のどちらか高い方の偏差値で選考する。

【2科目方式】

英語と国語の2科目，もしくは英語または国語と「日本史，世界史，現代社会・政治経済，数学から1科目」の2科目を解答し，総得点（200点満点）を偏差値化して選考する。

※「現代社会」と「政治経済」のいずれの履修者でも解答可能な範囲。

英　語

（60分）

◆各小問の配点

大　問	配　点
Ⅰ	各3点
Ⅱ	各3点
Ⅲ	各2点
Ⅳ	各3点
Ⅴ	各2点
Ⅵ	各2点

Ⅰ. 次の英文を読み、あとに続く各設問に対する答えを1つ選びなさい。

Imagine getting into a car with no driver. You tell (1)it where you want to go and then you relax and take a nap or read a book until you get there. An autonomous car is a vehicle that can navigate without human guidance by using (2)various sensors to detect the surrounding environment. Autonomous cars use radar, laser beams, GPS and computer vision. (3)Some can also communicate with other autonomous vehicles and exchange information about traffic conditions. There are different levels of autonomy that range from mostly human control to zero human control. The highest level doesn't even have a steering wheel.

Various levels of autonomous cars are now legal in 27 states in the USA. Some people are against allowing driverless cars onto our streets. They think that (4)they might not be safe or that they will cause trouble if the computer driven cars interact with human controlled cars.

((5)), there are (6)many benefits to having a non-human driver. A driverless car cannot get angry, so accidents related to road rage would decrease. An autonomous car has no interest in drinking alcohol, so drunk driving accidents would also decrease. Above that, a machine can react much quicker than a human and doesn't feel fatigue, so accidents involving driver inattention and fatigue would be reduced. Recent statistics show that between 30 and 40 thousand deaths occur each year from traffic accidents in the United States. It is almost certain that the widespread use of autonomous cars would save many lives. Even if there are some accidents with autonomous cars, the rate would be much less than it is now with a majority of cars under human control.

(7)The police would benefit as well since they wouldn't have to search for bad drivers breaking the traffic laws. Other positive features are that people who can't pass a drivers test, such as those with physical disabilities or the aged would be able to get around just like a person who can drive. Also, driverless taxis could be programmed to speak hundreds of languages, so tourists would have an easier time.

注：steering wheel＝ハンドル

road rage＝あおり運転

（松尾秀樹, Rife S. E., Bodnar A. A., & 藤本温. 2019. *Reading Quest.*, 三修社）

(1) 下線部(1)の it が指すものとして最も適切なものを選びなさい。

(a) getting into a car

(b) a car with no driver

(c) where you want to go

(2) 下線部(2)の具体例としてあてはまるものを選びなさい。

(a) the surrounding environment

(b) human guidance

(c) GPS

(3) 下線部(3)のあとに省略されている語句として最も適切なものを選びなさい。

(a) autonomous cars (b) laser beams (c) traffic conditions

(4) 下線部(4)の they が指すものとして最も適切なものを選びなさい。

(a) Some people (b) driverless cars (c) our streets

(5) 文脈から考えて、かっこ(5)に入る語句として最も適切なものを選びなさい。

(a) However (b) Moreover (c) For example

(6) 下線部(6)の具体例としてあてはまらないものを選びなさい。

(a) 運転者の不注意や疲れによる事故が減少する。

(b) 未成年者による無免許運転が減少する。

(c) 飲酒運転による事故が減少する。

(7) 下線部(7)の理由として最も適切なものを選びなさい。

(a) 交通規則に違反する悪質な運転者を取り締まるために巡回する必要がなくなるから。

(b) 自動運転よりも、人による運転の方が安全で信頼できるから。

(c) 自動車の運転免許試験の合格率が低下することになるから。

(8) 本文の内容と一致するものを選びなさい。

(a) Autonomous cars are so safe that they wouldn't cause traffic accidents on the streets.

(b) Various levels of autonomous cars are prohibited by law in 27 states in the USA.

(c) If driverless taxis could offer an automatic translation service, it would be more convenient for the travelers.

Ⅱ. 次のグラフは、2012〜2021年の4か国の家計貯蓄率*（household savings rate）を表している。このグラフを見て、(1)〜(3)には、英文の（　　）に入る語句として最も適切なものを選びなさい。また、(4)、(5)は、設問に対する答えを1つ選びなさい。

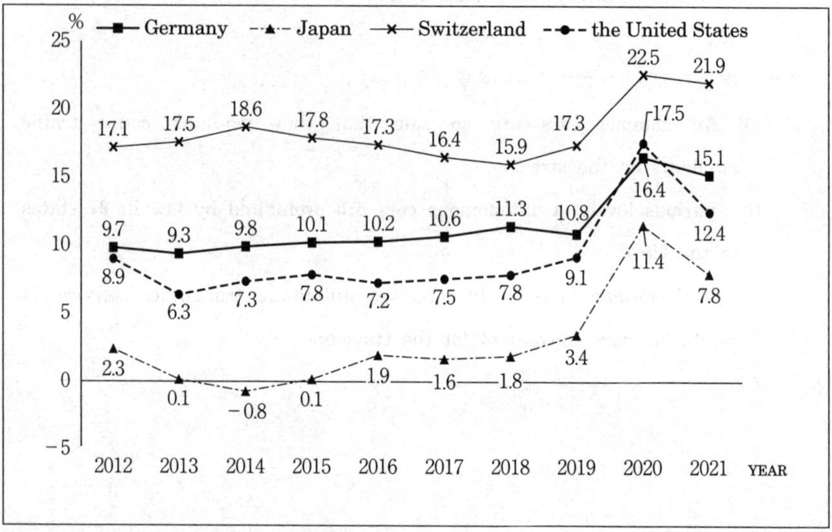

＊家計貯蓄率＝総収入から支出を引き、貯蓄にまわせる余裕がどの程度あるのかを示す指標である。

（「OECD家計貯蓄率の統計資料」
https://data.oecd.org/hha/household-savings.htm を参考に作成）

(1) The household savings rates over the past ten years in (　　　) were obviously the lowest of all.

(a) Japan　　(b) Germany　　(c) the United States

(2) The household savings rate in (　　　) was the second highest in 2013.

(a) the United States　　(b) Switzerland　　(c) Germany

(3) Japan showed an increase from 1.8 to 3.4 between (　　).

(a) 2013 and 2014　(b) 2018 and 2019　(c) 2020 and 2021

(4) What can you read in all four countries between 2019 and 2020?

(a) The household savings rate increased in the four countries.

(b) There was a decline about the household savings rate only in Japan.

(c) The household savings rate indicated an extraordinary decrease in the United States and in Germany.

(5) Which statement is true about this graph?

(a) Switzerland had a falling trend of household savings rate for the past ten years.

(b) The rate of household savings in Germany was higher than that of Japan in 2018.

(c) All four countries had the same rate of household savings in the last decade.

Ⅲ. 次の各会話文の（　　　）に入れるのに最も適切なものを選びなさい。

(1) Clerk: Can I help you?

Customer: Yes, I'm trying to choose a gift for my old friend.

Clerk: Very good. Do you have anything in mind?

Customer: No, but if possible, (　　　).

Clerk: Well then, we have a wood carved bear. It is very attractive and sells out so fast!

Customer: OK, I'll take it.

(a) I'd like to buy him something traditional

(b) I just want to look

(c) that's just what I've wanted

(2) Andreas: Excuse me, but could you tell me the way to a gas station?

Sam: There's a big gas station up the highway.

Andreas: I see. Thanks. (　　　)

Sam: Let me see, it is here on this highway.

(a) Would you please show me where it is on the map?

(b) This is not the place that we want to visit.

(c) It takes one hour to get there on foot.

(3) Maggie: I sometimes do online shopping. Last Sunday, I bought a new dress online.

Josephine: Ah, really? How do you like it?

Maggie: It is too tight around the waist.

Josephine: (　　　) Can you return it or exchange it for a larger one?

Maggie: Unfortunately, I can't. I bought the dress on sale as a non-refundable item.

(a) Can I have it?

(b) You should use online banking to pay the bill.

(c) That's too bad.

(4) Tom: My younger sister always listens to rock music and sings with a loud voice.

Ben: It must be irritating.

Tom: Yes, of course. I always tell her to be quiet, but ( ).

Ben: I'm really sorry. All young sisters and brothers do things like that, though.

(a) that is not necessary

(b) she never listens to me

(c) I felt my heart beating

(5) Karin: What are you doing this coming Sunday?

Petra: I don't have any plans.

Karin: How about climbing up Mt. Rokko?

Petra: That's a good idea. I'm looking forward to it. The weather is supposed to be good.

Karin: How early can you get to the station on Sunday morning?

Petra: Let me see, ( ).

(a) The bus had already left before we arrived

(b) It'll rain this weekend

(c) I'm going to check the timetable

Ⅳ. 次の各日本文に合うように、それぞれの下に与えられた語・語群を使って英文を作った場合、〇印のある箇所にくる語・語群を選びなさい。

(1) 天気予報のとおり、今日は、雪が一日中降ったりやんだりしていた。

As the weather forecast said, it ____ ____ __〇__ ____ day today.

(a) all (b) off (c) on and (d) snowed

(2) 私は、他の参加者とこの問題について議論しても無駄であるとわかった。

I realized that there was ____ ____ __〇__ ____ with other participants.

(a) discussing (b) point (c) no (d) this problem

(3) 15分歩くと、図書館に着きますよ。私も本を何冊か借りるつもりです。

A 15-minute ____ ____ __〇__ ____ to the library. I'm also going to borrow some books.

(a) you (b) walk (c) will (d) take

(4) あなたの両親が何を言っても、自分のしたいことをしなさい。

No matter what your parents may say, do ____ __〇__ ____ ____ do.

(a) want (b) you (c) what (d) to

(5) 長い距離を歩きましたので、疲れたと感じたらすぐに休んでください。

Please take ____ ____ ____ __〇__ get tired since we walked for a long distance.

(a) as (b) a rest (c) as you (d) soon

(6) 彼女は自尊心が高いので、彼の提案を受け入れなかった。

Her pride prevented ____ __〇__ ____ ____ proposal.

(a) his (b) accepting (c) her (d) from

(7) 失くしたものは、思いがけないときに出てきたりする。

Lost things will appear ＿＿＿ ＿＿＿ ＿＿＿ ＿〇＿ expected.

(a) is　　(b) when　　(c) least　　(d) it

V. 次の各英文の（　　）に入れるのに最も適切なものを選びなさい。

(1) When will the next meeting be (　　)? We have to make some copies of this document for the members.

(a) hold　　(b) held　　(c) holding

(2) Your sister speaks English as (　) she were a native speaker.

(a) may　　(b) like　　(c) if

(3) (　　) the financial crisis, some restaurants unfortunately went out of business.

(a) In spite of　　(b) Due to　　(c) According to

(4) You can usually buy a canned juice in a vending machine. Recently, frozen vegetables and meat are also (　　) in a vending machine.

(a) being sold　　(b) sell　　(c) have sold

(5) Look at this photo. This small shop (　　) into a large company instantly.

(a) developed　　(b) to develop　　(c) developing

(6) This local bus stops at Okayama and every station beyond. It is very (　　).

(a) slowest　　(b) slows　　(c) slow

(7) When discussing this matter, you should talk in person to make yourself (　　) better.

(a) understanding (b) understood (c) understand

(8) No other prefecture in Japan has so many mountains (　　) Hokkaido.

(a) as (b) less (c) more than

(9) My mother didn't (　　) me to buy a new suitcase.

(a) allow (b) put (c) let

(10) The speech was (　　) interesting that some people ended up standing after it finished.

(a) very (b) less (c) so

VI. 次の各説明文が示す語として最も適切なものを選びなさい。

(1) to be sorry about something you have done

(a) regret (b) treat (c) steal

(2) to control a country or be responsible for giving public services

(a) establish (b) consider (c) govern

(3) something received in return for good work or service

(a) penalty (b) reward (c) communication

(4) of great value and rare

(a) precious (b) narrow (c) empty

(5) a situation in which something necessary is lacking

(a) motivation (b) recovery (c) shortage

日本史

（60分）

◆各小問の配点

大　問	配　点
Ⅰ	各2点
Ⅱ	各3点
Ⅲ	各3点
Ⅳ	各2点

Ⅰ　次の史料を読んで、設問に対する最適な語句を、下の語群から選び、解答欄の記号をマークしなさい。

極楽［　A　］のめでたさは　ひとつも虚なることぞなき　吹く風立つ波鳥も皆 ア妙なる法をぞ唱ふなる

(イ『梁塵秘抄』)

設問①　［　A　］に入る語句を選びなさい。

設問②　下線部アは何を指すか選びなさい。

設問③　下線部イを編纂した人物を選びなさい。

設問④　この時期、「市聖」と称された著名な僧侶の名前を選びなさい。

設問⑤　設問②の教えを著した『往生要集』の著者の名前を選びなさい。

設問⑥　神は仏が形を変えてこの世に現れたものとする思想は何か選びなさい。

設問⑦　災厄がしきりに起こった世情によく当てはまると考えられた仏教の予言思想は何か選びなさい。

設問⑧　設問⑦の思想の影響のもとに『日本往生極楽記』を著したのは誰か選びなさい。

設問⑨　この時期に全国各地で営まれた、経典の書写を容器に納めて地中に埋めた場所を何と呼ぶか選びなさい。

設問⑩　1007年に吉野の設問⑨に経典を埋納した人は誰か選びなさい。

〔語　群〕

(a)　彼　岸	(b)　最　澄	(c)　藤原頼通
(d)　南無妙法蓮華経(題目)	(e)　経　塚	(f)　三善為康
(g)　怨霊思想	(h)　南無阿弥陀仏(念仏)	(i)　空　海
(j)　空　也	(k)　浄　土	(l)　後白河法皇(上皇)
(m)　末法思想	(n)　藤原道隆	(o)　藤原道長
(p)　源信(恵心僧都)	(q)　本地垂迹説	(r)　慶滋保胤
(s)　戒　壇	(t)　反本地垂迹説	

Ⅱ　次の文章を読んで、空欄 ① ～ ⑩ に最適な語句を、下の語群から選び、解答欄の記号をマークしなさい。

応仁の乱後、諸国には実力によって領域を支配する大名がつぎつぎとうまれた。

関東では、 ① の乱を機に、鎌倉公方は古河公方と堀越公方に分裂し、鎌倉公方の補佐役である関東管領も山内、扇谷の両上杉家にわかれて争っていた。この混乱に乗じて北条 ② は堀越公方を滅ぼして ③ を奪い、子の氏綱・孫の ④ の時には北条氏は関東の大半を支配した。

中部では、守護上杉氏の守護代であった長尾氏に ⑤ が出て、関東管領上杉氏を継いで上杉謙信と名乗った。彼は、甲斐の武田信玄と、しばしば北信濃の ⑥ などで戦った。中国地方では安芸の国人から ⑦ が出て、山陰地方の ⑧ 氏と戦闘を繰り返した。九州では、薩摩を中心に九州南部を広く支配していた ⑨ 氏と、豊後を中心に九州北部に勢力をのばした ⑩ 氏がとくに優勢であった。

〔語　群〕

(a) 氏　政	(b) 龍造寺	(c) 武　蔵	(d) 早　雲
(e) 川中島	(f) 氏　康	(g) 伊　豆	(h) 島　津
(i) 大　友	(j) 憲　政	(k) 享　徳	(l) 長　篠
(m) 細　川	(n) 明　応	(o) 尼　子	(p) 毛利元就
(q) 景　虎	(r) 相　良	(s) 朝倉義景	(t) 氏　直

Ⅲ　次の文章を読んで、空欄 ① 〜 ⑩ に最適な語句を、下の語群から選び、解答欄の記号をマークしなさい。

1832〜33年には凶作もあり全国的な米不足をまねいて、きびしい飢饉にみまわれた。これを ① の飢饉と呼ぶ。困窮した人びとが満ち溢れ、農村では ② が起こり、都市では ③ が起こったが、幕府・諸藩は適切な対策を打ち出せなかった。

大坂でも飢饉の影響は大きく、1837年大坂町奉行所の元与力で陽明学者の ④ が貧民救済のため武装蜂起したが、わずか ⑤ で鎮圧された。しかし、大坂で元役人が公然と武力で反抗したことは、幕府・諸藩に大きな衝撃を与えた。その波紋は全国にもおよび、国学者の ⑥ が ④ 門弟と称して越後柏崎で陣屋を襲撃した。

こうした国内問題に加えて、対外問題も続いていた。1837年アメリカ商船の ⑦ が浦賀沖に接近し、日米交易をはかろうとしたが、幕府は ⑧ にもとづいてこれを撃退させた。この事件について ⑨ が『慎機論』を書き、⑩ が『戊戌夢物語』を書いて、幕府の対外政策を批判した。

〔語　群〕

(a)　打ちこわし　(b)　半　日　(c)　渡辺崋山　(d)　フェートン号
(e)　鎖国令　(f)　小作争議　(g)　異国船打払令　(h)　前野良沢
(i)　大塩平八郎　(j)　杉田玄白　(k)　由井正雪　(l)　天　明
(m)　高野長英　(n)　百姓一揆　(o)　天　保　(p)　生田万
(q)　モリソン号　(r)　平田篤胤　(s)　土一揆　(t)　三　日

Ⅳ 次の文章を読んで、空欄 ① ～ ⑩ に最適な語句を、下の語群から選び、解答欄の記号をマークしなさい。

第一次世界大戦が国民を戦争へと動員する ① 戦として戦われたため、欧州諸国では労働者の権利の拡張や国民の政治参加をもとめる運動が起こった。

日本では、1912年労働者階級の地位向上と労働組合育成を目的に鈴木文治が ② を組織し、1920年には労働者の祭典である第1回 ③ を開催した。1921年にはさらに団体名を ④ と改めて、労使協調主義から ⑤ 主義へと方向転換した。またこの前後から農村でも地主に対する要求として ⑥ が頻発した。

一方、社会主義者たちも活動を再開し、1922年7月には堺利彦や山川均らによって ⑦ 党が非合法のうちに結成された。

社会的に差別されていた女性の解放をめざす運動は、1911年に ⑧ らによって結成された文学者団体の ⑨ に始まり、⑧ と市川房枝らが1920年に設立した ⑩ は参政権の要求など女性の地位を高める運動を進めた。

〔語　群〕

(a) 小作争議	(b) 階級闘争	(c) 愛国婦人会
(d) 日本労働総同盟	(e) 平塚らいてう	(f) メーデー
(g) 総　力	(h) 民　本	(i) 新婦人協会
(j) 日本共産	(k) 労働組合期成会	(l) 全国水平社
(m) コミンテルン	(n) 三井三池炭鉱争議	(o) 電　撃
(p) 与謝野晶子	(q) 日本労農	(r) 黎明会
(s) 青鞜社	(t) 友愛会	

世界史

（60 分）

◆各小問の配点

大 問	小 問	配 点
Ⅰ	問 1	各 2 点
	問 2	各 5 点
Ⅱ	問 1	各 2 点
	問 2	各 5 点
Ⅲ	(1)〜(5)	各 3 点
Ⅳ	(1)〜(5)	各 4 点

I 下の文章を読み、設問に答えなさい。

18世紀末、ドイツではおよそ300の領邦が併存していた。ナポレオン1世は領邦の統廃合をすすめるとともに、西南ドイツ諸邦をあわせライン同盟を結成し、[(1)]からの離脱を宣言させ、1806年に[(1)]を消滅させた。こうした外圧をうけ、ナショナリズムや自由主義的改革の動きがあらわれた。しかし、自由主義的色彩をもつ統一運動は「諸国民の春」の終焉とともに勢いをうしない、連邦体制のもとで政治的分裂がつづいていたドイツでは、統一の主導権は[(2)]の手に移った。

[(2)]は、シュタイン・ハルデンベルクらの改革により、農民の解放、営業の自由、国内関税の撤廃などを次々と実現した。また、ウィーン会議(イ)でライン川沿岸の工業地帯を確保するとともに、1834年にオーストリアを除く大多数のドイツ諸邦と[(3)]を発足させて、製品市場の確保と経済的統一をすすめるなど、統一にむけての基盤を整備した。1848年の三月革命(ロ)時には、フランクフルト国民議会でドイツ統一がこころみられたが、統一方式をめぐって対立がおき、失敗に終わった。

そこで、1861年に[(2)]王となったヴィルヘルム1世はその翌年、[(4)]を首相に任命した。[(4)]は力による統一を追及する鉄血政策をとなえ、対デンマーク戦争についで1866年に[(2)]=オーストリア戦争に勝利し、統一の主導権を確保した。この結果、ドイツ連邦は解体され、1867年に[(2)]を盟主とする北ドイツ連邦が成立した。さらに、[(2)]の覇権を警戒する南部諸邦からの支持を得るために[(5)]と戦って大勝した。1871年1月、戦争中に占領した[(6)]でヴィルヘルム1世はドイツ皇帝に即位し、ドイツ帝国が成立した。

ドイツ帝国議会の議員は男性普通選挙で選ばれた。帝国宰相は皇帝にのみ責任を負い、議会の権限は制約されていた。[(4)]は帝国宰相として20年間にわたって権力をふるった。内政では、南ドイツで有力なカトリック教徒を警戒し、「[(7)]」をおこして抑圧した。また、国内の労働者を中心とする社会主義勢力の伸張を抑えるために[(4)]は1878年に社会主義者鎮圧法を制定して社会主義運動を弾圧した一方、[(8)]制度を実施して労働者の支持を得ようとした。外交においては、[(4)]は1873年にドイツ・オーストリア・ロシアによる三帝同盟を締結し、[(5)]を孤立させてドイツの安全をはかる政策を展開した。

一方、ドイツやアメリカ合衆国などでは、重化学工業を中心とした産業技術の革新を原動力とする［(9)］が始まった。しかし、この頃から欧米で20年以上にわたる農業や繊維産業の停滞がつづき、大不況(ハ)が発生した。この［(9)］と大不況を境として国際協調と自由貿易の時代は終わり、植民地獲得競争と保護貿易、すなわち［(10)］の時代が始まることになった。

問1　文中の［(1)］～［(10)］に最適な語句を、それぞれの選択肢からひとつずつ選びなさい。

(1)　(A)　オスマン帝国　(B)　ビザンツ帝国
　(C)　ムガル帝国　(D)　神聖ローマ帝国

(2)　(A)　バイエルン　(B)　プロイセン
　(C)　アルザス　(D)　ベーメン

(3)　(A)　国際連盟　(B)　バルカン同盟
　(C)　ドイツ関税同盟　(D)　三国同盟

(4)　(A)　ビスマルク　(B)　ヒトラー
　(C)　スターリン　(D)　チャーチル

(5)　(A)　オランダ　(B)　イタリア　(C)　フランス　(D)　イギリス

(6)　(A)　トプカプ宮殿　(B)　ヴォルムス大聖堂
　(C)　ヴェルサイユ宮殿　(D)　凱旋門

(7)　(A)　宗教改革　(B)　文化闘争
　(C)　国土回復運動　(D)　仇教運動

(8)　(A)　責任内閣　(B)　九品中正　(C)　衆愚政治　(D)　社会保険

(9)　(A)　第２次産業革命　(B)　大航海時代
　(C)　ルネサンス　(D)　世界恐慌

(10)　(A)　ポピュリズム　(B)　重金主義
　(C)　共産主義　(D)　帝国主義

問2　下の各問いに答えなさい。

(イ)　下線(イ)の結果、永世中立国となった国は次のどれか。

(A)　フィンランド　(B)　スイス
(C)　ポーランド　(D)　ギリシア

(ロ)　下線(ロ)によって失脚したオーストリアの政治家は次の誰か。

(A)　ピット　　(B)　タレーラン

(C)　メッテルニヒ　　(D)　ネッケル

(ハ)　下線(ハ)のきっかけとされている出来事は次のどれか。

(A)　1873年のウィーン証券取引所で生じた株価の大暴落

(B)　1875年のイギリスによるスエズ運河会社株の買収

(C)　1871年のフランス政府軍による「パリ＝コミューン」の弾圧

(D)　1890年のアメリカ合衆国のシャーマン反トラスト法の成立

Ⅱ　下の文章を読み、設問に答えなさい。

前2600年頃、インダス川流域を中心とする地域で都市文明がおこった。これをインダス文明という。この文明の代表的な遺跡として、シンド地方の［(1)］とパンジャーブ地方のハラッパーがある。この文明は前1800年頃までに衰退した。その原因については、土地の肥沃度の低下やインダス川の洪水など、諸説がある。

前1500年頃、インド＝ヨーロッパ語系の［(2)］が［(3)］からパンジャーブ地方に進入しはじめた。彼らは自然現象に神性を認めて、神々に賛歌を捧げた。それらの賛歌をまとめたものがヴェーダである。

彼ら［(2)］は前1000年頃、東方へ移動して、［(4)］川流域へと進出し、多くの部族国家を形成した。こうした社会の発展とともに階級が生じ、四つの基本的な身分の区分として固定化された。それは、バラモンを頂点として、クシャトリヤ、ヴァイシャがこれに続き、［(5)］を最下位とするものである。この制度は、［(6)］の枠組みとして、長くインド社会を規定することとなった。

前６世紀頃になると、［(4)］川流域の各地で都市国家がうまれ、それらのなかから、コーサラ国、次いでマガダ国が有力となった。これらの国々では、クシャトリヤとヴァイシャが勢力を拡大した。彼らはヴェーダやバラモンの権威を受け入れることなく、新たな信仰の拠り所を求めていた。前500年前後の仏教(イ)と［(7)］の成立は、こうした情勢を背景としたものであった。

前４世紀になると、マケドニアの［(8)］が大軍を率いて北西インドに侵入した。その影響で各地にギリシア系の政権が誕生した。この混乱に乗じて [(9)] がマガダ国の王位についてマウリヤ朝を開いた。彼は都を [(10)] におき、インド北部全体を支配した。マウリヤ朝は第3代のアショーカ王(ロ)の時代に最盛期を迎えた。その版図は、南端部を除くインド亜大陸の大部分に及んだ。

問1 文中の [(1)] ～ [(10)] に最適な語句を、それぞれの選択肢からひとつずつ選びなさい。

(1) (A) アンコール=ワット (B) マチュ=ピチュ
(C) ポンペイ (D) モヘンジョ=ダーロ

(2) (A) 大月氏 (B) 匈奴
(C) アーリヤ人 (D) フン人

(3) (A) 中央アジア (B) チベット
(C) シベリア (D) 北アフリカ

(4) (A) ガンジス (B) ナイル
(C) ミシシッピ (D) アマゾン

(5) (A) 重装歩兵 (B) カリフ
(C) ペリオイコイ (D) シュードラ

(6) (A) ルネサンス (B) 神仙思想
(C) カースト制度 (D) イクター制

(7) (A) ジャイナ教 (B) ユダヤ教
(C) 道教 (D) イスラーム教

(8) (A) ディオクレティアヌス (B) ダレイオス1世
(C) アレクサンドロス大王 (D) カエサル

(9) (A) チャンドラグプタ王 (B) バーブル
(C) エカチェリーナ2世 (D) ホー=チ=ミン

(10) (A) イスタンブル (B) パータリプトラ
(C) カイロ (D) バグダード

問２　下の各問いに答えなさい。

(イ)　下線(イ)について、正しいものは次のどれか。

(A)　仏教はローマ帝国で厳しく弾圧された。

(B)　仏教は太陽神ラーを崇拝する一神教である。

(C)　仏教の祖はガウタマ＝シッダールタである。

(D)　仏教は中国ではゾロアスター教と呼ばれた。

(ロ)　下線(ロ)について、正しいものは次のどれか。

(A)　アショーカ王はイスラーム教に帰依した。

(B)　アショーカ王の中国名は阿育王である。

(C)　アショーカ王の時代にインドとパキスタンとのあいだでたびたび紛争がおこった。

(D)　アショーカ王はプラッシーの戦いでイギリスに敗れた。

Ⅲ　次の各問いに答え、最適なものを(A)～(D)より選びなさい。

(1)　ポルトガルが領有し、1999年に中国へ返還された中国南部、珠江河口沿いの港町は次のどれか。

(A)　カリカット　(B)　ゴア

(C)　クスコ　(D)　マカオ

(2)　『エセー』(『随想録』)を著したフランスの人文主義者は次の誰か。

(A)　ベートーベン　(B)　ディケンズ

(C)　シェークスピア　(D)　モンテーニュ

(3)　朝鮮戦争の休戦協定を実現し、東側に対抗する軍事同盟網の結成をすすめたアメリカ合衆国の大統領は次の誰か。

(A)　レーガン　(B)　フランクリン＝ローズヴェルト

(C)　ケネディ　(D)　アイゼンハワー

(4)　イングランドのジョン王が承認した国王と貴族の関係を定めた憲章で、のちのイギリス立憲政治の基礎となったのは次のどれか。

(A)　大憲章(マグナ＝カルタ)　　(B)　権利の章典

(C)　人権宣言　　(D)　大西洋憲章

(5)　1948年に成立した大韓民国の初代大統領は次の誰か。

(A)　李強　　(B)　李承晩

(C)　金日成　　(D)　金大中

Ⅳ　文中の［　(1)　］～［　(5)　］に最適な語句を、それぞれの選択肢からひとつずつ選びなさい。

第二次世界大戦後、北アフリカ地域では1956年に［　(1)　］がフランスから独立した。また、モロッコがフランス・スペインから独立、1957年にモロッコ王国を形成した。さらに、［　(2)　］では独立に抵抗するフランス人入植者や現地軍部と民族解放戦線(**FLN**)とのあいだで武装抗争が続いたが、1962年に独立が達成された。

エンクルマ(ンクルマ)を指導者として、［　(3)　］が最初の自力独立の黒人共和国となった。1960年に17の独立国が誕生したことから、1960年は「アフリカの年」と呼ばれている。1963年にはエチオピアの［　(4)　］でアフリカ諸国首脳会議が開催され、［　(5)　］(**OAU**)が結成された。**OAU**はパン＝アフリカニズムを掲げて、アフリカ諸国の連帯をめざした。

(1)　(A)　キューバ　　(B)　アルバニア

　　(C)　チュニジア　　(D)　マリ

(2)　(A)　アルジェリア　　(B)　パレスチナ

　　(C)　コンゴ　　(D)　ビルマ

(3)　(A)　カンボジア　　(B)　ガーナ

　　(C)　セイロン　　(D)　カレリア

(4)　(A)　スエズ　　(B)　アジスアベバ

　　(C)　テヘラン　　(D)　ボン

(5)　(A)　米州機構　　(B)　アフリカ連合

(C)　石油輸出国機構　　(D)　アフリカ統一機構

現代社会・政治経済

(60 分)

◆各小問の配点

大 問	小 問	配 点
Ⅰ	(1)	各2点
	(2)〜(6)	各3点
Ⅱ	(1)	各2点
	(2)〜(6)	各3点
Ⅲ	(1)	各2点
	(2)〜(6)	各3点
Ⅳ	(1)	各2点
	(2)〜(6)	各3点

Ⅰ　次のA先生とBさんの会話文を読み、あとの問いに答えなさい。

A先生：選挙が行われた日にはニュースなどで結果が報道されますが、ご覧になったことはありますか。

Bさん：はい、途中までですが、ときどき見ています。いろいろな政党がありますが、政党はどのような役割を果たしているのですか。

A先生：多くの役割を果たしているのですが、特に大切なのは、多種多様な国民の意見や要望を集約して具体的な政策として政治に反映させる役割ではないでしょうか。

Bさん：選挙のときに政党は［　1　］を掲げていますね。

A先生：そうですね。選挙公約や政権公約を、そこで明示しているのです。［　2　］の改正により、その配布が認められるようになりました。

Bさん：選挙において多数の支持を得て、政権を担当するのが［　3　］と習いました。

A先生：そうです。それ以外の政党は［　4　］として行政を監視する役割などをもっています。

Bさん：政党ではないですが、政治に大きな影響をもつものとして［　5　］があると聞きました。

A先生：自分たちの利益を達成するために政治に働きかける集団ですね。国民の政治参加の一つの方法であり、さまざまな集団や団体があります。各種の職業団体や労働組合なども、その一例として挙げられます。

Bさん：<u>政治資金の問題</u>(ア)も大切な課題だと習いました。これからは、さらに選挙をはじめ、政治のことにも関心をもちたいと思います。

(1)　文中の［　1　］から［　5　］にあてはまる最適な語句を、それぞれ選択肢(a)～(d)の中から一つずつ選びなさい。

1　(a)　レファレンダム　　(b)　プロパガンダ
　　(c)　マグナ・カルタ　　(d)　マニフェスト

2　(a)　公職選挙法　　(b)　政治資金規正法
　　(c)　国家戦略特別区域法　　(d)　構造改革特区法

3　(a)　与党　　(b)　野党　　(c)　新党　　(d)　民党

4　(a)　与党　(b)　野党　(c)　新党　(d)　民党

5　(a)　官僚組織　(b)　人事院

(c)　圧力団体　(d)　選挙管理委員会

(2)　文中の下線部(ア)に関して、政党助成法に基づき、政党の活動にかかる費用の一部を国庫から交付しているが、それは何年からか、最も適切なものを、選択肢(a)〜(d)の中から一つ選びなさい。

(a)　1948年　(b)　1955年　(c)　1994年　(d)　2002年

(3)　2000年代後半に衆議院の多数勢力と参議院の多数勢力が異なる状況が生まれました。このような状況を示すものとして、最も適切なものを、選択肢(a)〜(d)の中から一つ選びなさい。

(a)　派閥政治　(b)　ねじれ国会

(c)　中選挙区制　(d)　衆議院の優越

(4)　衆議院の選挙制度において被選挙権は何歳以上になっているか、最も適切なものを、選択肢(a)〜(d)の中から一つ選びなさい。

(a)　18歳　(b)　20歳　(c)　25歳　(d)　30歳

(5)　選挙権年齢が引き下げられ、18歳以上になったのは何年からか、最も適切なものを、選択肢(a)〜(d)の中から一つ選びなさい。

(a)　1945年　(b)　1994年　(c)　2011年　(d)　2015年

(6)　55年体制の説明として、最も適切なものを、選択肢(a)〜(d)の中から一つ選びなさい。

(a)　多くの政党が作られ、どの政党も過半数の議席を占めることができず、民主党を中心に連立政権が形成された。

(b)　自由民主党(自民党)と日本社会党(社会党)の保革対立をもとに二大政党制に近い体制ができ、自民党と社会党の政権交代が繰り返し行われた。

(c)　自由民主党(自民党)と日本社会党(社会党)が大連立を行い、挙国一致に近い体制が10年以上続いた。

(d)　自由民主党(自民党)と日本社会党(社会党)の保革対立をもとに二大政党制に近い体制ができたが、社会党の勢力が伸びず、自民党による長期政権が続いた。

Ⅱ　次のXさんとY先生の会話文を読み、あとの設問に答えなさい。

Xさん：国連は格差・貧困に関する問題にも取り組んでいると聞いたことがあります。

Y先生：よく勉強していますね。1990年代の国連開発計画(UNDP)では、出生児の平均余命、就学率、1人あたりの実質所得などで各国の生活環境を評価する［ 1 ］開発指数(HDI)を導入して、貧困層に直接届く援助を進めました。

Xさん：その後はどうなったのでしょうか。

Y先生：国連は2000年に教育、保健、衛生などの分野に関して「［ 2 ］開発目標(MDGs)」を設定しました。MDGsは1日1ドル以下で暮らす人口の半減、初等教育の完全な普及、乳幼児死亡率の引き下げなどの目標を設定しました。

Xさん：最近はSDGsという言葉をよく聞きます。

Y先生：ニュースをよくみていますね。SDGsとは2015年に国連が採択した［ 3 ］開発目標を指しています。貧困、教育、女性の地位向上、医療、地球環境問題など［ 4 ］年までに達成すべき［ 5 ］項目の目標が設定されました。

(1)　文中の［ 1 ］～［ 5 ］にあてはまる最適な語句を、それぞれ選択肢(a)～(d)の中から一つずつ選びなさい。

1	(a)　食糧	(b)　人間	(c)　環境	(d)　自然
2	(a)　ジェンダー	(b)　持続可能な	(c)　世界人口	(d)　ミレニアム
3	(a)　ジェンダー	(b)　持続可能な	(c)　世界人口	(d)　ミレニアム
4	(a)　2025	(b)　2030	(c)　2035	(d)　2040
5	(a)　17	(b)　71	(c)　107	(d)　177

(2)　感染症の予防と対策を担う世界保健機関の略称として最も適切なものを、選択肢(a)〜(d)の中から一つ選びなさい。

(a)　FAO　(b)　FTO　(c)　WHO　(d)　WTO

(3)　国連食糧農業機関に関する説明として最も適切なものを、選択肢(a)〜(d)の中から一つ選びなさい。

(a)　国連食糧農業機関は1945年に設立された。

(b)　国連食糧農業機関の略称はWFPである。

(c)　国連食糧農業機関は国連環境開発会議(地球サミット)を主催している。

(d)　国連食糧農業機関はモントリオール議定書を受けて設置された。

(4)　以下の四つの国のなかで子どもの相対的貧困率(2014年)が最も高い国として最も適切なものを、選択肢(a)〜(d)の中から一つ選びなさい。

(a)　デンマーク　(b)　イタリア　(c)　アメリカ　(d)　日本

(5)　企業も環境に配慮した経営が求められ、「企業の社会的責任」を果たすことが重視されているが、その説明として最も適切でないものを、選択肢(a)〜(d)の中から一つ選びなさい。

(a)　法令遵守を実現するために努力する義務が課せられている。

(b)　市場での取引が安心してできるように「品質」について責任を持つ。

(c)　企業倫理を確立することが求められている。

(d)　株主の利益が重要であるため、CSRを果たす必要はない。

(6)　企業による芸術・文化などへの支援活動を意味するものとして最も適切なものを、選択肢(a)〜(d)の中から一つ選びなさい。

(a)　ステークホルダー　(b)　コンプライアンス

(c)　アウトソーシング　(d)　メセナ

Ⅲ　次のXさんとY先生の会話文を読み、あとの設問に答えなさい。

Xさん：現代日本の外交・安全保障問題について関心を持っています。国連と自衛隊との関係はどのようなものでしょうか。

Y先生：よい質問です。国連の活動である<u>PKO</u>(ア)への自衛隊の参加については1992年にPKO [1] 法が制定されました。同年には自衛隊が [2] に派遣されました。

Xさん：冷戦終結後の日米関係はどのようなものになったのでしょうか。

Y先生：はい。1999年に成立したガイドライン [3] 法によって日本の周辺事態の際の日米協力について新しいルールが作られました。加えて、[4] 年のアメリカでの同時多発テロを契機にテロ [5] 法が制定されています。

(1)　文中の [1] ～ [5] にあてはまる最適な語句を、それぞれ選択肢(a)～(d)の中から一つずつ選びなさい。

1　(a)　協力　(b)　防衛　(c)　防止　(d)　関連

2　(a)　カンボジア　(b)　ソマリア　(c)　モザンビーク　(d)　ザンビア

3　(a)　保障　(b)　関連　(c)　防止　(d)　体制

4　(a)　1996　(b)　2001　(c)　2006　(d)　2011

5　(a)　活動防止　(b)　活動阻止

(c)　対策安全保障　(d)　対策特別措置

(2)　文中の下線部(ア)の別称として最も適切なものを、選択肢(a)～(d)の中から一つ選びなさい。

(a)　国連平和貢献活動　(b)　国連平和維持活動

(c)　国連戦争防止活動　(d)　国連戦争阻止活動

(3)　2003年以降の出来事として最も適切でないものを、選択肢(a)〜(d)の中から一つ選びなさい。

(a)　ソマリア沖などで海賊対策に自衛隊が参加するための法律が制定された。

(b)　イラク戦争に際して自衛隊が派遣された。

(c)　2013年には国家安全保障会議が新設された。

(d)　国家安全保障会議の別称は日本版 NFC である。

(4)　PKO 参加5原則として最も適切でないものを、選択肢(a)〜(d)の中から一つ選びなさい。

(a)　紛争当事者間での停戦合意を阻止する。

(b)　中立性を保つ。

(c)　独自判断による撤退を行う。

(d)　武器使用は必要最小限とする。

(5)　日本国憲法第9条の説明として最も適切でないものを、選択肢(a)〜(d)の中から一つ選びなさい。

(a)　憲法第9条1項は戦争の放棄を掲げている。

(b)　憲法第9条2項には「陸海空軍その他の戦力は、これを保持しない」との条文がある。

(c)　憲法第9条2項には「平和」という言葉が使用されている。

(d)　憲法第9条2項には「国の交戦権は、これを認めない」との条文がある。

(6)　以下の文言は日本国憲法第9条に関するいずれの内閣の閣議決定を指すのか。最も適切なものを、選択肢(a)〜(d)の中から一つ選びなさい。

「我が国と密接な関係にある他国に対する武力攻撃が発生し、これにより我が国の存立が脅かされ、国民の生命、自由及び幸福追求の権利が根底から覆される明白な危険がある場合において〔中略〕他に適当な手段がないときに、必要最小限度の実力を行使することは〔中略〕自衛のための措置として、憲法上許容されると考えるべきである〔後略〕」。

(a)　三木内閣　　(b)　岸内閣　　(c)　小泉内閣　　(d)　安倍内閣

Ⅳ 次の文章を読み、あとの設問に答えなさい。

マルクスの代表的な著作に [1] がある。マルクスは社会主義経済により貧富の格差等の問題を解消できると主張した。その後に、実際に社会主義経済をとる国が誕生した。ロシア革命を経て誕生した世界初の社会主義国が [2] 、それを略した呼び名がソ連である。建国以降、平等な社会実現を目指したものの、その経済運営(ア)は順調とはいかなかった。1985年に書記長に就任した [3] により改革(イ)が試みられたが、最終的に1991年にソ連は解体した。ソ連解体後のロシア(ウ)は1991年に新たに [4] を大統領に選出し、資本主義経済への転換がすすんだ。社会主義国家であったソ連は解体されたが、社会主義を掲げながらも市場経済の導入に成功した国もある。ドイモイ政策とともに経済成長を達成した [5] がその例といえる。

(1) 文中の [1] ～ [5] にあてはまる最適な語句を、それぞれ選択肢(a)～(d)の中から一つずつ選びなさい。

1 (a) 『国富論』　(b) 『資本論』
　(c) 『社会契約論』　(d) 『統治二論』

2 (a) ソビエト社会主義共産国連邦
　(b) ソビエト社会主義共和国連邦
　(c) ソビエト社会主義人民共和国連邦
　(d) ソビエト社会主義民主共和国連邦

3 (a) ゴルバチョフ　(b) ブレジネフ
　(c) フルシチョフ　(d) マレンコフ

4 (a) アンドロポフ　(b) エリツィン
　(c) プーチン　(d) メドベージェフ

5 (a) カンボジア　(b) ハンガリー　(c) ベトナム　(d) ポーランド

(2) ソ連と日本との関係の説明として最も適切でないものを、選択肢(a)～(d)の中から一つ選びなさい。

(a) 日ソ共同宣言に調印して国交を回復した。

(b) ソ連と日本は平和条約を締結していない。

(c)　日本は国連加盟後に、ソ連との国交回復をおこなった。

(d)　北方領土の帰属問題が未解決である。

(3)　文中の下線部(ア)の説明として最も適切でないものを、選択肢(a)〜(d)の中から一つ選びなさい。

(a)　生産手段の国有化を定めたが、土地の所有権は個人にあった。

(b)　計画経済を志向した。

(c)　集団農場を運営した。

(d)　工場設備は国の所有とされた。

(4)　文中の下線部(イ)の説明として最も適切でないものを、選択肢(a)〜(d)の中から一つ選びなさい。

(a)　共産党の一党支配を強化した。

(b)　市場経済の導入がはかられた。

(c)　情報公開をすすめた。

(d)　ペレストロイカと呼ばれた。

(5)　文中の下線部(ウ)の説明として最も適切でないものを、選択肢(a)〜(d)の中から一つ選びなさい。

(a)　国名をロシア連邦という。

(b)　国連でのソ連の地位を引き継いだ。

(c)　首都はモスクワである。

(d)　ソ連の領土すべてを引き継いだ。

(6)　BRICSに含まれる国として最も適切でないものを、選択肢(a)〜(d)の中から一つ選びなさい。

(a)　インドネシア　　(b)　中国

(c)　ブラジル　　(d)　南アフリカ

数　学

(60 分)

◆各小問の配点

大　問	小　問	配　点
Ⅰ	(1)・(2)	各5点
	(3)カ・(4)ケ	各3点
	(3)キク・(4)コサシ	各2点
Ⅱ	(1)〜(4)	各6点
	(5)ケ・(5)コサシ	各3点
Ⅲ	(1)〜(4)	各5点
Ⅳ	(1)〜(5)	各6点

数学の解答用紙の記入方法

問題文中の ア ， イウ などの □ には，数値または符号（−，±）が入る。これらを以下の方法で解答用紙の対応する欄に解答せよ。

(1) **ア**，**イ**，**ウ**，… のひとつひとつは，右ページの(4)の場合を除き，それぞれ数字（0，1，2，…，9）あるいは符号（−，±）のいずれかひとつに対応する。それらを解答用紙の**ア**，**イ**，**ウ**，… で示された欄にマークせよ。

［例］ アイ に−5と答えたいときは，次のようにマークせよ。

ア	±	●	0	1	2	3	4	5	6	7	8	9	*
イ	±	−	0	1	2	3	4	●	6	7	8	9	*

(2)　分数の形の解答は，すべて既約分数（それ以上約分できない分数）で答えよ。符号（－，±）をつける場合は，分子につけ，分母につけてはいけない。

［例］ $\dfrac{\boxed{\text{ウエ}}}{\boxed{\text{オ}}}$ に $-\dfrac{4}{7}$ と答えたいときは，次のようにマークせよ。

ウ	±	●	0	1	2	3	4	5	6	7	8	9	*
エ	±	−	0	1	2	3	●	5	6	7	8	9	*
オ	±	−	0	1	2	3	4	5	6	●	8	9	*

(3)　根号を含む形の解答は，根号の中の自然数が最小となる形で答えよ。例えば，

$\boxed{\text{カ}}\sqrt{\boxed{\text{キ}}}$，$\dfrac{\sqrt{\boxed{\text{ク}}}}{\boxed{\text{ケ}}}$ に $4\sqrt{2}$，$\dfrac{\sqrt{2}}{2}$ と答えるところを，

$2\sqrt{8}$，$\dfrac{\sqrt{8}}{4}$ のように答えてはいけない。

(4)　$\boxed{\text{コサ}}$ のような2桁の空欄において，1桁の数を答えたいとき，最初の解答欄にその数をマークし，残った不要な解答欄には，* をマークせよ。3桁以上の空欄においても同様に残った不要な欄には，* をマークせよ。

［例］ $\boxed{\text{コサ}}$ に5と答えたいときは，次のようにマークせよ。

コ	±	−	0	1	2	3	4	●	6	7	8	9	*
サ	±	−	0	1	2	3	4	5	6	7	8	9	●

I 次の各問の空欄の**ア**～**シ**にあてはまる数字を求めよ。

(1) $x^2+xy+13x-6y^2+14y+40$

$=\left(x+\boxed{\text{ア}}\,y+\boxed{\text{イ}}\right)\left(x-\boxed{\text{ウ}}\,y+\boxed{\text{エ}}\right)$

(2) $|2x-3|=x+4$ かつ $x\geqq 0$ のとき，$x=\boxed{\text{オ}}$ である。

(3) 0以上100未満の整数の集合を全体集合 U とし，U の部分集合 A，B を，

$A=\{x\,|\,x$ は奇数$\}$，$B=\{x\,|\,\sqrt{x}$ は整数$\}$

とする。このとき，$A\cap B$ の要素の個数は，$\boxed{\text{カ}}$ 個であり，$\overline{B}$ の要素の個数は，$\boxed{\text{キク}}$ 個である。

(4) 次のデータは5人の試験の得点である。

6，6，9，0，9

この5人の得点の平均値は，$\boxed{\text{ケ}}$ 点であり，分散を小数で求めると，$\boxed{\text{コサ}}\,.\,\boxed{\text{シ}}$ である。

Ⅱ　2次関数 $y=2x^2+4kx+k+3$（ただし，k は実数定数）…①を考える。このとき，次の各問の空欄の**ア**～**シ**にあてはまる数字または符号を求めよ。分数は既約分数で答えよ。

(1)　①のグラフの軸が $x=-7$ のとき，$k=\boxed{\text{ア}}$ である。

(2)　①のグラフの頂点の y 座標が -3 のとき，$k=2$ または $k=-\dfrac{\boxed{\text{イ}}}{\boxed{\text{ウ}}}$ である。

(3)　①のグラフと x 軸の共有点の個数が2個となるような k の値の範囲は，

$k<-\boxed{\text{エ}}$ または $\dfrac{\boxed{\text{オ}}}{\boxed{\text{カ}}}<k$ である。

(4)　$k<0$ の場合を考える。$-k-\dfrac{1}{2}\leqq x\leqq -k+1$ の範囲における①の最大値が -10 であるとき，$k=-\dfrac{\boxed{\text{キ}}}{\boxed{\text{ク}}}$ である。

(5)　$0\leqq k\leqq 1$ のとき，①のグラフの頂点の y 座標の最小値は，$\boxed{\text{ケ}}$ であり，最大値は，$\dfrac{\boxed{\text{コサ}}}{\boxed{\text{シ}}}$ である。

Ⅲ ライトが3つあり，スイッチを入れるとすべてのライトが同時に点灯する装置がある。どのライトもスイッチを入れると赤，黄，青のいずれかの色が$\frac{1}{3}$の確率で点灯する。スイッチを入れたとき，次の各問の空欄の**ア～シ**にあてはまる数字を求めよ。分数は既約分数で答えよ。

(1) 3つのライトすべてが赤色に点灯する確率は，$\dfrac{1}{\boxed{\text{アイ}}}$ である。

(2) 3つのライトのうち少なくとも1つが赤色に点灯する確率は，$\dfrac{\boxed{\text{ウエ}}}{\boxed{\text{オカ}}}$ である。

(3) 3つのライトのうち赤色に点灯しているライトがちょうど1つである確率は，$\dfrac{\boxed{\text{キ}}}{\boxed{\text{ク}}}$ である。

(4) 3つのライトのうち少なくとも1つが赤色に点灯していることがわかっている。このとき，他の2つのライトがどちらも赤色以外に点灯している確率は，$\dfrac{\boxed{\text{ケコ}}}{\boxed{\text{サシ}}}$ である。

Ⅳ　△ABCにおいて，$AB=\sqrt{3}-1$，$CA=\sqrt{3}+1$，$\angle CAB=120^\circ$ のとき，次の各問の空欄の**ア**～**シ**にあてはまる数字を求めよ。分数は既約分数で答えよ。また，根号を含む形の解答は，根号の中の自然数が最小となる形で答えよ。

(1)　$BC=\sqrt{\boxed{\text{アイ}}}$ である。

(2)　$\dfrac{\sin\angle BCA}{\sin\angle ABC}=\boxed{\text{ウ}}-\sqrt{\boxed{\text{エ}}}$ である。

(3)　△ABCの面積は，$\dfrac{\sqrt{\boxed{\text{オ}}}}{\boxed{\text{カ}}}$ である。

(4)　△ABCの内接円の半径は，$\dfrac{\boxed{\text{キ}}-\sqrt{\boxed{\text{クケ}}}}{\boxed{\text{コ}}}$ である。

(5)　∠CABの二等分線と辺BCの交点をMとするとき，$AM=\dfrac{\sqrt{\boxed{\text{サ}}}}{\boxed{\text{シ}}}$ である。

問五　傍線部**ウ**の「月の目」「太陽の目」の意味として最も適当なものを、つぎの①〜④の中から一つ選びなさい。

① 「月の目」は個別的で、「太陽の目」は包括的なもの。
② 「月の目」は個性的で、「太陽の目」は標準的なもの。
③ 「月の目」は独創的で、「太陽の目」は一般的なもの。
④ 「月の目」は感覚的で、「太陽の目」は理性的なもの。

問六　傍線部**エ**の意味として最も適当なものを、つぎの①〜④の中から一つ選びなさい。

① 人の心を動かすものは物事の真偽を越えたところにあり、事実ではなくてもよいという想い。
② 親たちの教えるサンタクロースのように「嘘」か「真実」かを越えて相手に伝えたいという想い。
③ 読者の夢や希望を代言してくれるフィクション（創作）に感動して人生の真実を見るという想い。
④ 未来に向け自分の知らない気持ちと向きあえることに「真実」を越えた「嘘」を見るという想い。

問二　空欄 A ― B ― C に入れる言葉の組み合わせとして最も適当なものを、つぎの①～④の中から一つ選びなさい。

① 顎 ― 首 ― 一顧だにせず
② 鼻 ― 首 ― 歯牙にもかけず
③ 顎 ― 唇 ― けんもほろろ
④ 鼻 ― 唇 ― 木で鼻をくくったよう

問三　傍線部**ア**の理由として最も適当なものを、つぎの①～④の中から一つ選びなさい。

① 桜桃社を落ちたことは、今までの業績が評価されていないことでもあるので、自尊心が傷ついたから。
② 桜桃社を落ちたことは、今の私に与えられた方向だと理解していても受け入れることがまだ辛いから。
③ 望む仕事につけない結果に、女性にとっての出産、育児はキャリアにおいて障壁になると感じたから。
④ 望む仕事につけない結果に、今後も同じことが起こりうると感じ、将来への不安が大きくなったから。

問四　傍線部**イ**の理由として最も適当でないものを、つぎの①～④の中から一つ選びなさい。

① 桐山君のさわやかな対応に友人としての機微や人間関係の深淵さに触れたようで感動したから。
② 桐山君の言葉からまさに望む方向へ道筋が急にひらけてきたことにおのずと胸が高ぶったから。
③ 桐山君の電話から物事が急展開に願う方向に進むことに対してどこか不安と怯えを感じたから。
④ 桐山君の本への思いが自分の気持ちを代弁してくれているかのように同じで感銘を受けたから。

開いたページの向こうにいる誰かに、エもっと大きな「本当」を届けるために。

注　ピンプラ――小説『ピンクのプラタナス』の略称。

（青山美智子『お探し物は図書室まで』ポプラ社より）

設問

問一　二重傍線部**a**～**e**と同じ漢字を含む最も適当なものを、次の各群の①～④の中から一つずつ選びなさい。

a　チュウト
① トホで行く　② トジョウコクへの支援
③ 財産をジョウトする　④ 茶色のトリョウ

b　ソウテイ
① ソウゾウ力が豊か　② チソウを調査する
③ ソウゴウ的な評価　④ ソウショク品の収集

c　ショウゲキ
① ビンショウな動き　② ヒショウへの準備
③ ボンショウを鳴らす　④ セッショウに応じる

d　キカク
① キカイを逃さない　② キギョウに就職する
③ 最高キロクを出す　④ キジツに間に合う

e　クシ
① クカイを催す　② クヤクショに行く
③ カンナンシンクを越える　④ 敵をクチクする

『新版　月のとびら』のそのページは、暗記するほど読んでいる。
この行には、線を引いた。繰り返し繰り返し、心に刻むために。
　メイプル書房に入って、私は実感した。
ウ小説を書くときや読むときに使われるのは「月の目」。
そしてそれを形にして世に出すときは「太陽の目」だ。
両方必要な、2つの目。どちらもしっかり開いていく。お互い協力しながら、どちらも否定せずに。

私は本を閉じ、デスク上のブックエンドにそっと立てた。
代わりに、薄い冊子を取り出す。先月出会った短編小説だ。
見つけた、と思った。どうしてもどうしても、この作家さんと一緒に仕事がしたい。コンタクトを取るために、私はあらゆる情報網をeクシしてメールアドレスを入手した。
呼吸を整え、パソコンに向かう。
ゆっくりとメールを打っていく。私はこれからあなたと、新しいとびらを開きたいのです。そんな気持ちをこめて。

地球はまわる。
太陽に照らされ、月を見つめる。
地に足を着け、空をあおぎ、変わりながら進んでいこう。

近くを通りかかる社員も、ミホちゃんを見て微笑んでいく。

親愛なる大切な読者さんたち。ここでは子連れ出社はウェルカムだ。育休中に赤ちゃん連れで遊びに来る社員がいると、みんな群がったり、社長が赤ちゃんを抱っこしたりしていて、はじめのうちは[c]ショウゲキだった。

岸川さんが私のところまで来て、カラーコピーのイラストを渡してくる。

「崎谷さん、この絵、どっちが好きか双葉ちゃんに聞いてみてくれない？」

新しく[d]キカクしている幼児向け絵本のラフだ。

「はい、喜んで」

「いつもありがとうね」

これまで仕事上ではネックだと思っていた子どもの存在が、ここでは受け入れられ、むしろ役に立てるのだということが私を安らかで強い気持ちにさせる。

自分には足りないとか、あるいは余分だと思いこんでいたことも、環境が変われば真逆にだってなりうるのだ。この地球の上で、同じものでも国や季節が異なれば捉えられ方がさかさまにさえなるように。

岸川さんが去っていくと、私はふたたび本に目を落とした。

親たちの教えるサンタクロースは、けっして「嘘」ではなく、もっと大きな「本当」です。

私たちの中にある「太陽の目」と「月の目」は、そんなふうに協力しながら、どちらをも否定せずに世界を受けとることができるのです。

「はい、メイプル書房文芸編集部でございます」
あのあとすぐ、桐山くんがセッティングしてくれた顔合わせで、編集長にふたつのことを聞かれた。
みづえ先生とどんなふうに作品を手掛けたか。そして、これからどんなふうに本を作りたいか。私の熱弁に、編集長はしっかりと耳を傾けてくれ、何度もうなずいていた。
ミラで生まれたもの、異動になってから新たに考えたことが、次の自分を助けてくれた。ここにたどりつくまでに必要なことすべてが、万有社にあったのだ。
これまで経験してきたことには、みんな意味があるように思えた。万有社への感謝も、がんばってきた自分の肯定も、今の私をしっかり立たせてくれる。
受けた電話の相手にお待ちくださいと伝え、保留ボタンを押す。
「今江さん、渡橋先生からお電話です」
向かいの席の先輩社員、今江さんに電話をつなぐ。今江さんが担当している作家さんと電話で話している隣で、丸椅子に座った小学一年生のミホちゃんが絵本を開いていた。
ミホちゃんは今江さんのお嬢さんだ。インフルエンザの流行で、突如、今日から学級閉鎖になってしまったのだという。
そこに児童書編集部の編集長、岸川さんがやってくる。ミホちゃんに気づくと、腰をかがめて優しく訊ねた。
「どう？　この本、おもしろいかな」
メイプル書房が出している絵本のシリーズ第二弾だ。小人がいろいろな穴にもぐりこむお話。ミホちゃんは元気よく答えた。
「うん、おもしろい。この犬の背中の茶色いブチが、ハンバーグみたいで好き」
「へえ！　それは思いつかなかったな。ハンバーグかあ」

ろう。

ああ、私は本を作りたい。

明日が少し楽しみになるような、自分の知らない気持ちと向き合えるような、そんな本を世に出したい。それは形が変わっても、ミラにいるときと同じ想いだった。

読んでいるあいだ夜空を美しく漂うようだった。『月のとびら』は、中身は同じままにデザインが一新され、今度は月あかりに照らされているみたいだった。

偶数ページの右上には、月が満ちたり欠けたりしていくマークが描かれている。下にあったのが上に移動したのだ。同じマークなのに、それは空から何かを知らせるような印象に変わった。

私も変わる。同じでいようとしても。

そして志は同じままだ。どれだけ変わろうとしても——。

＊＊＊

子供にサンタクロースの夢を見せてやろうとする親のすべてが、自分の心の中に真実のサンタクロースを住まわせています。だからこそ、子供の多くが、そりに乗ったサンタクロースが「実在する」と感じます。

冬の陽だまりの中、本の続きを読んでいると、電話が鳴った。私は受話器を取る。

「本屋に行きたいんだろ、夏美。駅前ならまだ開いてるよ」
双葉がきょとんと私たちふたりを見ている。
「なあ、ふーちゃん。お母さんが、欲しいものがあるのにガマンして、心の中でエンエンって泣いてたらどうする？」
修二に問いかけられ、双葉は小さく「イヤ」と答えた。

修二と双葉と別れ、私は駅ビルに入っている明森書店に足を運んだ。メイプル書房が発行している本を探す。絵本。童話。児童書。そして桐山くんの言ったとおり、ベストセラーになった一般文芸書もたくさん出ていた。版元をしっかり確認していなくて気づかなかったけど、私が大好きな小説もいくつかあった。あの本も、あの本も。私はすでに、メイプル書房の本を何冊も読んでいたのだ。
夢中で棚を見て、未読の気になる本をいくつか手に取った。『はだしのゲロブ』も買おう。
そして最後にもうひとつ。『月のとびら』を探した。
あの青い本は見当たらなかった。
そのかわり、同じタイトルのものを見つけた。『新版　月のとびら』とある。
瀟洒な月のイラストが全面に描かれたソウテイ[b]。下に向かって紺色から黄みがかっていくグラデーション。表紙を開いたところの見返しは闇のような漆黒ではなく、ぱっと明るいカナリヤイエローが広がっている。ページをめくってみると、文章の内容はほぼ同じもののようだった。
リニューアル発売。求められ、愛されている本だという証拠だ。
熱いものがこみあげてくる。本もこうやって、生まれなおすことがあるのだ。どんな人がこれを手にし、何を受け取るのだあらためてこちらから連絡すると言って桐山くんの電話を切ったあと、私はふらふらと席に戻り、ハーブティーを一気に飲んだ。

「どうしたの」

修二が訊ねる。私は事の次第を説明した。

「いい話じゃん！」

修二はそう言った。わかっている。でも私は怖気づいている。いい話すぎるのだ。やっと気持ちが安定しかけてきたのに、ここで期待して、もしダメになったら傷が深まる。

「こんなことって、ある？ なんだかできすぎじゃない？ 向こうからこんな話がくるなんて」

そう言う私を、修二は真剣な表情でじっと見た。

「それは違うよ。向こうから勝手にやってきたうまい話じゃなくて、夏美が動いたから、周りも動き出したんだ」

はっと顔を上げる。修二はやわらかくほほえんだ。

「自分でつかんだんだろ」

ああ、そうだ。

不採用になった桜桃社。でもあそこを受けようとしなければ、桐山くんに文芸編集をやりたいと伝えることもなかっただろう。私の起こした点が、予想もできない場所につながったんだ。思いつきもしない、嬉しいサプライズ。

アイスクリームを食べ終わった双葉の頭に、修二がぽんと手を置いた。

「じゃあ、ふーちゃんはお父さんと先におうち帰ってような」

「え？」

「うん。そのへんも込みで。小さなお子さんがいるって、絵本や児童書を出してるメイプル書房ならプラスに働くと思うんです。実際、先輩もママ社員だったし」

胸の高鳴りが静まらない。その一方で、自分にとって不利なことばかりが頭をかすめる。

「だって絵本の編集なんてまったく経験ないのよ、私」

「文芸編集部と児童書編集部は別です。大人向けのいい小説も、メイプル書房はたくさん出してますよ」

すぐにタイトルは浮かばないけど、たしかにそうだったかもしれない。それなら……それなら、私も一般文芸を作ることができるんだろうか。

「崎谷さん、ミラにいたとき、ファッションだけじゃなくて女の子の心に寄り添うような企画をたくさん出してたじゃないですか。明日もがんばろうって元気が出るページ。だから僕、ピンプラ(注)は崎谷さんが担当だから生まれた小説だと納得したし、文芸編集やりたいって言ってるの聞いて嬉しかったんです」

そんなふうに言われて、救われる想いがした。見ていてくれた、認めてくれていた人がちゃんと近くにいたんだ。喜びを隠せないまま、私は訊ねる。

「桐山くん、どうして私にこんなことまでしてくれるの？」

単純な疑問だった。私は彼にとって友人でもないし、恩があるわけでもない、ちょっとした昔の仕事仲間だ。桐山くんは特に考える様子もなくさらりと答えた。

「どうしてって、この流れに居合わせたからっていうか。だって、世の中におもしろい本が増えたらいいじゃないですか。僕も読みたいです」

私は地面に視線を落とす。イサンダルを履いた足が震えていた。

「と、いうのは表向きの口実なんですが」

「え？」

なんだか電話の向こうがざわざわしている。お店からかけているのではなさそうだった。そもそも、携帯番号だったし。

桐山くんは一呼吸おいてから言った。

「崎谷さん、桜桃社の結果、出ました？」

「……だめでした」

「そうか、よかった」

「よかった？」

思わず訊き返すと、桐山くんは「あ、いえ、すみません」と苦笑した。

「僕の大学時代の先輩で、メイプル書房の文芸編集部で働いてる女性がいるんですけど」

メイプル書房。絵本や児童書で有名な出版社だ。『はだしのゲロブ』もここから出ている。

「来月、ご主人の海外赴任に同行するので退職が決まっていて、先輩が抜けたぶんチュウト採用の募集をかけるそうです。でもその前に、もしいい人がいればって話で、それで僕、崎谷さんのこと思い出して」

ドキン、と心臓が大きく震えた。返事もできず握りしめたスマホから、桐山くんの声が流れ込んでくる。

「崎谷さんとメイプル書房、合ってると思うんですよね。桜桃社みたいな純文学一本の老舗もいいけど、メイプル書房は風通しが良くて新しいことどんどんやっていくやわらかさがあるっていうか。崎谷さんがよろしければ、先輩に話して編集長と一度顔合わせの段取り組みますよ」

「でも私、四十だし、二歳の子どもがいて……」

「俺、ただ協力してとかもっとやってよって感情的に言われてもわからないんだよ。具体的に論理的に、ちゃんと話してくれると助かる」

なるほど、これも「太陽の目」か。私は胸のうちで納得する。これからは、「月の目」とバランスをとってうまくやっていこう。

幸せだなと思う。私はついあれもこれもと求めてしまうけど、修二なりに家族を想ってくれているのはわかる。

私たちの間には、日に日に表情が豊かになる双葉。

「おめとうー！」と、おぼつかない口調で私に向かってばんざいをするその姿が、たまらなく愛おしい。

この家族だって、一日一日、築いてきたものなのだ。三人で一緒に。

今は、この時間を大事に過ごそう。「流れに合わせて」。小町さんの言葉を借りれば、桜桃社を落ちたということは、編集の仕事からは離れることが私の「流れ」なのかもしれない。

ア そう思ったら、ぴりりと胸の奥がつれた。私はそれを、食後のお茶をごくんと飲みほしてごまかす。

フリードリンクのハーブティーを淹れなおして席に座ると、テーブルに置いていた私のスマホが振動した。０９０で始まる知らない携帯番号からの電話だ。

私は修二に目配せして席を立ち、店の外で電話に出る。

「ＺＡＺの桐山です」

「ああ」

親しげな声に、私は安堵の息をもらす。夏の夜風が気持ちいい。

「ご注文のコンタクトレンズが届きました。お待たせいたしました」

「取りに行きます。ありがとう」

て光っていた。
それを目にしたとき、こびりついていた嫉妬が剥がれ落ちた。木澤さんは木澤さんで、たくさんたくさんがんばって、闘ってきたんだ。この昇進を当然なんて思ってなくて、やっぱりホントはすごく嬉しいんだ。
しんどいことも、悔しい思いもいっぱいあったんだろう。わかっていたはずなのに、軽い気持ちで「いいなあ」なんて言ってしまったことを、私は少し反省した。
メリーゴーランドが止まった。
今の私は、あちら側には行けない。
私は私の、彼女は彼女の。それぞれの景色を見ていけばいい。
ことさら大きく手をたたく私に気づいて、木澤さんがちょっぴり[B]を曲げた。

それから二日して、私の誕生日がやってきた。
修二は仕事を調整して、この日ばかりは早く帰ってきてくれた。双葉と三人、ファミレスで夕食をとる。
私が桜桃社を受けたこと、[C]に落ちたことを聞いて、修二は驚いていた。私が長年勤めた万有社を本気で辞めようとしたこと、転職活動が相当厳しいことに。
私の気持ちや状況が、修二には今まであまり理解されてなかったらしいことに気づいて唖然としたけど、私がちゃんと伝えきれていなかったのかもしれない。ぐじぐじと文句を言うばかりで。予想外に慰められ励まされ、私のほうこそ驚いた。
話しているうち、来週から保育園の朝の送りは修二の担当となった。お迎えは難しいけど、それならできるようにしてみると修二が言ってくれたのだ。月曜日のシーツ替えの仕方も、メモを取りながら大まじめに聞いていた。

〔二〕　つぎの文章を読んで、あとの設問に答えなさい。

【主人公夏美は出版会社「万有社」の資料部で働く一児の母親である。かつてはミラという雑誌編集部で働いていたが、育休復帰後は資料部に転属となった。仕事と育児に奮闘しているが、あまり協力的でないように思える夫修二や職場での処遇にいらだちも感じている。夏美はかつて携わっていた文芸編集をやりたいと転職を考え、出版会社「桜桃社」に応募する。そんな折、偶然、元同僚の桐山と彼の新しい職場である眼鏡店ＺＡＺで出会う。】

しかし、私の元に届いたのはそっけない不採用メールだった。

動揺した。ともかく書類審査は受かると思っていたのだ。ここであっさり落ちるなんて。会ってももらえないなんて。

みづえ先生の本も出している出版社だから、私には多少のアドバンテージがあると思っていた。

……やっぱり、ダメなんだ。

この年齢で、幼い子どもがいて、文芸経験だって売れたとはいえ一冊だ。まぐれ当たりだと思われても仕方ない。ａチュウト採用は即戦力がモノをいう。桜桃社ほどの大手なら、私よりももっと実績のある優秀な人材が集まってくるだろう。

そんなの、ちょっと考えればわかることだったのに。

現実を突きつけられて落ち込んでいる中、追い打ちをかけるように、木澤さんがミラの編集長に昇進した。

朝礼で発表があり、みんなの前でコメントする木澤さんはいつもの調子でぶっきらぼうで、［　A　］をツンと突き出していた。

でも、私は見てしまった。拍手の波に、一瞬だけちらっと見せた少女みたいに恥ずかしそうな笑顔。まぶたの端っこが濡れつ選びなさい。

① 捲土重来 ― 技術の向上による車体の改良と運用形態が、時代の要請に合致したから。
② 臥薪嘗胆 ― パスカルのように乗合馬車に出資する人が、一時は減ってしまったから。
③ 四面楚歌 ― 同業他社の乱立によって、乗合馬車の経営が危機を迎えてしまったから。
④ 起死回生 ― タクシーともいうべき辻馬車のほうが、パリでは利便性が高かったから。

問七 本文の内容として最も適当なものを、つぎの①～④の中から一つ選びなさい。

① 近代的な人間の移動をあらわす語は「ツーリズム」と呼ばれるが、これは「旅行」や「探検」と比べてあらゆるものごとを観光の対象とすることで啓蒙主義を代表する旅行形態であった。
② 人間は古代から中世・近代へと時代が進むにつれて、恐怖の対象であった自然をさまざまな方法で征服していく。その代表的な例として、動物を動力とした馬車の発達をあげることができる。
③ 人間は自然を楽しもうとする一つの方法として旅をおこなう。それは世界を観察し、調査し、収集するための手段であったが、さまざまな小説などに描写される歴史的事実を重視するものであった。
④ 啓蒙主義の時代には知識への欲求が旅行体験と結びつき、未知の自然を体系的にデータ化するために交通手段が更新される一方で、よく知られている身近な風景も見直されていった。

さい。

①〈具象〉―〈抽象〉　②〈近称〉―〈遠称〉

③〈未知〉―〈既知〉　④〈地上〉―〈机上〉

問四　傍線部**ア**・**イ**の意味の組み合わせとして最も適当なものを、つぎの①～④の中から一つ選びなさい。

①　教訓的な反面教師として　―　批判や怒りを

②　ユーモアや皮肉を込めて　―　直感への刺激を

③　悲劇性や悲しみを込めて　―　失敗への教訓を

④　新しいニュースとして　―　格好のお手本を

問五　つぎの一文を入れるのに最も適当な箇所を、あとの①～④の中から一つ選びなさい。

古代ローマ人たちは馬車で旅していたが、中世ではローマ帝国のよく整備された道路とともに、馬車も姿を消していった。

①〔**ア**〕　②〔**イ**〕　③〔**ウ**〕　④〔**エ**〕

問六　傍線部**ウ**のような状態を表わす四字熟語と、その理由として最も適当なものの組み合わせを、つぎの①～④の中から一

設問

問一　空欄 [a] ～ [h] に入れるのに最も適当なものを、つぎの①～⑩の中から一つずつ選びなさい。ただし、選択は一語一回に限ります。

①　また　②　それは　③　いわば　④　そして　⑤　または
⑥　さらに　⑦　それゆえ　⑧　かくして　⑨　なにゆえ　⑩　ところで

問二　二重傍線部a～dと同じ漢字を含む最も適当なものを、つぎの各群の①～④の中から一つずつ選びなさい。

a　ケンイン
①　ケンジョウ語を用いる　②　ケントウを祈る
③　ケンセイキュウを投げる　④　諸書にサンケンする

b　タグイ
①　ルイレイがない　②　ルイセキ警告
③　慌ててキルイする　④　感動してラクルイする

c　イキョ
①　キョセイを張る　②　キョジュウ地
③　イッキョに攻める　④　キョテンにする

d　イジ
①　早々にジキョする　②　内容がコクジしている
③　ジヒ深い行為　④　ショジヒンを検査する

問三　空欄 [A] ― [B] に入れる組み合わせとして最も適当なものを、つぎの①～④の中から一つ選びなわれている。

それ以降、馬車自体は改良がくりかえされ、さまざまなタイプが生まれていく。馬車の運用形態もつぎつぎに発案された。近代ヨーロッパで、馬車は交通手段としても、上流階級のステータスシンボルとしても不可欠の乗りものとなったのである。

〔　エ　〕

市内の交通手段として、馬車のタクシーともいうべき辻馬車がロンドンで営業開始したのは1634年で、当初は50台の辻馬車が運用されていた（パリでは、1668年に辻馬車が登場している）。

17世紀中葉のフランスで、バスの役割をはたしていたのは乗合馬車である。定められたコースを一定の時間間隔で走る馬車のことで、乗車したい者は停留所で待って、乗車時に均一料金を支払う。

遺稿『パンセ』（1670年）で知られるブレーズ・パスカル（1623－62）は、哲学者、科学者、数学者として知られているが、フランスの乗合馬車会社設立に友人とともに出資したのも、このパスカルである。

この乗合馬車の会社は1691年に辻馬車の会社に買収されて、ウ乗合馬車は1度パリから姿を消すのだが、1828年にふたたび乗合馬車の会社が設立される。それ以後、同業他社が乱立するが、1社へと統合されると、黄金時代をむかえる。1860年には1日当たり20万人、10年後の70年には30万人の乗客を記録した。

「ディリジャンス」と呼ばれる遠距離を走る急行の大型乗合馬車は、フランス独特のものとして知られる。4頭から6頭立てで3つの車室をそなえ、18人が乗車可能だった。約15キロごとに宿駅が設置されていて、宿駅ごとに馬をとりかえるために、高速度をdイジできた。

乗合馬車は大型化が進行し、1878年に登場した馬3頭立ての乗合馬車は乗客40人が乗車できるほど巨大な車体になった。

（森貴史『旅行の世界史』より）

月5日にパリでモンゴルフィエ兄弟が熱気球を飛ばし、11月21日に初の有人飛行をおこなったという歴史的事実である。物語に登場する飛行船には「走行距離測定器」にくわえて、「偉大な占星術師」が石板に記入した「月と金星の観測目録表」が装備されており、「航海士」を担当する「ふたりの有能な博物学者」や、「水夫数人」が搭乗するという設定であって、同時代の英仏がおこなっていた探検航海の様式を**ア**パロディとして取り入れている。

走行距離測定器は、ベルリンを代表する啓蒙主義者にして出版業者フリードリヒ・ニコライ（1733－1811）の旅行記から**イ**インスピレーションを受けたと思われる。というのも、ニコライは12巻にもおよぶ『1781年のドイツ・スイス旅行記』（1783－96年）を出版しているのだが、この旅行に出発するさいに、自身の馬車に走行距離測定器を装備させているからである。ニコライは自身の旅行記をより厳密な記録として残すために、走行距離までデータ化しようとしていた（この旅行記は未完であり、スイスに入国したところで終わっている。ニコライは自身の旅行で蓄積した膨大なデータを処理できなかったのだ）。

［ h ］、未知の自然、自身の旅行体験を記録して、データ化するということが重視された時代であって、「知識が欲しい、もっと正しい情報が欲しい」という欲求が、啓蒙主義時代の旅行の特徴のひとつだった。こうしたヨーロッパの知識人のなかで、最高の学者にして探検家だったのが、アレクサンダー・フォン・フンボルトなのである。

〔ウ〕

しかし15世紀に再度、馬車が脚光をあびることになる。ハンガリーの村コチ（kocs）でスプリングは改良が重ねられて、技術が向上したのだが、16世紀になると、それが馬車に応用されて、サスペンションによる懸架式の四輪馬車が登場した。この近代的馬車は英語で「コーチ」（coach）、ドイツ語で「クッチェ」（Kutsche）と呼ばれたが、それらの名称はコチ村に由来するとい

〔　イ　〕

3年2ヵ月におよんだエジプト遠征そのものは1801年にイギリスへの降伏という結果に終わる。だが、フランスへ生還した学者たちが1802年から編纂を開始し、1828年に完成させた『エジプト誌』全24巻は、建造物、岩石、住民、植物のほか、数千種もの動物、鳥類、虫類、魚類の版画を収録した古代と近代のエジプト文化に関する、タグイ(b)まれな大百科事典であった。

フランスの啓蒙主義者たちが1751年から1772年までの20年以上の歳月を費やして編纂した『百科全書』は、7万以上の項目を誇る全28巻の百科事典だが、『エジプト誌』はこの国の啓蒙主義の伝統をみごとに継承した成果だといえよう。

[g]、遠征軍は1799年に地中海沿岸の港町ロゼッタで、文字が彫られた石柱、いわゆる「ロゼッタ・ストーン」を発見した。イギリスの戦利品となったオリジナルは当時の国王ジョージ3世（1738－1820）が大英博物館に寄付、現在に至るが、1822年に言語学者ジャン＝フランソワ・シャンポリオン（1790－1832）が複製のロゼッタ・ストーンに書かれた古代エジプト象形文字ヒエログリフの解読に成功する。

『エジプト誌』刊行とシャンポリオンによるヒエログリフの解読によって、エジプト研究がヨーロッパで隆盛をむかえて、近代的なエジプト学へと発展していくのである。

18世紀と、つづく19世紀は、ヨーロッパにとって[A]の世界を学者たちが踏査して、収集、分類、記録をおこなうことで、[B]の世界へとかえていった時代なのだ。

啓蒙主義時代のユートピア小説には、法律家で文筆家だったカール・イグナーツ・ガイガー（1756－91）の『地球人の火星への旅』（1790年）がある。飛行船での火星旅行が描かれているが、この物語設定がイキョ(c)しているのは、1783年6

した窓がある自宅に住んでいるという設定であった。

［ e ］、「トラブル」(trouble)と語源をおなじくする「旅行」(travel)にかわる近代的な人間の移動をあらわす語が１８１１年ごろに登場する。「観光旅行」を意味する「ツーリズム」(tourism)である。

［ f ］「旅行」があまり知られていない対象の発見であり、「探検」(expedition)が未知なる対象の発見であるとすれば、「観光旅行」とはよく知っている対象の発見である。よく知られているものごとは、なんであっても観光対象になり、その知名度こそがひとりでに人びとを惹きつけて、有名な観光名所へとかり立てる。

かくして、鉄道旅行が大人数の遠方への旅をより手軽に可能にしたのであり、その結果、観光のための大衆旅行が誕生した。すなわち、近代的な観光旅行《ツーリズム》が開始されたのである。

この啓蒙主義という「理性」が重んじられた時代を象徴するのは、ナポレオン・ボナパルト(１７６９-１８２１)のエジプト遠征である。

フランス革命の余波で破綻した経済や市民生活の復旧がなされていなかった時期の１７９８年7月、オリエントの植民地獲得をめざしたナポレオンはエジプトへと上陸した。

陸軍3万４０００人、海軍1万６０００人という遠征軍には、１５１人の学者と学生、画家たちから構成された「東方軍所属学芸委員会」が同行した。

天文学者、数学者、博物学者、医師、科学者、エンジニア、植物学者、詩人、音楽家たちであって、ナポレオンが称賛していたアレクサンドロス大王が、ペルシア遠征のさいに学者を同伴させたのと同様である。

〔 ア 〕

イギリスの技術者ジョージ・スティーブンソン（1781―1848）が1814年に蒸気機関車の実用化に成功し、翌年に特許を取得した。1825年にストックトン＝ダーリントン鉄道を開通させ、世界初の旅客列車を走行させた。［ c ］、1830年にリバプール＝マンチェスター鉄道を開通させたさいには、蒸気機関車は30人の乗客を乗せた列車を時速40キロでケン（a）インしたのだった。

この世界初の鉄道会社が好評を博したために、イギリスでは鉄道建設が急増した。1833年から37年の4年間で、線路網は2240キロまで拡大の一途をたどり、1851年にイギリス国内の鉄道の総延長はついに1万880キロまでに到達したのである。

［ d ］1860年初頭には、ロンドンでは地下鉄道の敷設工事が開始された。この鉄道会社の名称は「メトロポリタン鉄道」といった。イギリスではいわゆる「地下鉄」を「チューブ」や「アンダーグラウンド」、アメリカでは「サブウェイ」と呼ぶのが一般的だが、現在、世界中で地下鉄が「メトロ」と呼ばれているのは、この社名に由来する。

1863年1月10日に世界初の地下鉄道が開通したが、開通後12年間で年平均7000万人が利用している。その約40年後、推理小説家コナン・ドイル（1859―1930）は『シャーロック・ホームズ』シリーズで地下鉄を使ったトリックを考案している。唯一の鉄道ミステリーといわれる「ブルース・パーティントン設計書」（1908年）では、地下鉄が重要な役割をはたすのだ。

ロンドン地下鉄オールドギット駅近くの線路のかたわらで発見された死体は、地下鉄の乗客が何者かに突き落とされたか、自然にふり落とされたかと推測された。だが、じつはべつの場所で殺された死体が地下鉄の屋根に載せられていて、ポイント通過やカーブ走行時の遠心力でふり落とされたということが判明するのである。しかも、犯人はロンドン地下鉄の開口部に面

〔一〕つぎの文章を読んで、あとの設問に答えなさい。

近代へと時代が移行すると、自然に対する人間の認識が変化する。自然は恐怖の対象からながめて楽しむ対象へと、あるいは踏破すべき研究対象へとかわっていく。

[a]、「理性」によって「蒙《もう》を啓《ひら》く」という啓蒙主義の思考がなしえたものであり、迷信に惑わされずに、「知」による合理的思考がなされるようになったからである。

同時に、18世紀後半にはじまったイギリスの産業革命、すなわち技術革新による産業、経済、社会の大変革は、多くの科学技術を発展させた。種々の計測器具や帆船の進歩が未知の世界への探検旅行を可能にしたのである。

この時代の旅行記は、〈旅行〉という枠組みのなかにあらゆる種類の情報を記述した書物で、〈旅行〉はヨーロッパ人がさまざまな世界を観察し、調査し、収集するための手段でもあったのだ。

[b]、これまで人間がたどりつけなかった未踏の土地へと、西洋の科学者たちは旅立っていった。ヨーロッパにまたがる氷と岩で閉ざされたアルプス山脈へ、あるいは南極圏、北極圏、南太平洋、南アメリカ大陸のアンデス山脈へ。

だが、その一方で、17世紀に流行した風景画のような自然の風景を楽しもうとする西洋の旅もなされるようになった。ヨーロッパの王族や貴族、とりわけイギリス貴族の子弟たちが教養やマナーを習得するために、大陸のフランスやイタリアの大都市に長期滞在する「グランドツアー」も17世紀からおこなわれた。

かれらの旅で交通手段として使用されたのは馬車である。16世紀から19世紀中葉まで長距離の移動手段としてだけでなく、ロンドンやパリで市内交通機関としても発達した。

そして、馬車の時代につづくのが鉄道の時代である。

国語

（六〇分）

◆各小問の配点

大問	小問	配点
一	問一・問二	各三点
	問三	四点
	問四～問七	各五点
二	問一	各三点
	問二～問六	各五点

解答編

英語

I　解答　**(1)**—(b)　**(2)**—(c)　**(3)**—(a)　**(4)**—(b)　**(5)**—(a)　**(6)**—(b)　**(7)**—(a)　**(8)**—(c)

解説

《自動運転車》

(1)　下線部(1)を含む文の前半は「あなたはそれにどこに行きたいかを言う」という文意，「それ」は前文の a car with no driver「自動運転車」を指す。

(2)　下線部に続く文に具体例が挙げられている。

(3)　下線部の前文から説明が続いていることがわかるので，前文の主語である Autonomous cars が省略されている。

(4)　この文の主語の They は前文の Some people で，２つ目の they は前文の driverless cars を指す。

(5)　前文では自動運転車の「危険性」について，(5)を含む文では「利点がある」と述べているので，これらをつなぐのは逆接的に「しかしながら」を表す However となる。

(6)　(a)は第３段第４文（Above that, a machine …）に，(c)は第３段第３文（An autonomous car …）に一致。(b)は本文に記述なし。

(7)　後の since 以下の「彼らは交通法規を破る悪質な運転手を見つける必要がなくなる」が理由なので，(a)を選ぶ。

(8)　(a)「自動運転車はとても安全なので道路で事故を起こさないだろう」第３段最終文（Even if there …）に「事故率は今よりも少なくなるだろう」とあるが，「事故を起こさないだろう」とは書かれていないので，不一致。(b)「アメリカでは 27 の州でさまざまなレベルの自動運転車が禁止されている」 第2段第1文（Various levels of…）に legal「合法の」とあり法的に認められているので，不一致。(c)「もし無人タクシーが自動翻訳サービスを提供できれば，旅行者にとってより便利になるだろう」 最終段最終文（Also, driverless taxis…）に「無人タクシーは何百もの言語を話すようにプログラムできるので，旅行者はもっとくつろいだ時間を過ごせるだろう」とあるので，本文の内容と一致する。

Ⅱ　解答　(1)―(a)　(2)―(c)　(3)―(b)　(4)―(a)　(5)―(b)

解説

(1)　グラフより，日本が過去10年間ずっと最低である。

(2)　グラフより，2013年に2番目に高いのはドイツ。

(3)　グラフより，日本が1.8から3.4に増加している年を探す。

(4)「2019年から2020年で4カ国全てにおいて何が読み取れるか」 4カ国とも増加しているので，(a)を選ぶ。

(5)「このグラフに関してどの発言が正しいか」 日本はずっと最下位なので，(b)「2018年においてドイツの家計貯蓄率は日本のそれよりも高い」を選ぶ。

Ⅲ　解答　(1)―(a)　(2)―(a)　(3)―(c)　(4)―(b)　(5)―(c)

解説

(1)　Do you have anything in mind?「何か決めている物はありますか？」という問いに，「いいえ，でもできれば」と答え，(a)「彼に何か伝統的な物を買ってあげたい」と続く。

(2)　ガソリンスタンドへの行き方を教えてもらい，「わかりました。ありがとうございます」に続くのは，後の「ええっと，それはこの幹線道路のここです」から考えて，(a)「それがこの地図のどこなのか教えていただけますか？」になる。

(3)　オンラインでドレスを買ったが腰回りがきつすぎることについて，(c)「それはいけませんね」，さらに「返品するかもっと大きいのと交換できるの？」と続く。

(4)　「妹がいつもロックを聴いたり大声で歌ったりしています」「それはいらいらしますね」に対して，「もちろんです。いつも彼女に静かにするように言うのですが，しかし」に(b)「彼女は全く私の言うことを聞きません」と続く。

(5)　六甲山登山に誘われて，「日曜の朝どれくらい早く駅に来られますか？」と尋ねられているので，(c)「時刻表を調べてみます」と続く。

Ⅳ　解答

(1)―(b)　(2)―(a)　(3)―(d)　(4)―(b)　(5)―(c)　(6)―(d)
(7)―(c)

解説

(1)　As the weather forecast said, it (snowed on and off all) day today.
snow on and off「雪が降ったりやんだりする」

(2)　I realized that there was (no point discussing this problem) with other participants.
There is no point *doing*「～しても無駄だ」

(3)　A 15-minute (walk will take you) to the library.
A 15-minute walk を主語にした無生物主語の構文。「15 分の歩行があなたを図書館に連れていく」と考える。

(4)　No matter what your parents may say, do (what you want to) do.
what は関係代名詞で「～すること」の意味。

(5)　Please take (a rest as soon as you) get tired since we walked for a long distance.
take a rest「休憩する」　as soon as ～「～するとすぐに」

(6)　Her pride prevented (her from accepting his) proposal.
Her pride を主語にした無生物主語構文。S prevent O from *doing*「S は O が～するのを妨げる」

(7)　Lost things will appear (when it is least) expected.
be least expected は否定の最上級で「最も予想されない」という意味。

Ⅴ　解答

(1)―(b)　(2)―(c)　(3)―(b)　(4)―(a)　(5)―(a)　(6)―(c)
(7)―(b)　(8)―(a)　(9)―(a)　(10)―(c)

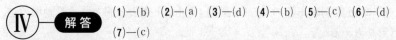

解説

(1) be held「開催される」

(2) as if＋S＋過去形「Sはまるで～であるかのように」
仮定法過去の構文。

(3)「経済危機のために，不幸にも廃業したレストランもある」
due to～「～のために」は原因・理由を表す。

(4)「最近，冷凍野菜や肉も自動販売機で売られている」
前にbe動詞があるので，be動詞＋being＋過去分詞という受動態の進行形を考える。

(5)「この小さな店はあっという間に大会社へと発展した」
動詞として使えるのは(a)のみ。

(6) slowは形容詞で「遅い」という意味。

(7)「この問題について論じるとき，あなたは自分の言いたいことをもっとわかってもらうために直接話すべきだ」
make *oneself* understood「自分の考えを人にわかってもらう」

(8)「日本の他のどの都道府県にも北海道ほど多くの山はない」
原級を用いて最上級の内容を表す表現。No other＋単数名詞＋so＋原級＋as…「他のどの～も…ほど―ない」

(9) allow O to *do*「Oが～するのを許す」

(10) so… that～「非常に…なので～」

VI 解答 (1)―(a) (2)―(c) (3)―(b) (4)―(a) (5)―(c)

解説

(1)「やったことに関して残念に思う」という意味なので，(a)regret「後悔する」を選ぶ。

(2)「国を支配したり，公共のサービスを行うのに責任を持つこと」という意味なので，(c)govern「統治する」を選ぶ。

(3)「良い仕事やサービスの見返りに得られるもの」という意味なので，(b)reward「報酬，ほうび」を選ぶ。

(4)「非常に価値がありめずらしい」という意味なので，(a)precious「貴重な」を選ぶ。

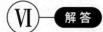

(5)「必要なものが欠けている状態」という意味なので，(c)shortage「不足，欠如」を選ぶ。

日本史

Ⅰ 解答 《浄土教の発展》

①—(k) ②—(h) ③—(l) ④—(j) ⑤—(p) ⑥—(q) ⑦—(m) ⑧—(r)
⑨—(e) ⑩—(o)

Ⅱ 解答 《戦国大名》

①—(k) ②—(d) ③—(g) ④—(f) ⑤—(q) ⑥—(e) ⑦—(p) ⑧—(o)
⑨—(h) ⑩—(i)

Ⅲ 解答 《幕末の内憂外患》

①—(o) ②—(n) ③—(a) ④—(i) ⑤—(b) ⑥—(p) ⑦—(q) ⑧—(g)
⑨—(c) ⑩—(m)

Ⅳ 解答 《社会運動の勃興》

①—(g) ②—(t) ③—(f) ④—(d) ⑤—(b) ⑥—(a) ⑦—(j) ⑧—(e)
⑨—(s) ⑩—(i)

世界史

I 解答 《ドイツの統一と19世紀》

問1．(1)—(D)　(2)—(B)　(3)—(C)　(4)—(A)　(5)—(C)　(6)—(C)　(7)—(B)
(8)—(D)　(9)—(A)　(10)—(D)

問2．(イ)—(B)　(ロ)—(C)　(ハ)—(A)

II 解答 《インダス文明と古代インド》

問1．(1)—(D)　(2)—(C)　(3)—(A)　(4)—(A)　(5)—(D)　(6)—(C)　(7)—(A)
(8)—(C)　(9)—(A)　(10)—(B)

問2．(イ)—(C)　(ロ)—(B)

III 解答 《中国，欧州前近代，朝鮮に関する小問集合》

(1)—(D)　(2)—(D)　(3)—(D)　(4)—(A)　(5)—(B)

IV 解答 《第二次世界大戦後のアフリカ》

(1)—(C)　(2)—(A)　(3)—(B)　(4)—(B)　(5)—(D)

現代社会・政治経済

Ⅰ 解答 《政党政治と選挙》

(1) 1—(d) 2—(a) 3—(a) 4—(b) 5—(c)

(2)—(c) (3)—(b) (4)—(c) (5)—(d) (6)—(d)

Ⅱ 解答 《持続可能な社会の実現に向けて》

(1) 1—(b) 2—(d) 3—(b) 4—(b) 5—(a)

(2)—(c) (3)—(a) (4)—(c) (5)—(d) (6)—(d)

Ⅲ 解答 《日本の外交・安全保障問題》

(1) 1—(a) 2—(a) 3—(b) 4—(b) 5—(d)

(2)—(b) (3)—(d) (4)—(a) (5)—(c) (6)—(d)

Ⅳ 解答 《社会主義経済の変容》

(1) 1—(b) 2—(b) 3—(a) 4—(b) 5—(c)

(2)—(c) (3)—(a) (4)—(a) (5)—(d) (6)—(a)

数　学

Ⅰ　解答　《小問4問》

(1)**ア.** 3　**イ.** 5　**ウ.** 2　**エ.** 8　(2)**オ.** 7　(3)**カ.** 5　**キク.** 90
(4)**ケ.** 6　**コサ.** 10　**シ.** 8

Ⅱ　解答　《2次関数》

(1)**ア.** 7　(2)**イ.** 3　**ウ.** 2　(3)**エ.** 1　**オ.** 3　**カ.** 2　(4)**キ.** 5
ク. 2　(5)**ケ.** 2　**コサ.** 25　**シ.** 8

Ⅲ　解答　《確　率》

(1)**アイ.** 27　(2)**ウエ.** 19　**オカ.** 27　(3)**キ.** 4　**ク.** 9　(4)**ケコ.** 12
サシ. 19

Ⅳ　解答　《図形と計量》

(1)**アイ.** 10　(2)**ウ.** 2　**エ.** 3　(3)**オ.** 3　**カ.** 2　(4)**キ.** 6　**クケ.** 30
コ. 2　(5)**サ.** 3　**シ.** 3

問五　④
問六　②

解説

問二　A、「ぶっきらぼうで」に続くので、すましている様子を表す表現にする。C、あっさり落ちてしまった様子を表す語が入る。

問三　傍線部アの「そう思った」が直前の「桜桃社を落ちた…なのかもしれない」と思ったことを指すことをふまえて選ぶ。

問四　傍線部イの四行前の「私は彼にとって…昔の仕事仲間だ」から、①が不適であることがわかる。

問五　空欄Cの六行後の「具体的に論理的に、ちゃんと話してくれると助かる」という修二の言葉を受けて、「これも『太陽の目』か」と私が「納得」している（空欄Cの八行後）ことから、「太陽の目」の意味を捉える。一方、修二の言葉の「感情的に言われても」の部分が「月の目」を表している。

問六　本文で二か所取り上げられている『月のとびら』の表現（太字の部分）の内容を捉える。「子供にサンタクロースの夢を見せてやろうとする親の」行動自体が「真実のサンタクロース」の姿であって、サンタクロースが「実在する」かしないかは問題ではない、ということを表している。これが②で、「『嘘』か『真実』かを越えて」と表現されている。

問三　最初から八・九行目で述べられているように、「観察し、調査し、収集する」ために「未踏の土地へと、西洋の科学者たちは」旅をした。これをふまえて選ぶとよい。

問五　脱文に「馬車も姿を消していった」とあるが、ウに入れると、直後の「しかし…馬車が脚光をあびることになる」にスムーズにつながる。

問六　乗合馬車の乗客が増加し大型化が進んだ（傍線部ウの後の内容）ということは、乗合馬車がそれだけフランスの人々に求められたということであり、馬車の改良や運用形態の発案（エの直前の段落）が必要不可欠であったことを表している。

問七　「自然に対する人間の認識」の「変化」により、「自然は」「踏破すべき研究対象へとかわっていく」（最初の段落）。この「啓蒙主義の思考」（空欄ａを含む段落）を基に「未踏の土地へ」の旅をする（空欄ｂを含む段落）が、その際「交通手段として使用されたのは馬車」であり、さらに馬車は「ロンドンや…発達」する（アの三行前の段落）。この内容を表しているのが④である。①は、「啓蒙主義を代表する旅行形態」が「ナポレオン・…のエジプト遠征」のことである（空欄ｆの五行後）ので不適。②は、「自然をさまざまな方法で征服していく」が不適。③は、「歴史的事実」は小説の「物語設定がイキョしている」ものである（空欄Ｂの二・三行後）点が不適。

Ⅱ

出典　青山美智子『お探し物は図書室まで』〈三章　夏美：四十歳、元雑誌編集者〉（ポプラ社）

解答

問一　a—②　b—④　c—④　d—②　e—④

問二　③

問三　②

問四　①

国語

Ⅰ

出典 森貴史『旅行の世界史―人類はどのように旅をしてきたのか』〈第3章 〈近代〉自然は美しい―馬車、世界探検、アルプス登山、団体旅行〉(星海社新書)

解答

問一 **a**―② **b**―⑦ **c**―⑥ **d**―④ **e**―⑩ **f**―③ **g**―① **h**―⑧

問二 **a**―③ **b**―① **c**―④ **d**―④

問三 ③

問四 ②

問五 ③

問六 ①

問七 ④

解説

問一 **a**、空欄aを含む段落は、この前の段落の「自然は…かわっていく」理由を述べている。**b**、空欄bの前後が、「〈旅行〉は…手段でもあった」ため「未踏の土地へと、…旅立っていった」という文脈になっている。**c**、乗客を乗せることに加えて、高速で走行することもできたことを述べているため、「さらに」が入る。**d**、鉄道の歴史を年代順に述べているところなので、「そして」が入る。**f**、空欄fから始まる段落は、「観光旅行」について詳しく述べられている段落である。**g**、エジプト遠征の成果が『エジプト誌』編纂の他に「ロゼッタ・ストーン」の発見でもあったことが述べられているので、「また」が入る。

2023年度

問題と解答

■総合型選抜　公募制入試・資格公募制入試：A日程

問題編

▶試験科目・配点

基礎学力テスト

	教科等	科　　目	配　点
公募制入試 基礎テスト型	選　択	「コミュニケーション英語Ⅰ・Ⅱ，英語表現Ⅰ」，日本史Ｂ，現代社会【省略】，「数学Ⅰ・Ａ（場合の数と確率）」から１科目選択	※ 各100点
	国　語	国語総合（古文・漢文を除く）	
公募制入試調査書型・資格公募制入試	選　択	「コミュニケーション英語Ⅰ・Ⅱ，英語表現Ⅰ」，日本史Ｂ，現代社会【省略】，「数学Ⅰ・Ａ（場合の数と確率）」，「簿記，財務会計Ⅰ（財務会計の基礎）【省略】」〈資格公募制入試のみ選択可〉から１科目選択	100点
	国　語	国語総合（古文・漢文を除く）	100点
	調査書	「全体の学習成績の状況」の10倍	50点

▶備　考

【公募制入試】

・基礎テスト型・調査書型のどちらかを選択（同一問題）。

・試験日自由選択制。試験日ごとの問題の難易度の違いによる有利・不利をなくすため，総得点を偏差値換算して合否判定を行う。

※基礎テスト型は高得点１科目を1.5倍する。

【資格公募制入試】

・国語および選択１科目の２科目を解答し，高得点１科目を採用。

・対象となる取得資格を点数化（配点：100点）し，基礎学力テスト・調査書との総得点で選考する。

■英語■

（2科目90分）

◆各小問の配点

大　問	配　点
Ⅰ	各2点
Ⅱ	各2点
Ⅲ	各2点
Ⅳ	各3点
Ⅴ	各3点
Ⅵ	各3点

Ⅰ. 次の各英文の（　）に入れるのに最も適当なものを一つ選びなさい。

(1) A: How much does it (　　　) to have this computer fixed?

B: Well, 120 dollars including taxes and service fees.

(a) costed　(b) cost　(c) costing

(2) (　　　) his song wasn't nominated for this year's Grammy Awards disappointed me.

(a) That　(b) Who　(c) If

(3) Shota has three brothers. Although he is not the tallest in his family, he can run (　　　) of the four.

(a) the fastest　(b) faster　(c) faster than

(4) I'm worried about my friends in Poland. I can't help (　　　) how they are doing these days.

(a) to wonder　(b) wonder　(c) wondering

(5) Customer: This coat is too expensive for me. Do you have a cheaper (　　　)?

Salesclerk: How about this? I'm sure it looks good on you.

(a) it　(b) one　(c) ones

(6) We have enough (　　　) to prove him innocent.

(a) an evidence　(b) evidence　(c) to evidence

(7) A: I have never been to Brazil.

B: (　　　). I want to go there someday.

(a) So have I　(b) So do I　(c) Neither have I

(8) (　　) to this e-mail is a copy of the photograph that you may be looking for.

(a) Attached　　(b) Attaching　　(c) To attach

(9) Tom was reading a book to put his daughter to sleep. However, the story was so sad that it made her (　　).

(a) cried　　(b) to cry　　(c) cry

(10) She has become the most successful business woman, but she is as modest as (　　).

(a) ever　　(b) since　　(c) yet

Ⅱ. 次の会話文中の (　　) に入れるのに最も適当なものを一つ選びなさい。

(1) Son: Mom, I made a birthday dinner for you.

Mother: Wow, Masato! It smells so good. (　　　　)?

Son: Well, Dad helped me with the tempura, but I did everything else.

(a) Can you help me prepare dinner
(b) Did you cook yourself
(c) Has Dad already eaten

(2) A: Sorry that I couldn't answer the phone the day before yesterday.

B: No worries. What were you doing?

A: I went to the doctor because I wasn't feeling well.

B: (　　　　). Are you OK now?

(a) I wish I could
(b) I'm sorry to hear that
(c) Way to go

(3) A: Hello. This is Shodai bookstore. How can I help you?

B: I'd like to know what time you open tomorrow.

A: (　　　　　　　　　). We open at 9 the rest of the week.

(a) We are open 24 hours a day, seven days a week

(b) I'm afraid we are closed tomorrow

(c) We opened in 1968

(4) A: Are you looking for someone?

B: Yes, I'm looking for Professor Zilker's office.

A: (　　　　　　　　　).

B: Really? I thought his office was in this building.

(a) His office is in the building across the street

(b) I haven't seen him today

(c) Go straight down the hall, and you'll see it on your right

(5) A: I'm so sorry to have kept you waiting.

B: No problem at all. Here comes our train.

A: (　　　　　　　　　)?

B: At three. We have plenty of time.

(a) What time does the game start

(b) How much is the fare

(c) How many people are coming with us

Ⅲ. 次の各英文の（　　）に入れるのに最も適当なものを一つ選びなさい。

(1) Pat had been thinking about how she could solve the issue for a few months. But she couldn't (　　) up with a good idea.

(a) make　(b) give　(c) come

(2) A: Chandler spilled tea on my pants today.

B: I'm sure he didn't do it (　　) purpose.

(a) on　(b) for　(c) to

(3) NPOs (　　) a critical role in fighting global poverty and creating jobs in developing countries.

(a) push　(b) make　(c) play

(4) A: Hurry up. We are going to be late.

B: Come on. I can't do (　　) coffee.

(a) without　(b) nothing but　(c) any like

(5) The famous actor enjoyed the good times throughout his life and passed (　　) at the age of 100.

(a) down　(b) away　(c) through

Ⅳ. 次の各英文の空欄を補うようにA～Dの語句を並べ替えた場合、最も適当な順番となるものを(a)～(c)から一つ選びなさい。ただし、文頭に来るべき語も小文字で始めています。

(1) この本は最もつまらなかった。

This book was ＿＿ ＿＿ ＿＿ ＿＿.

A. the least　B. interesting　C. all　D. of

(a) C－D－A－B　(b) B－D－C－A　(c) A－B－D－C

(2) 残念ながら部屋は全室予約済みで、今晩利用できる唯一の部屋はここだけです。

Unfortunately, all rooms are fully booked and this is ＿＿ ＿＿ ＿＿ ＿＿ tonight.

A. available　B. only　C. room　D. the

(a) A－C－D－B　(b) D－A－C－B　(c) D－B－C－A

(3) 上司は私の考えが気に入らないとはっきり伝えた。

The boss made ＿＿ ＿＿ ＿＿ ＿＿ that she did not like my idea.

A. clear　B. it　C. me　D. to

(a) B－A－D－C　(b) C－D－A－B　(c) A－B－D－C

(4) あなたに話していた彼もその映画が好きです。

＿＿ ＿＿ ＿＿ ＿＿ also likes the movie.

A. the guy　B. I told　C. about　D. you

(a) B－D－C－A　(b) A－B－D－C　(c) B－C－A－D

(5) そんな高価な健康食品を摂取しても無駄です。

It ＿＿ ＿＿ ＿＿ ＿＿ such an expensive health food.

A. taking　B. no　C. is　D. use

(a) C－B－D－A　(b) C－A－D－B　(c) D－B－A－C

V. 次の各英文の訳として最も適当なものを一つ選びなさい。

(1) Hearing the story of his life, everyone burst into laughter.

(a) 彼の人生談を聞いて、みなどっと笑い出した。

(b) 彼の一世一代の告白は、みなをしらけさせた。

(c) 彼の強烈な身の上話を聞いた人たちは、一斉に号泣した。

(2) The cancer survivor must be the happiest man alive.

(a) ガンを完治するためには、幸せに生きなければならない。

(b) ガンを克服した彼は、この世で最も幸せに違いない。

(c) ガンの治療が成功すれば、生存することができるだろう。

(3) No other student in her class can speak Chinese better than Sayaka.

(a) サヤカはクラスで最も中国語を上手に話せる。

(b) サヤカ以外のどの学生も中国語を話せない。

(c) サヤカのクラスの学生たちは、サヤカよりも上手に中国語を話せる。

(4) You cannot be too careful in choosing a partner for life.

(a) 配偶者の選択にそれほど慎重になるべきではない。

(b) あなたは人生のパートナー探しに注意深くなるに違いない。

(c) 結婚相手を選ぶには念には念を入れたほうがよい。

(5) It will take not less than one year to repair the empty house.

(a) その空き家の修繕には1年もかからないだろう。

(b) その家には1年以内に次の人が住むだろう。

(c) その空き家を直すには、少なくとも1年はかかるだろう。

VI. 次の英文を読み、後に続く各設問に対する最も適当な答えを一つずつ選びなさい。

When Steve Jobs announced the first iPhone in 2007, he introduced it as a device that combined three things: a mobile phone, and iPod portable media player, and an Internet browser.

The original iPhone had a camera of course, but it only seemed to be a minor feature of the device.

These days, things① have changed. When people get a new iPhone or any smartphone, what they want most is a really good (②).

The good news is that smartphone cameras are now, in fact, the best cameras. There are several reasons for this.

First, think of the way we take photos with a smartphone. We do not look through a viewfinder and press buttons—we just look at the big screen and touch it to take a shot. We can easily compose wonderful photos in this way.

Second, the lenses. In the past, these were a problem for smartphones. A bigger lens takes better pictures, but smartphone lenses are tiny. Fortunately, this has now been solved③. The latest smartphones have two or even three lenses. Data is combined from the lenses to make beautiful pictures.

(④), smartphone camera apps are excellent. They make it super easy to take and share nice pictures.

But the best thing about a smartphone camera is that it is always in your pocket. A big camera will often be left at home. As people say, the best camera is the one you have with you.

(Lynch, J., Yamamoto, A., & Watanabe, K., *READ ON, THINK ON* [Ultra-basic Level], 三修社)

(注) apps：アプリ

(1) 下線部①は何を指すか。最も適当なものを選びなさい。

(a) 2007年に追加されたiPhoneの機能

(b) スマートフォンにおけるカメラの役割

(c) 人々が必要とするアプリの種類

(2) (②) に入る語として最も適当なものを選びなさい。

(a) **camera**

(b) **sound**

(c) **deal**

(3) 下線部③から読み取れる内容として最も適当なものを選びなさい。

(a) 新しいスマートフォンでは、大きなレンズを搭載することが可能になった。

(b) 複数のレンズを用いれば、きれいな写真を撮れるようになった。

(c) 昔のスマートフォンは、スクリーンが小さすぎた。

(4) (④) に入る語・語句として最も適当なものを選びなさい。

(a) **On the one hand**

(b) **Third**

(c) **In contrast**

(5) 本文の内容と一致するものを選びなさい。

(a) 世界で初めてカメラ付きスマートフォンを開発したのは、スティーブ・ジョブズである。

(b) スマートフォンに搭載されているカメラでは、プロのようなきれいな写真は撮れない。

(c) 携帯性の高さがスマートフォンカメラの最大の利点である。

Have you ever heard of Black Friday? In the U.S., Thanksgiving Day is a national holiday that is celebrated annually on the fourth Thursday of November. Most people don't go to work the next day (Friday), which gives them a long weekend. It soon became the custom for people to go shopping during this time. They thought that it was a great opportunity to buy Christmas presents before the items sold out or the prices went up.

Eventually, the Friday after Thanksgiving became one of the most profitable days for department stores and malls. But there were so many shoppers that the areas around shopping centers became more and more crowded. This caused many traffic jams. Once inside the stores, shoppers also fought over the items they wanted to buy. Because of all these problems, police began calling this day "Black Friday."

Many people still shop for bargains on Black Friday. There are also still many problems with large crowds and angry shoppers. That's (　　) these days, many companies offer good deals to customers online so shoppers can avoid these problems. These usually start on the Monday after the weekend. This day is now called "Cyber Monday."

(Arao, A., Mihara, K., Miwa, Y., & Kimura, H., *Answers to Everyday Questions 2*，南雲堂)

(注) annually：毎年、一年ごとに

(6) 本文によると、Black Fridayとは、いつのことを指すか。

(a) 11月4日木曜日

(b) Thanksgivingの次の日

(c) Christmasの前の週

(7) Thanksgiving Dayの後に多くの人々がショッピングする習慣が始まった理由は何か。本文の内容と一致しないものを選びなさい。

(a) クリスマスプレゼント用の品物を在庫処分する必要があったから

(b) 多くの人が仕事を休んでいたから

(c) この時期以降になると値上がりすることがあったから

(8) 本文によると、Black Fridayと呼び始めたのは誰か。

(a) 警察

(b) 消費者

(c) 百貨店やショッピングモール

(9) (　　　)に入る語として最も適当なものを選びなさい。

(a) when

(b) if

(c) why

(10) Cyber Mondayはいつ始まることが多いか。

(a) Christmasの次の月曜日

(b) Thanksgiving Dayの4日後

(c) Black Fridayの一週間前

日本史

（2 科目 90 分）

◆各小問の配点

大　問	小　問	配　点
Ⅰ	①③⑤⑦⑨	各 2 点
	②④⑥⑧⑩	各 3 点
Ⅱ	①③⑤⑦⑨	各 2 点
	②④⑥⑧⑩	各 3 点
Ⅲ	①③⑤⑦⑨	各 2 点
	②④⑥⑧⑩	各 3 点
Ⅳ	①③⑤⑦⑨	各 2 点
	②④⑥⑧⑩	各 3 点

Ⅰ　次の文章を読んで、空欄 [①] ～ [⑩] に最適な語句を、下の語群から選び、解答欄の記号をマークしなさい。

8世紀の初めは、皇族や中央の有力貴族間で勢力が比較的均衡に保たれる中、[①] を中心に律令制度の確立がはかられた。[①] は、娘の宮子を文武天皇に嫁がせ、その子の皇太子(のち聖武天皇)にも娘の [②] を嫁がせて天皇家と密接な関係を築いた。

[①] が死去すると、皇族の [③] が右大臣となり政権を握ったが、[①] の子である4兄弟の策謀によって自殺においこまれた。しかし、4兄弟も天然痘によって病死し、藤原氏の勢力は一時後退した。かわって皇族出身の [④] が政権を握り、唐から帰国した [⑤] や玄昉が活躍した。740年には [⑥] が [⑤] や玄昉らの排除を求めて九州で大規模な反乱をおこしたが鎮圧された。

こうした政治情勢や飢饉・疫病などの社会的不安のもと、聖武天皇は仏教の持つ [⑦] の思想によって国家の安定をはかろうとし、741年に [⑧] 建立の詔を、743年には近江の紫香楽宮で [⑨] を出した。その後、752年、聖武天皇の娘である [⑩] の時に、開眼供養の儀式が盛大におこなわれた。

[語　群]

(a) 薬　子	(b) 藤原不比等	(c) 本地垂迹説	(d) 国分寺
(e) 藤原武智麻呂	(f) 改新の詔	(g) 吉備真備	(h) 橘諸兄
(i) 清和天皇	(j) 光明子	(k) 孝謙天皇	(l) 唐招提寺
(m) 長屋王	(n) 大仏造立の詔	(o) 藤原房前	(p) 犬上御田鍬
(q) 早良親王	(r) 鎮護国家	(s) 橘奈良麻呂	(t) 藤原広嗣

Ⅱ　次の文章を読んで、空欄 ① ～ ⑩ にあてはまる最適な語句を、下の語群から選び、解答欄の記号をマークしなさい。

室町時代には、民衆の地位の向上により、武家や公家だけでなく、民衆が参加し楽しむ文化も生まれた。当時、茶や連歌の寄合は民衆のあいだでも多くもよおされていたが、観阿弥・世阿弥が完成させた ① も上流社会に愛好されたもののほか、より素朴で娯楽性の強いものが各地の祭礼などでさかんに演じられた。 ① のあいだに演じられるようになった風刺性の強い喜劇である ② は、その題材を民衆の生活などに求め、せりふも日常の会話が用いられたので、とくに民衆にもてはやされた。庶民に愛好された芸能として、このほかに幸若舞・古浄瑠璃・小歌などがあり、小歌の歌集として ③ が編集された。また、民衆に好まれた物語に ④ があった。 ④ は絵の余白に当時の話し言葉で書かれている形式のものが多く、読物としてだけでなく絵をみて楽しむことができた。

連歌は ⑤ を上の句と下の句にわけ、一座の人びとがつぎつぎに句を継いでいく共同作品である。南北朝時代に出た二条良基は『菟玖波集』を撰し、連歌の規則書として ⑥ を制定した。さらに応仁の頃に宗祇が出て ⑦ を確立し、『新撰菟玖波集』を撰した。これに対し ⑧ はより自由な気風をもつ『犬筑波集』を編集した。連歌は、これを職業とする連歌師が各地を遍歴し、普及につとめたので、地方でも大名・武士・民衆のあいだに広く流行した。

今日なお各地で行われている ⑨ も、この時代からさかんになった。祭礼や正月・盆などに、都市や農村で種々の意匠をこらした飾り物がつくられ、華やかな姿をした人びとが踊る風流がおこなわれていたが、この風流と ⑩ が結びついて、しだいに ⑨ として定着した。これらの民衆芸能は、多くの人びとが共同でおこない、楽しむことが一つの特色であった。

[語　群]

(a)　盆踊り	(b)　大　歌	(c)　狂　言	(d)　浮世草子
(e)　川　柳	(f)　宗　鑑	(g)　『閑吟集』	(h)　御伽草子
(i)　能	(j)　かぶき踊り	(k)　『風姿花伝』	(l)　『古今著聞集』
(m)　俳諧連歌	(n)　曲　舞	(o)　池坊専慶	(p)　往来物
(q)　『応安新式』	(r)　正風連歌	(s)　念仏踊り	(t)　和　歌

Ⅲ　次の文章を読んで、空欄 ① ～ ⑩ にあてはまる最適な語句を、下の語群から選び、解答欄の記号をマークしなさい。

9代将軍徳川 ① を経て、10代将軍徳川 ② の時代になると、 ③ 年に側用人から老中となった ④ が十数年間にわたり実権を握った。 ④ は都市や農村の商人・職人が結成した団体に営業の独占権を与えて ⑤ として広く公認し、運上や冥加などの営業税の増収をめざした。

さらに ④ は、商人の力を借りて印旛沼・ ⑥ の大規模な干拓工事を始めた。また仙台藩の医師 ⑦ の意見(『赤蝦夷風説考』)を取り入れ、 ⑧ らを蝦夷地に派遣して、その開発などの可能性を調査させた。

朝廷では、復古派の公家たちと ⑨ が、摂家によって処分される宝暦事件が ⑩ 年におこった。また、後桃園天皇の急死(1779年)後、閑院宮家から迎えられた光格天皇が即位した。

［語　群］

(a) 琵琶湖	(b) 竹内式部	(c) 最上徳内	(d) 新井白石
(e) 1742	(f) 1758	(g) 秀　忠	(h) 田沼意次
(i) 1789	(j) 家　光	(k) 家　治	(l) 古河市兵衛
(m) 株仲間	(n) 1772	(o) 比企能員	(p) 平沼騏一郎
(q) 家　重	(r) 手賀沼	(s) 工藤平助	(t) 座

Ⅳ　次の文章を読んで、空欄 ① ～ ⑩ に最適な語句を、下の語群から選び、解答欄の記号をマークしなさい。

明治政府は1882年に ① らをヨーロッパに派遣して憲法調査に当たらせた。 ① はベルリン大学のグナイスト、ウィーン大学の ② らから主としてドイツ流の憲法理論を学び、翌年に帰国して憲法制定・国会開設の準備を進めた。

1884年に ③ を定め、将来の貴族院の土台をつくった。ついで1885年には太政官制を廃して ④ を制定した。初代内閣総理大臣の ① は同時に宮内大臣を兼任したが、制度的には府中と宮中の区別が明らかとなった。

政府の憲法草案作成作業はドイツ人顧問 ⑤ らの助言を得て、 ① を中心に ⑥ ・伊東巳代治・金子堅太郎らが起草に当たった。この草案は、天皇臨席のもとに ⑦ で審議が重ねられ、 ⑧ 年２月11日、大日本帝国憲法が発布された。帝国憲法は天皇が定めて国民に与える ⑨ であり、天皇と行政府にきわめて強い権限が与えられた。天皇は統治権のすべてを握る総攬者であり、宣戦・講和や条約の締結など議会の関与できない大きな権限をもっていた。また、陸海軍の ⑩ は、内閣からも独立して天皇に直属していた。

[語　群]

(a) 井上毅	(b) 枢密院	(c) 統帥権	(d) 1894
(e) 華族令	(f) 田中正造	(g) ロエスレル	(h) 阿部正弘
(i) 欽定憲法	(j) シュタイン	(k) 伊藤博文	(l) ベルツ
(m) 内閣制度	(n) 1889	(o) 統監府	(p) 民定憲法
(q) 防穀令	(r) 地方自治制	(s) ボアソナード	(t) 徴兵令

数学

（2科目90分）

◆各小問の配点

(1)〜(20)：各5点

問題文中の空欄 ア 〜 ト には，0〜9のいずれかの数字が入る。

空欄に当てはまる数字を解答用紙の解答欄**ア〜ト**にマークしなさい。ただし，設問に選択肢が設けられている場合は，空欄にあてはまる選択肢の番号をマークしなさい。なお，解答用紙のマーク欄㊉，㊀，㊍は使用しないので注意すること。

（1）　$(x-1)(x-3)(x+5)(x+7)=x^4+8x^3-$ ア $x^2-104x+105$ である。

（1）の**選択肢**

⓪　10　①　11　②　12　③　13　④　14

⑤　15　⑥　16　⑦　17　⑧　18　⑨　19

（2）　$x=a+3$，$a<3$ のとき，$\sqrt{x^2-12a}=$ イ である。

（2）の**選択肢**

⓪　a　①　$a-1$　②　$a-2$

③　$a-3$　④　$a-4$　⑤　$-a$

⑥　$-a+1$　⑦　$-a+2$　⑧　$-a+3$

⑨　$-a+4$

（3）　$x-\dfrac{1}{x}=2$ のとき，$x^2+\dfrac{1}{x^2}=$ ウ である。

(4) $-x+15 \leqq 4x \leqq x+a$ (aは実数定数) を満たす整数xがちょうど4個あるとき，aのとり得る値の範囲は，[エ] である。

(4)の**選択肢**

⓪ $15 \leqq a < 18$　① $16 \leqq a < 19$　② $17 \leqq a < 20$
③ $18 \leqq a < 21$　④ $19 \leqq a < 22$　⑤ $15 < a \leqq 18$
⑥ $16 < a \leqq 19$　⑦ $17 < a \leqq 20$　⑧ $18 < a \leqq 21$
⑨ $19 < a \leqq 22$

(5) 10点満点の小テストの10回の得点データが，

7，9，8，7，6，8，4，8，5，8 (単位は点)

のとき，第2四分位数は，[オ] 点である。

(5)の**選択肢**

⓪ 5　① 5.5　② 6　③ 6.5　④ 7
⑤ 7.5　⑥ 8　⑦ 8.5　⑧ 9　⑨ 9.5

(6) 2次関数 $y=x^2-6x+15$ のグラフの最小値は，[カ] である。

(7) 2次関数 $y=x^2+ax+b$ (a，bは実数定数) のグラフが2点 $(-3, 6)$，$(1, 6)$ を通るとき，$b=$ [キ] である。

(8) 2次関数 $y=x^2-8x+a$ (aは実数定数) のグラフが，$2 \leqq x \leqq 6$ で最大値 -7 をとるとき，$a=$ [ク] である。

(9)　2次関数 $y=-2x^2+ax-2$（a は実数定数）のグラフと x 軸との共有点の個数が2個であるとき，a は，$|a|>$ [ケ] を満たす。

(10)　2次関数 $y=x^2+ax+b$（a，b は実数定数）のグラフを，x 軸方向に3，y 軸方向に2だけ平行移動すると，$y=x^2$ のグラフと重なる。このとき，$b=$ [コ] である。

(11)　$\dfrac{\cos 37^\circ}{\sin 37^\circ}\div\tan 53^\circ=$ [サ] である。

(12)　$0^\circ \leqq \theta \leqq 180^\circ$，$\tan\theta=-\sqrt{15}$ のとき，$\cos\theta+\dfrac{9}{4}=$ [シ] である。

(13)　△ABC において，∠ABC＝60°，∠CAB＝45°，BC＝$2\sqrt{6}$ のとき，CA＝ [ス] である。

(14)　△ABC において，∠CAB＝60°，BC＝$\sqrt{7}$，CA＝2 のとき，AB＝ [セ] である。

(15)　△ABC において，外接円の半径が $\dfrac{7\sqrt{3}}{3}$ であり，

$\dfrac{\sin\angle \mathrm{CAB}}{5}=\dfrac{\sin\angle \mathrm{ABC}}{7}=\dfrac{\sin\angle \mathrm{BCA}}{8}$ が成立している。このとき，△ABC の面積は，[ソ] である。

(15)の選択肢

⓪ $5\sqrt{3}$	① $6\sqrt{3}$	② $7\sqrt{3}$	③ $8\sqrt{3}$	④ $9\sqrt{3}$
⑤ $10\sqrt{3}$	⑥ $11\sqrt{3}$	⑦ $12\sqrt{3}$	⑧ $13\sqrt{3}$	⑨ $14\sqrt{3}$

(16)　男5人と女4人の中から，男子3人と女子2人の合計5人の代表を選ぶ選び方は全部で，［タ］通りある。

(16)の選択肢

⓪ 35	① 40	② 45	③ 50	④ 55
⑤ 60	⑥ 65	⑦ 70	⑧ 75	⑨ 80

(17)　A, B, C, D, E, F, G, Hの8文字から5文字を選ぶとき，AとHがともに含まれるような選び方は全部で，［チ］通りある。

(17)の選択肢

⓪ 5	① 10	② 15	③ 20	④ 25
⑤ 30	⑥ 35	⑦ 40	⑧ 45	⑨ 50

(18)　男4人と女2人が円形のテーブルに向かって座るとき，女2人がとなりあう座り方は全部で，［ツ］通りある。

(18)の選択肢

⓪ 30	① 33	② 36	③ 39	④ 42
⑤ 45	⑥ 48	⑦ 51	⑧ 54	⑨ 55

(19)　1から100までの自然数がひとつずつ書いてある100枚のカード[1]，[2]，[3]，…，[100]がある。この中から無作為に1枚のカードを選ぶとき，カードに書かれている自然数が4の倍数，または6の倍数である確率は，[テ]である。

(19)の**選択肢**

⓪ $\frac{3}{10}$　① $\frac{31}{100}$　② $\frac{8}{25}$　③ $\frac{33}{100}$　④ $\frac{17}{50}$

⑤ $\frac{7}{20}$　⑥ $\frac{9}{25}$　⑦ $\frac{37}{100}$　⑧ $\frac{19}{50}$　⑨ $\frac{39}{100}$

(20)　10本のくじの中に当たりくじが3本入っている。最初にAがこのくじから無作為に2本のくじを同時に引き，次にBが無作為に2本のくじを同時に引く。Aが引いたくじを元に戻さないとき，Bが引くくじのうち，1本だけが当たりくじである確率は，[ト]である。

(20)の**選択肢**

⓪ $\frac{1}{3}$　① $\frac{11}{30}$　② $\frac{2}{5}$　③ $\frac{13}{30}$　④ $\frac{7}{15}$

⑤ $\frac{1}{2}$　⑥ $\frac{8}{15}$　⑦ $\frac{17}{30}$　⑧ $\frac{3}{5}$　⑨ $\frac{19}{30}$

〔四〕次の各言葉の読みとして最も適当なものをa～dから一つずつ選びなさい。

㉖ 明明後日
a あさって　b ささって　c やさって　d しあさって

㉗ 羊歯
a しだ　b つた　c こけ　d かび

㉘ 山羊
a くま　b やぎ　c ひつじ　d いのしし

㉙ 土筆
a ぜんまい　b ふき　c きのこ　d つくし

㉚ 法度
a のりと　b はっと　c のりど　d ほっと

〔三〕　次の各四字熟語の空欄に入る数字の合計をa～dから一つずつ選びなさい。

㉑　□寒□温

a　3　　b　5　　c　7　　d　9

㉒　□書□経

a　3　　b　5　　c　7　　d　9

㉓　朝□暮□

a　3　　b　5　　c　7　　d　9

㉔　□束□文

a　3　　b　5　　c　7　　d　9

㉕　□石□鳥

a　3　　b　5　　c　7　　d　9

⑲　雨降って地固まる

a　雨垂れ石をうがつ

b　空き樽《だる》は音が高い

c　禍を転じて福と為す

d　井の中の蛙《かわず》大海を知らず

⑳　貧すれば鈍する

a　衣食足りて礼節を知る

b　稼ぐに追いつく貧乏なし

c　神は非礼を享けず

d　天高く馬肥ゆる秋

〔二〕次のことわざや慣用句と類似の意味をもつものとして最も適当なものをa～dから一つずつ選びなさい。

⑯ 捨てる神あれば拾う神あり
a 渡る世間に鬼はなし
b 笑う門には福来る
c 来年の事を言えば鬼が笑う
d 人を見たら泥棒と思え

⑰ 泣きっ面に蜂
a 二度あることは三度ある
b 虻《あぶ》蜂取らず
c 二兎《と》を追う者は一兎をも得ず
d 傷口に塩を塗る

⑱ 石の上にも三年
a 待てば海路の日和あり
b 石が流れて木の葉が沈む
c 石橋を叩いて渡る
d 仏の顔も三度

⑫ 傍線部12の漢字として最も適当なものをa～dから一つ選びなさい。

a 気風　b 気封　c 機風　d 機封

⑬ 傍線部13の意味として最も適当なものをa～dから一つ選びなさい。

a 忘れること

b なおざりにすること

c 批判すること

d 壊すこと

⑭ 傍線部14の読みとして最も適当なものをa～dから一つ選びなさい。

a うら　b うれ　c なげ　d なや

⑮ 傍線部15の理由として最も適当なものをa～dから一つ選びなさい。

a 漱石なら推薦図書制度は型にはまった本だけを評価すると考えるから。

b 漱石なら推薦図書制度は苦労して書いた本を評価しないと考えるから。

c 漱石なら推薦図書制度は良い伝記を生み出さないと考えるから。

d 漱石なら推薦図書制度は有害な制度だと考えるから。

⑧　傍線部8の同義語として最も適当なものをa～dから一つ選びなさい。

a　残念　　b　無心　　c　諦念　　d　感嘆

⑨　傍線部9の漢字として最も適当なものをa～dから一つ選びなさい。

a　格子　　b　骨枝　　c　格戸　　d　骨子

⑩　傍線部10の意味として最も適当なものをa～dから一つ選びなさい。

a　書物は苦労して書くことが重要である。

b　書物は年季の入った作者が書くことが重要である。

c　書物は何らかの異色を有することが重要である。

d　書物は何らかの疵《きず》があることが重要である。

⑪　傍線部11の意味として最も適当なものをa～dから一つ選びなさい。

a　物事が変化する様子

b　物事の失敗の理由

c　物事の原因となった事実

d　物事の抱える問題点

② 傍線部2の読みとして最も適当なものをa～dから一つ選びなさい。

a はい　b こう　c けい　d へい

③ 傍線部3の漢字として最も適当なものをa～dから一つ選びなさい。

a 無　b 不　c 部　d 武

④ 傍線部4を言い換えたものとして最も適当なものをa～dから一つ選びなさい。

a 実質的　b 没個性的　c 可逆的　d 普遍的

⑤ 空欄 5 に入る最も適当なものをa～dから一つ選びなさい。

a 突然　b 無闇　c 都度　d 次第

⑥ 傍線部6の漢字として最も適当なものをa～dから一つ選びなさい。

a 公使　b 駆士　c 駆使　d 公士

⑦ 傍線部7の読みとして最も適当なものをa～dから一つ選びなさい。

a しる　b あらわ　c しょ　d ちょ

じていても、それが気附かれずに、他の凡書並に取扱われてしまう状態にある。これは良書のために歎《なげ》かわしいことである。一の良書を活《い》かすために、百の凡書の出現を防ぐべきである。しかしそのことがなかなか思うように行かないらしい。伝記書類の推薦に対しては、私は更に水準を高める必要があろうと思っている。

ここまで書いて来て私は、往年夏目漱石《なつめそうせき》が学位を辞退した時に発表した「博士問題の11成行」と題する一文中の一節を思出した。それは即ち次の如くである。「博士制度は学問奨励の具として、政府から見れば有効に違いない。けれども一国の学者を挙げて悉《ことごと》く博士たらんがために学問をするというような12キフウを養成したり、または左様《そう》思われるほどにも極端な傾向を帯びて、学者が行動するのは、国家から見ても弊害の多いのは知れている。余は博士制度を破壊しなければならんとまでは考えない。しかし博士でなければ学者でないように、世間を思わせるほど博士に価値を賦与したならば、学問は少数の博士の専有物となって、僅《わず》かな学者的貴族が、学権を掌握し尽すに至ると共に、選に漏れたる他は全く一般から13閑却されるの結果として、厭《いと》うべき弊害の続出せん事を余は切に14憂うるものである。」

漱石の生前に良書推薦の制度が実施せられて、漱石の著書もその内に加えられたら、15少くとも漱石は渋面を作ったであろうと思われる。私は良書の推薦を頭から非難しようとはしないが、漱石がかような言説を発表していることには、参考に資せらるであろうと思うのである。

（森銑三・柴田宵曲『書物』による）

① 傍線部1の漢字として最も適当なものをa～dから一つ選びなさい。

a　格弾　　b　格段　　c　角段　　d　角弾

その推薦せられたものを見ると、その著者にはこれまで人物の研究家として、どれほどの年季を入れて、どれほど苦労をして来たか、そうしたことの一向に分らぬ人が多い。私には分らなくても、事実骨を折って書いているならばまだよいが、その題目はというと、これまでにもう研究が進められていて、一通りの事実ならばわけなく書かれる人物が多い。題目を一見しただけで、種本《たねほん》は何を使っているのだろうと見通しが附く。そこでそうした書物は、たとい推薦にはなっていても、特に一閲しようという気持も起らず、ついそれなりにしてしまう。推薦図書に依って教えられて、よい伝記書の出版せられたことを知ったという経験は 8 遺憾にしてまだ一度もない。

伝記は創作ではないのであるから、過去の文献に拠《よ》るのは当然のことであり、先人の研究を 9 コッシとして叙述するのも許されることであろうが、ただ一、二の成書を種本として、安易に書上げたというだけの伝記書類のあまりに多いのには顰蹙《ひんしゅく》せしめられる。そして何々に拠ったということを判然断《ことわ》っているならばまだしものこと、苦心して根本的な資料を蒐集《しゅうしゅう》して作上《つくりあ》げたかのように標榜《ひょうぼう》したりしている書物のあるのなどはどういうものかと思う。先輩に対しては礼を失し、一般の読者に対してはこれを瞞着《まんちゃく》しているものともいうことが出来よう。さような著書の内容に人を動かす力などのないことは分り切った話であるが、そうした安易に成った書物が存外多い。少くも私の注意している伝記書類にはそれが多い。それだけのことが明言せられようと思う。

そしてそうした何らの特異性もない書物の濫出を防ぐのには、企画届に主なる参考資料を明記せしめることにすべきだと思う。そうすれば、その拠っている文献だけを一瞥《いちべつ》しても、著者の力量はほぼ判定せられるであろう。この一事は前にも主張して見たことがあったが、これも遺憾にして実行せられるに到らない。

10 書物は個性を重んずる。そのくせ伝記書類には、何らの個性をも有せざる凡書が、ただ一時的な流行の波に乗って、市場へつぎつぎと送り出されている。そしてあまりに凡書ばかりが多過ぎるために、たまたまそれらの内にほんとうによいものが混

〔一〕 次の文を読んであとの設問に答えなさい。

世の中に絶対的な善人も絶対的な悪人も存しないのと同じく、書物にも絶対的な良書、絶対的な不良書というものはない。知名の人々や研究団体で推薦になった書物も難癖《なんくせ》を附けようと思えば、何とでも附けられる。推薦に洩《も》れた書物にも認めようと思えば幾らでも認められるものがある。推薦図書を定めるということはむつかしい。その上に推薦に入った書物と、推薦に洩れた書物との間に1カクダンの距離があるように思い込ませるようになっては、そこに多少の2弊害ともいうべきものが生じはすまいかと思われる。

それから団体の推薦図書も、実際は何人かの委員に依って選定せられるにせよ、それが団体の名で発表せらるるところから、勢い大事を取ることとなる。その結果、異色はあっても一方に疵《きず》のあるものは棄《す》てられて、3ブ難なものばかりが採られることとなる。時には4可もなく不可もないようなものが選に入ったりする。そのために長い間には、推薦図書にはかえって魅力に乏しいものばかりが列ぶことにもなり、推薦図書に対する一般読者の関心も、[5]に薄れて行きはせぬかとも危ぶまれる。荻生徂徠《おぎゅうそらい》は、人材は疵物でござるといっている。そしてその疵物を自由に6クシするのが名君でござるともいっている。徂徠のいわゆる人材に当て嵌《はま》るものが、書物の内にもあるわけである。そうした疵は疵として、その書物を活用し得る人が真の読書家であろう。疵のある書物もその長所は大いにこれを認めたいと思うが、役所の仕事としては、それをしにくい悩《なやみ》があるのであろう。それで私は、出版界を向上せしめるためには、一方に厳正な書評を盛にせしめなくてはなるまいと思っている。そのことはなお項を改めていおう。

私は自分の好みに依って書物を見ようとする流儀で、推薦図書の発表にもそれほど留意していないが、伝記書類には特別の関心を持っているところから、どのような人の7著した、どのような伝記が推薦になるか、その点に興味を有している。しかし

国語

（二科目九〇分）

◆各小問の配点

大問	小問	配点
一	①～⑩	各四点
	⑪～⑮	各三点
二	⑯～⑳	各三点
三	㉑～㉕	各三点
四	㉖～㉚	各三点

解答編

英語

I　**解答**　(1)―(b)　(2)―(a)　(3)―(a)　(4)―(c)　(5)―(b)　(6)―(b)
(7)―(c)　(8)―(a)　(9)―(c)　(10)―(a)

解説　(1)「～するには，いくらかかりますか」という文を作る。How much does it と助動詞を伴うので動詞は原形となる。

(2)文頭に that を使用する名詞節の用法である。「彼の歌が今年のグラミー賞にノミネートされなかったということは私を落胆させた」という意味になる。

(3)of the four「その4人の中で」という意味なので，4人中一番速いことを the fastest で表す。

(4)cannot help *doing*「～せずにいられない」

(5)one は不定代名詞で，既出の名詞の代わりに使われる。このことから Do you have a cheaper one? は，「より安価なコートはありますか？」という意味になる。

(6)have enough *A* to *do* で「～するのに十分な *A* を持っている」という意味。to 不定詞なので，動詞は原形である。evidence「証拠」 prove「証明する」 innocent「無実な」

(7)「ブラジルに行ったことが一度もない」という A に対し，B は「いつかそこに行きたい」と言っているので，「私も」という意味の発言がふさわしい。Neither have I. は，「私もまた～したことはない」という意味で，前文の否定の内容を繰り返し強調するために使われる。前文が肯定文の場合は So do I.「私もまた～である」や So have I.「私もまた～したことがある」となる。

(8)この文の主語は a copy of the photograph であり，e-mail に「添付された」という受動の状態であるため，過去分詞形の(a) Attached が適切である。

⑼it 以降が SVOC の文型となる。make O C で「O（人・物）を C（の状態）にする」を表す。ここでは，it made her cry「それ（寝かしつけるために読んだ物語）が彼女（娘）を泣かせた」となる。

⑽「一番成功したビジネスウーマンになったのに，彼女は謙虚だ」に合う表現を選ぶ。したがって(a)ever を入れて as ever「相変わらず，いつものように」が適切である。(b)since は前置詞や接続詞として使われるので，as の後に使われることはない。(c)as yet の意味は，「まだ～していない」で，ある状況が現在時点まで続いていることを示す。

II　解答　(1)―(b)　(2)―(b)　(3)―(b)　(4)―(a)　(5)―(a)

解説　(1)「お母さん，お母さんのために誕生日の夕食を作ったよ」と言う息子に対し，母が「まぁ，マサト！　とてもいい匂いがする」と言った後の質問にふさわしいものを選ぶ。直後に息子は「えっと，お父さんが天ぷらを手伝ってくれたけれど，ほかは全部自分でしたよ」と言うことから，(b)「1人で料理したの？」が適切である。(a)「夕食を作る手伝いをしてくれる？」，(c)「お父さんはもう食べたの？」

(2)「気分が良くなかったから，医者に行ったよ」という A に対する B の発言を選ぶ。直後に，「今は大丈夫なの？」と言うことから，(b)「お気の毒に」が適切である。(a)「できればいいんですけどね」，(c)「よくやった」

(3)「明日何時に開店するか知りたいです」という B に対する A の発言を選ぶ。直後に「それ以外の日は 9 時に開店します」とあることから，(b)「明日は残念ながらお休みです」が適当である。(a)「24 時間，週 7 日営業しています」，(c)「1968 年に開店しました」 the rest of ～「残りの～」

(4)「はい，ジルカー教授の研究室を探しています」という B に対する A の発言を選ぶ。B は「本当ですか？　教授の研究室はこの建物にあると思っていました」とあることから，(a)「彼の研究室は向かい側の建物にありますよ」が適切である。(b)「今日彼を見かけていません」，(c)「ホールをまっすぐ進むと，右手に見えてきます」 across the street「(道路を挟んで) 向こう側の」

(5)B の回答「3時だよ。時間はたくさんあるよ」から，時間を聞いている(a)「試合は何時から始まりますか？」が適切である。(b)「運賃はいくらですか？」，(c)「何人一緒に来るの？」

Ⅲ 解答

(1)—(c)　(2)—(a)　(3)—(c)　(4)—(a)　(5)—(b)

解説　(1)「良いアイデアを思いつかなかった」という意味にするため(c)が適切である。come up with～「～を思いつく」 make up with～「～を埋め合わせる」 give up on～「～を諦める」

(2)on purpose「故意に，意図的に」が適切。何かを計画的に行う，あえて特定の行動をとることを表現するために使われる。

(3)play a role in～は，「～において役割を果たす」という意味で，NPOがinの後の事項において役割を果たす，という文意が成立する。

(4)do without～は，「～なしでやっていく」という意味である。ここでは，「コーヒーなしではやっていけない」となる。

(5)pass awayは「逝去する」という意味である。at the age of 100「100歳で」

Ⅳ 解答

(1)—(c)　(2)—(c)　(3)—(a)　(4)—(b)　(5)—(a)

解説　(1)「最もつまらない」はthe least interesting，「すべての中で」はof allと表現することができるので，This book was the least interesting of all.となる。

(2)-ableや-ibleで終わる形容詞が名詞の後にくる場合，その名詞の一時的な性質を表す。availableをroomの後ろに持ってくることで，現時点で利用可能な状態であることを表す。よって，Unfortunately, all rooms are fully booked and this is the only room available tonight.となる。

(3)make O Cで「OをC（の状態）にする」という意味になるので，make it clear to me「私に対して（itを）明らかにする」となる。よって，The boss made it clear to me that she did not like my idea.となる。

(4)最初にthe guyを入れて，先行詞とすると，後にSVがあるので目的格の用法となり，関係代名詞who/thatが省略できる。よって，The guy I told you about also likes the movie.となる。

(5)no use *doing*は「～しても無駄である」という意味になるので，It is

no use taking such an expensive health food. となる。

V 解答

(1)―(a)　(2)―(b)　(3)―(a)　(4)―(c)　(5)―(c)

解説　(1)burst into ～「突然～の状態になる，突然～しはじめる」いう意味になる熟語表現。

(2)must be ～「～に違いない」は，かなり高い確信を表す must の用法である。

(3)no other *A*「他の *A*（名詞）は～ない」 他の生徒でサヤカ以上に中国語を上手に話すことができる生徒はいないので，(a)が適切である。

(4)cannot be too＋形容詞「いくら～であっても…すぎることはない」で，cannot be too careful は「いくら注意してもしすぎることはない」という意味になる。

(5)not less than ～は at least「少なくとも」と同じ意味を表すので(c)が適切である。

VI 解答

(1)―(b)　(2)―(a)　(3)―(b)　(4)―(b)　(5)―(c)
(6)―(b)　(7)―(a)　(8)―(a)　(9)―(c)　(10)―(b)

解説　≪iPhone のカメラ≫

(1)下線部① things は，第 2 段（The original …）では，「もともと iPhone にもカメラがついていたが，マイナーな機能のようだった」と記述されていることから(b)が適切である。

(2)第 2 段（The original …）・4 段（The good news …）でもスマホのカメラについて言及されているので，(a)が適切である。

(3)下線部③直後の 2 文（The latest smartphones … beautiful pictures.）で「スマホは 2 個か 3 個のレンズを装備し，きれいな写真を生成するためにデータはそれらのレンズから統合される」と記述されているので(b)と合致する。

(4)第 4 段最終文（There are …）でスマホのカメラがベストであるいくつかの理由を，第 5 段で First，第 6 段で Second という語からそれぞれ始めて述べているので，第 7 段の冒頭部④には三番目の理由を説明するため Third を入れるのが適切である。(a)も(c)も対比の意味を述べることになるので，第7段の内容からは不適切である。

⑸(a)本文中に初代のiPhoneを紹介したのはスティーブ＝ジョブズだと記載されているが，彼がカメラ付きスマートフォンを開発したとは記載されていない。(b)第6段（Second, the lenses. …）でスマホ搭載のカメラできれいな写真が撮れることが記載されているので不適。(c)は最終段（But the best thing …）の記載内容に合致する。

≪Black Friday≫

⑹第1段第2文（In the U.S., …）に the fourth Thursday of November は Thanksgiving Day であると述べられている。また第2段第1文（Eventually, …）に the Friday after Thanksgiving とあるので，(b)が適切である。

⑺第1段最終文（They thought that …）で「商品が売り切れたり値上がりしたりする前に，クリスマスの贈り物のために買い物をする」とあることから，(a)が不適切である。

⑻第2段最終文（Because of all …）で警察がブラックフライデーと呼び始めたことが記載されているので(a)が適切である。

⑼空欄の後述部（these days, …），で実店舗での混雑の問題を避けるために企業がオンライン販売を始めたと理由を述べているので，That is why ～「だから～」が適切である。

⑽最終段最終2文（These usually start … “Cyber Monday.”）に「Cyber Monday はブラックフライデーの次の週の月曜日」と記されている。つまり Thanksgiving Day の4日後の月曜日となり，(b)が適切である。

日本史

I 解答 ≪8 世紀の政治≫

①—(b) ②—(j) ③—(m) ④—(h) ⑤—(g) ⑥—(t) ⑦—(r) ⑧—(d)
⑨—(n) ⑩—(k)

II 解答 ≪室町時代の文化≫

①—(i) ②—(c) ③—(g) ④—(h) ⑤—(t) ⑥—(q) ⑦—(r) ⑧—(f)
⑨—(a) ⑩—(s)

III 解答 ≪田沼の時代≫

①—(q) ②—(k) ③—(n) ④—(h) ⑤—(m) ⑥—(r) ⑦—(s) ⑧—(c)
⑨—(b) ⑩—(f)

IV 解答 ≪大日本帝国憲法の制定≫

①—(k) ②—(j) ③—(e) ④—(m) ⑤—(g) ⑥—(a) ⑦—(b) ⑧—(n)
⑨—(i) ⑩—(c)

数学

(1)～(5)　解答　≪数と式，データの分析≫

(1)ア．⓪　(2)イ．⑧　(3)ウ．6　(4)エ．③　(5)オ．⑤

(6)～(10)　解答　≪2次関数≫

(6)カ．6　(7)キ．3　(8)ク．5　(9)ケ．4　(10)コ．7

(11)～(15)　解答　≪図形と計量≫

(11)サ．1　(12)シ．2　(13)ス．6　(14)セ．3　(15)ソ．⑤

(16)～(20)　解答　≪場合の数，確率≫

(16)タ．⑤　(17)チ．③　(18)ツ．⑥　(19)テ．③　(20)ト．④

四

解答

㉖―d　㉗―a　㉘―b　㉙―d　㉚―b

国語

一

出典　森銑三・柴田宵曲『書物』〈甲編　良書の推薦〉(岩波文庫)

解答

①—b　②—d　③—a　④—b　⑤—d　⑥—c　⑦—b　⑧—a　⑨—d　⑩—c　⑪—a　⑫—a
⑬—b　⑭—b　⑮—a

解説

⑤直後の「薄れて行き」から、〝だんだん〟という意味になる語を選ぶ。

⑩直前の段落で多くの伝記が「特異性もない書物」と述べられているのがヒント。

⑮直前の段落での漱石の「博士制度」は筆者のいう「良書推薦」にあたるので、aが正解。漱石は「博士制度」自体を否定しているわけではないので、dは当たらない。

二

解答

⑯—a　⑰—d　⑱—a　⑲—c　⑳—a

三

解答

㉑—c　㉒—d　㉓—c　㉔—b　㉕—a

■総合型選抜　公募制入試・資格公募制入試：B日程

問題編

▶試験科目・配点

基礎学力テスト

	教科等	科　　　　目	配　点
公募制入試基礎テスト型	選　択	「コミュニケーション英語Ⅰ・Ⅱ，英語表現Ⅰ」，日本史B，現代社会【省略】，「数学Ⅰ・A（場合の数と確率）」から１科目選択	※ 各 100 点
	国　語	国語総合（古文・漢文を除く）	
公募制入試調査書型・資格公募制入試	選　択	「コミュニケーション英語Ⅰ・Ⅱ，英語表現Ⅰ」，日本史B，現代社会【省略】，「数学Ⅰ・A（場合の数と確率）」，「簿記，財務会計Ⅰ（財務会計の基礎）【省略】」〈資格公募制入試のみ選択可〉から１科目選択	100 点
	国　語	国語総合（古文・漢文を除く）	100 点
	調査書	「全体の学習成績の状況」の 10 倍	50 点

▶備　考

【公募制入試】

- 基礎テスト型・調査書型のどちらかを選択（同一問題）。
- 試験日自由選択制。試験日ごとの問題の難易度の違いによる有利・不利をなくすため，総得点を偏差値換算して合否判定を行う。

※基礎テスト型は高得点１科目を 1.5 倍する。

【資格公募制入試】

- 国語および選択１科目の２科目を解答し，高得点１科目を採用。
- 対象となる取得資格を点数化（配点：100 点）し，基礎学力テスト・調査書との総得点で選考する。

英語

（2科目90分）

◆各小問の配点

大　問	配　点
Ⅰ	各2点
Ⅱ	各2点
Ⅲ	各2点
Ⅳ	各3点
Ⅴ	各3点
Ⅵ	各3点

I. 次の各英文の（　　）に入れるのに最も適当なものを一つ選びなさい。

(1) Whenever I travel, I will choose less expensive hotels than luxury (　　).

(a) those　(b) them　(c) ones

(2) A: Your eyes are red. Are you OK? Look at yourself in the mirror.

B: You are right. Maybe I should have my eyes (　　) by a doctor.

(a) check　(b) checked　(c) checking

(3) A: That was a very exciting game, wasn't it? I'm very happy because my favorite team won.

B: So (　　) I.

(a) do　(b) have　(c) am

(4) A: Are you sure we can get to the festival before it's over? How (　　) time do we have?

B: Enough. Don't worry.

(a) much　(b) many　(c) long

(5) In summer, some universities open (　　) student halls of residence to the public.

(a) that　(b) its　(c) their

(6) Akio's friends are going swimming tomorrow, but Akio (　　) want to go because he can't swim.

(a) doesn't　(b) isn't　(c) don't

(7) Scientists found out that the dreams of an unborn baby (　　) mostly made of sound and touch sensations.

(a) is　(b) are　(c) being

(8) My mother and I went to the newly opened Italian restaurant yesterday. That restaurant's pizza is the (　　　) of all in this town.

(a) good　(b) better　(c) best

(9) I hear Eddie studies eight hours a day. (　　　) hard-working he is!

(a) Who　(b) How　(c) What

(10) The parade (　　　) the theme park's reopen after the earthquake was held on the street.

(a) celebrating　(b) celebrates　(c) celebrated

Ⅱ. 次の会話文中の（　　　）に入れるのに最も適当なものを一つ選びなさい。

(1) A: I'm going to Tokyo for a week. Could you take care of my plants?

B: (　　　　　　　　). I'll be gone next week, too. You should ask someone else.

(a) Absolutely　(b) Sorry

(c) Sounds good

(2) A: Who is that girl standing in front of the bulletin board. Do you know her?

B: (　　　　　　　　). She is Cathy, a new student. She just came here yesterday from Germany.

(a) Yes, I do　(b) I have no idea

(c) She's been here for a long time

(3) Tom: That's a good-looking watch, Seiji. May I take a look at it?

Seiji: (　　　　　). You can put it on, too. Make sure you won't drop it, though. It's brand-new.

(a) No, you may not (b) Be my guest

(c) Not at all

(4) Jane: Did you hear that sound, Hikaru? What was that?

Hikaru: ( ). It's just wind. That happens a lot around here in this season. Just relax.

(a) Don't worry (b) Never heard of

(c) I'm nervous, too

(5) Laura: That singer's voice is beautiful. Don't you think?

Ben: ( ). To me, he is just screaming, not singing.

(a) You can say that again (b) I couldn't agree more

(c) I don't think so

Ⅲ. 次の各英文の（ ）に入れるのに最も適当なものを一つ選びなさい。

(1) In the U.S.A., you don't have to take ( ) your shoes when entering a house.

(a) off (b) on (c) out

(2) My younger brother never puts ( ) things in our room. I am the one who always cleans the room.

(a) with (b) away (c) off

(3) I don't know why many countries still keep nuclear weapons. They may bring ( ) the destruction of the earth.

(a) down (b) without (c) about

(4) The newly developed A.I. can carry ( ) a conversation with us

for a long time.

(a) away (b) on (c) to

(5) When an earthquake occurs, you must turn ( ) the gas in the kitchen.

(a) for (b) off (c) in

Ⅳ. 次の各英文の空欄を補うようにA～Dの語句を並べ替えた場合、最も適当な順番となるものを(a)～(c)から一つ選びなさい。ただし、文頭に来るべき語も小文字で始めています。

(1) みんなが彼を疑うのは当然のことだ。

____ ____ ____ ____ him.

A. suspects B. everybody C. wonder D. no

(a) B－C－D－A (b) B－A－D－C (c) D－C－B－A

(2) パーティーに誰が来ようと私には関係ありません。

I don't care ____ ____ ____ ____.

A. to B. who C. the party D. comes

(a) A－C－D－B (b) B－D－A－C (c) C－A－B－D

(3) 象のパフォーマンスに誰もが感動した。

The performance ____ ____ ____ ____ impressed.

A. of B. made C. everyone D. the elephant

(a) A－D－B－C (b) B－C－A－D (c) C－A－D－B

(4) その景色を見て私は若いころを思い出した。

The landscape ____ ____ ____ ____.

A. of B. reminded C. my youth D. me

(a) A－C－B－D (b) B－D－A－C (c) C－B－A－D

(5) どちらのチームが勝ったのか誰も知らない。

No one ＿＿ ＿＿ ＿＿ ＿＿.

A. which　　B. knows　　C. won　　D. team

(a) B－A－D－C　(b) C－A－D－B　(c) D－B－A－C

V. 次の各英文の訳として最も適当なものを一つ選びなさい。

(1) What he said is nothing but an excuse.

(a) 彼が言ったことは口実にすぎない。

(b) 彼は決して言い訳をしなかった。

(c) 彼の言い分は適切であった。

(2) I cannot help but think of you.

(a) あなたのことを考えることはできない。

(b) あなたのことを考えずにはいられない。

(c) あなたを助けようとは思わない。

(3) I missed you at the wedding reception last night.

(a) 昨夜の結婚披露宴で人違いをしてしまいました。

(b) 昨夜の結婚披露宴に行けなくてすみませんでした。

(c) 昨夜の結婚披露宴で会えませんでしたね。

(4) Heidi is the last person to cry in front of her friends.

(a) ハイディが友達の前ですぐ泣くことはよく知られている。

(b) ハイディは友達の前では決して泣かない。

(c) ハイディは友達に泣き虫だと思われている。

(5) Quite a few people visit the museum every day.

(a) 連日たくさんの人がその博物館を訪れる。

(b) その博物館に訪れる人の数は日々減少している。

(c) ここ数日その博物館を訪れる人はほとんどいない。

Ⅵ. 次の英文を読み、後に続く各設問に対する最も適当な答えを一つずつ選びなさい。

Credit cards are now part of the American economy and of daily life. Credit-card debt is common and has become a big problem. It can be dangerous because it is easy to be part of the buy-now-pay-later way of thinking. About 40 percent of American families spend more than they can afford.

Debt from a credit card can grow very quickly. Many people use their credit cards to buy everyday items such as gasoline and food. Many also buy luxury items such as nice clothes, electronics, or gold watches. The credit-card debt of an average American college student is more than $3,100 (310,000 yen). The credit-card debt of an average American family that does not completely pay off its monthly credit-card bill is more than $8,000 (800,000 yen).

The credit-card interest rate often starts low, but in time the rate can rise to 20 or even 30 percent a year. This is because if the bill is paid late, the interest rate goes up, and there are many late fees. Many Americans have gone bankrupt (①) credit-card debt.

Using cash when shopping is more difficult because you actually see the money leaving your hand. Credit cards let people spend large amounts of money quickly. They② are so easy to use that you may spend from 12 to 18 percent more on your purchase. This is because people using credit cards will often buy items that are more expensive or items which are just not needed.

(Shimaoka, T., & Berman, J., *Life Topics,* 南雲堂)

(注) bankrupt：破産

(1) 第1段落の内容と一致するものを選びなさい。

(a) クレジットカードの借金問題はアメリカで深刻になっている。

(b) およそ40%のアメリカの家族はクレジットカードを使用している。

(c) アメリカではクレジットカード使用者は年々減少傾向にある。

(2) 第2段落の内容と一致するものを選びなさい。

(a) クレジットカードの借金は比較的ゆっくりとふくれ上がる。

(b) 大学生のクレジットカードの平均利用限度額はアメリカでは月3,100ドルである。

(c) アメリカの平均的な家庭のクレジットカードの負債のうち返済されていない額は月8,000ドルを超える。

(3) (①) に入る語として最も適当なものを選びなさい。

(a) in spite of

(b) because of

(c) regardless of

(4) 第4段落の内容と一致するものを選びなさい。

(a) By paying in cash rather than a credit card, people tend to buy more expensive goods.

(b) Using credit cards is likely to make people purchase something that is not necessary.

(c) People lose credit cards more often than cash.

(5) 下線部②の They は何を指すか。最も適当なものを選びなさい。

(a) credit cards

(b) people

(c) large amounts of money

It is a fact that many humans eat animals. Some people eat them for nutrition and others eat them because, in their opinion, animal meat tastes good. However, vegetarians do not eat animals at all. Surprisingly, there are many reasons. Religion, environment, health, and taste are just four of these reasons.

Some people do not eat meat because of their religion. Some religions, like Jainism, believe that all animals have a soul. They believe we should not kill or harm any living creature.

We know that raising animals for food damages the environment. Animal farms can cause a lot of air and water pollution. (　①　), some people choose to become vegetarians to help protect the environment.

Other vegetarians choose not to eat meat for their health. They suppose that by eating less fat, they will be healthier. It is true that vegetarians have less risk of heart disease, but they must be careful to get enough vitamins like B12.

Finally, some people are vegetarians simply because they do not like the taste, smell, or texture of meat. These people prefer eating vegetables and fruit because, in their opinion, they(②) taste better.

(Suzuki, S., Miller, M., & McClue, P., *BRIDGING COMMUNICATION SKILLS*, 金星堂)

（注）nutrition：栄養

Jainism：ジャイナ教

(6)　人々が菜食主義者となる理由として本文にあげられていないものはどれか。最も適当なものを選びなさい。

(a)　食費

(b)　健康

(c)　環境

(7) 本文によると、ジャイナ教徒が肉を食べない理由は何か。最も適当なものを選びなさい。

(a) 動物には魂が宿っていると信じているから

(b) 動物が神の化身であると信じているから

(c) 動物が先祖たちの生まれ変わりだと信じているから

(8) (①) に入る語として最も適当なものを選びなさい。

(a) Nevertheless

(b) Thus

(c) Otherwise

(9) 本文によると、菜食主義者の特徴として考えられるものは何か。最も適当なものを選びなさい。

(a) 持久力低下の傾向がある。

(b) 平均寿命が伸長する。

(c) ビタミン摂取が不十分となる可能性がある。

(10) 下線部②の they は何を指すか。最も適当なものを選びなさい。

(a) vegetarians

(b) vegetables and fruit

(c) the taste, smell, or texture of meat

日本史

（2科目90分）

◆各小問の配点

大　問	小　問	配　点
Ⅰ	①③⑤⑦⑨	各2点
	②④⑥⑧⑩	各3点
Ⅱ	①③⑤⑦⑨	各2点
	②④⑥⑧⑩	各3点
Ⅲ	①③⑤⑦⑨	各2点
	②④⑥⑧⑩	各3点
Ⅳ	①③⑤⑦⑨	各2点
	②④⑥⑧⑩	各3点

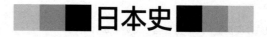

I　次の文章を読んで、空欄 ① ～ ⑩ に最適な語句を、下の語群から選び、解答欄の記号をマークしなさい。

光仁天皇は、行財政の簡素化や公民の負担軽減などの政治再建政策につとめた。その後即位した ① は光仁天皇の政策を受け継ぎ、仏教政治の弊害を改め、天皇権力を強化するために、 ② 年に山背国の ③ に遷都した。しかし、腹心で ③ 造営を主導した ④ が暗殺される事件がおこり、首謀者とされた皇太子の ⑤ や大伴氏・佐伯氏らの旧豪族が退けられた。ついで794年、 ⑥ に再遷都した。

東北地方では、奈良時代にも陸奥側では ⑦ を基点として北上川沿いに北上して城柵を設けるなど、蝦夷地域への支配の浸透が進められた。しかし、780年には帰順した蝦夷の豪族 ⑧ が乱をおこし、大規模な反乱に発展した。

また、789年には大軍を進め、北上川中流の胆沢地方の蝦夷を制圧しようとしたが、蝦夷の族長 ⑨ の活躍により政府軍が大敗する事件もおこった。その後、征夷大将軍となった ⑩ は、802年に胆沢城を築き、鎮守府を ⑦ から移した。翌年には志波城を築造し、東北経営の前進拠点とした。

[語　群]

(a) 藤原種継	(b) 和気清麻呂	(c) 伊治呰麻呂	(d) 平安京
(e) 聖武天皇	(f) 784	(g) 桓武天皇	(h) 太安麻呂
(i) 藤原京	(j) 坂上田村麻呂	(k) 藤原頼通	(l) 秋田城
(m) 764	(n) 早良親王	(o) 多賀城	(p) 阿弖流為
(q) 長岡京	(r) 紀古佐美	(s) 刑部親王	(t) 平城京

Ⅱ 次の文章を読んで、空欄 ① ～ ⑩ に最適な語句を、下の語群から選び、解答欄の記号をマークしなさい。

蒙古襲来の前後から、農業の発展が広くみられ、畿内や西日本一帯では麦を裏作とする ① が普及していった。肥料には山野の草や木が使われ、鉄製の農具や ② を利用した農耕も広がっていった。灯油の原料である ③ などが栽培され、絹布や麻布などが織られた。また鍛冶・鋳物師・紺屋などの手工業者は、農村内に住んで商品をつくり、各地を歩いて仕事をした。

荘園・公領の中心地や交通の要地、寺社の門前などには、生産された物資を売買する定期市が開かれ、月に三度開かれる ④ も珍しくなくなった。地方の市では、地元の特産品や米などが売買され、中央から織物や工芸品などを運んでくる行商人も現われた。京都・奈良・鎌倉などには高級品を扱う手工業者や商人が集まり、定期市のほかに常設の小売店である ⑤ も出現した。京都や奈良の商工業者たちは、すでに平安時代の後期頃から、大寺社や天皇家に属して販売や製造についての特権を認められていたが、やがて同業者の団体である ⑥ を構成するようになった。 ⑥ の構成員のうち、大寺社に属したものは ⑦ と呼ばれた。

遠隔地を結ぶ商業取引もさかんで、陸上交通の要地には宿が設けられ、各地の湊には、商品の中継と委託販売や運送を業とする ⑧ が発達した。売買の手段としては、米などの現物にかわって貨幣が多く用いられるようになり、荘園の一部では年貢の銭納もおこってきたが、それにはもっぱら中国から輸入される ⑨ が利用された。さらに遠隔地間の取引には、金銭の輸送を手形で代用する制度である ⑩ が使われた。

[語 群]

(a) 見世棚	(b) 藍	(c) 問	(d) 座
(e) 振 売	(f) 借 上	(g) 撰 銭	(h) 土 倉
(i) 紙 幣	(j) 米 場	(k) 二毛作	(l) 荏胡麻
(m) 神 人	(n) 為 替	(o) 宋 銭	(p) 三斎市
(q) 一地一作人	(r) 村請制	(s) 供御人	(t) 牛 馬

Ⅲ　次の文章を読んで、空欄［①］～［⑩］にあてはまる最適な語句を、下の語群から選び、解答欄の記号をマークしなさい。

江戸時代中期の文学は、身近な政治や社会のできごとを題材とし始め、広く民衆のものとなった。小説では、江戸の遊里を描く［①］が流行した。また、［②］と呼ばれる風刺のきいた絵入りの小説もさかんに売り出された。これらは［③］の改革できびしく取り締まられ、代表的作家である［④］が処罰された。

17世紀末に菱川師宣によって創始された［⑤］は、絵本や挿絵として描かれたが、18世紀半ばに［⑥］が一枚刷りの多色刷極彩色の版画(錦絵)として完成した。そして、版画作成技術や出版業の発達とともに、［⑤］の黄金時代に向けて幕が開かれた。寛政期に、多くの美人画を描いた［⑦］や、個性豊かに役者絵・相撲絵を描いた［⑧］らが、大首絵の手法を駆使してすぐれた作品をつぎつぎに生み出した。

伝統的な絵画では、円山応挙に始まる円山派が写生を重んじ、また明や清の影響を受けた画風もおこり、18世紀後半の京都の文人画家である［⑨］や蕪村がこの画風を大成した。西洋画では「不忍池図」を制作した［⑩］や亜欧堂田善らが活躍した。

[語　群]

(a) 喜多川歌麿	(b) 義太夫節	(c) 高三隆達	(d) 障壁画
(e) 寛　政	(f) 司馬江漢	(g) 浮世草子	(h) 長谷川等伯
(i) 東洲斎写楽	(j) 井原西鶴	(k) 住吉具慶	(l) 洒落本
(m) 鈴木春信	(n) 池大雅	(o) 野々村仁清	(p) 浮世絵
(q) 狩野永徳	(r) 元　禄	(s) 黄表紙	(t) 山東京伝

Ⅳ　次の文章を読んで、空欄 ① ～ ⑩ にあてはまる最適な語句を、下の語群から選び、解答欄の記号をマークしなさい。

清国はアヘン戦争で ① に敗れて、1842年に ② 条約を結び、 ③ を割譲し、貿易の拡大を認めさせられた。清国の劣勢が日本に伝わると、幕府は1842年に ④ を出した。しかし、1844年にオランダ国王が幕府に親書を送り開国を勧告しても、幕府はこれを拒絶し、鎖国体制を守ろうとした。1846年にアメリカ東インド艦隊司令長官 ⑤ が浦賀に来航して通商を要求したが、幕府は拒絶した。

1853年4月に琉球王国の那覇に寄港したアメリカ東インド艦隊司令長官 ⑥ は6月に浦賀沖に現われ、 ⑦ 大統領の国書を提出して日本の開国を求めた。幕府は対策のないまま国書を正式に受け取り、回答を翌年に約してひとまず日本を去らせた。ついで7月には、ロシアの使節 ⑧ も ⑨ に来て、開国と国境の画定を要求した。

⑥ は翌1854年にふたたび来航し、条約の締結をせまった。幕府はその威力に屈して3月に ⑩ を結んだ。ついで、幕府は ① ・ロシア・オランダとも類似の内容の条約を結んで、鎖国政策から完全に転換した。

［語　群］

(a)　台　湾	(b)　江　戸	(c)　天　津
(d)　ビッドル	(e)　長　崎	(f)　南　京
(g)　香　港	(h)　日米和親条約	(i)　トルーマン
(j)　フィルモア	(k)　パークス	(l)　ハリス
(m)　イギリス	(n)　ロッシュ	(o)　異国船打払令
(p)　日米修好通商条約	(q)　プチャーチン	(r)　ペリー
(s)　天保の薪水給与令	(t)　フランス	

数学

（2 科目 90 分）

◆各小問の配点

小　問	配　点
(1)〜(16)	各 5 点
(17)（ｉ）・（ii）	各 5 点
(18)（ｉ）・（ii）	各 5 点

問題文中の空欄 $\boxed{\quad\text{ア}\quad}$ ～ $\boxed{\quad\text{ト}\quad}$ には，０～９のいずれかの数字が入る。

空欄に当てはまる数字を解答用紙の解答欄**ア～ト**にマークしなさい。ただし，設問に選択肢が設けられている場合は，空欄にあてはまる選択肢の番号をマークしなさい。なお，解答用紙のマーク欄(±)，(−)，(*)は使用しないので注意すること。

（1）　$(3x-4y+2)(2x+y-2)=6x^2-\boxed{\quad\text{ア}\quad}xy-2x-4y^2+10y-4$ である。

（2）　$2x^2+13xy+19x-24y^2+24=(2x-3y+3)(x+\boxed{\quad\text{イ}\quad}y+8)$ である。

（3）　$\dfrac{\sqrt{6}}{\sqrt{6}+\sqrt{3}}+\dfrac{\sqrt{3}}{\sqrt{6}-\sqrt{3}}=\boxed{\quad\text{ウ}\quad}$ である。

（4）　$|x-6|=2x$ の方程式の解は，$x=\boxed{\quad\text{エ}\quad}$ である。

(5) 1パック450円の牛肉Aと1パック210円の牛肉Bをあわせて20パック買って，合計金額を6000円以下になるようにしたい。牛肉Aをできるだけ多く買うとき，牛肉Aは，[オ]パック買うことができる。

(6) 2次関数 $y=2x^2-36x+36$ のグラフの軸は，直線 $x=$ [カ] である。

(7) 2次関数 $y=ax^2-bx+c$ (a，b，c は実数定数）のグラフが3点 $(-1,\ 11)$，$(1,\ -1)$，$(2,\ 2)$ を通るとき，$b=$ [キ] である。

(8) 2次関数 $y=\frac{2}{3}x^2+4x+\frac{19}{3}$ のグラフを，x 軸方向に [ク]，y 軸方向に1だけ平行移動すると，2次関数 $y=\frac{2}{3}x^2-\frac{4}{3}x+2$ のグラフに重なる。

(9) 2次関数 $y=2x^2+ax+a^2-2$ (a は実数定数）のグラフの頂点の y 座標が12のとき，$a=\pm$ [ケ] である。

(10) 2次関数 $y=\frac{5}{4}x^2+kx-k^2+3$ (k は実数定数）のグラフが，$-1\leqq x\leqq 2$ で最大値8をとるとき，$k=0$，または，$k=$ [コ] である。

(11) $sin^2 15°+sin^2 75°-cos^2 75°-cos^2 165°=$ [サ] である。

(12) $0°\leqq\theta\leqq 90°$，$sin\theta=\frac{5}{6}$ のとき，$tan\theta=$ [シ] $\sqrt{11}$ である。

(12)の**選択肢**

⓪ $\frac{1}{11}$　① $\frac{2}{11}$　② $\frac{3}{11}$　③ $\frac{4}{11}$　④ $\frac{5}{11}$

⑤ $\frac{6}{11}$　⑥ $\frac{7}{11}$　⑦ $\frac{8}{11}$　⑧ $\frac{9}{11}$　⑨ $\frac{10}{11}$

(13)　△ABCにおいて，∠ABC＝75°，∠CAB＝60°，AB＝$3\sqrt{6}$ のとき，

BC＝ ス である。

(14)　△ABCにおいて，∠ABC＝60°，AB＝6，CA＝$2\sqrt{13}$ のとき，

BC＝ セ である。

(15)　△ABCにおいて，∠CAB＝45°，CA＝4，△ABCの面積が$7\sqrt{2}$のとき，

AB＝ ソ である。

(16)　100円硬貨，50円硬貨，10円硬貨のいずれの硬貨もたくさん持っている。すべての種類の硬貨を使わなくてもよいとして，釣銭をもらうことなく180円を支払うとき，払い方は全部で， タ 通りある。

(17)　男4人と女3人の7人がいる。

(i)　7人掛けの円形のテーブルに全員が座るとき，座り方は全部で，

チ 通りある。

(17)－(i)の**選択肢**

⓪ 120　① 240　② 360　③ 480　④ 600

⑤ 720　⑥ 960　⑦ 1080　⑧ 2160　⑨ 5040

（ii） 7人が一列に並ぶとき，女3人の間に男をはさまない並び方は全部で，
ツ 通りある。

(17)－(ii)の**選択肢**

⓪ 120	① 240	② 360	③ 480	④ 600
⑤ 720	⑥ 960	⑦ 1080	⑧ 2160	⑨ 5040

(18) 赤球3個と白球5個が入っている1つの袋がある。

（i） 袋から無作為に2個の球を同時に取り出すとき，2個とも同じ色である確率は， テ である。

(18)－(i)の**選択肢**

⓪ $\frac{5}{14}$	① $\frac{11}{28}$	② $\frac{3}{7}$	③ $\frac{13}{28}$	④ $\frac{1}{2}$
⑤ $\frac{15}{28}$	⑥ $\frac{4}{7}$	⑦ $\frac{17}{28}$	⑧ $\frac{9}{14}$	⑨ $\frac{19}{28}$

（ii） 袋から球を無作為に1個ずつ，袋に戻すことなく続けて4個取り出すとき，少なくとも1個は赤球を取り出す確率は， ト である。

(18)－(ii)の**選択肢**

⓪ $\frac{2}{7}$	① $\frac{5}{14}$	② $\frac{3}{7}$	③ $\frac{1}{2}$	④ $\frac{4}{7}$
⑤ $\frac{9}{14}$	⑥ $\frac{5}{7}$	⑦ $\frac{11}{14}$	⑧ $\frac{6}{7}$	⑨ $\frac{13}{14}$

㉙
a　寺の和ショウに相談する。
b　意ショウを凝らした建造物。
c　お師ショウ様にお礼の品を贈る。
d　音楽界で巨ショウと言われた指揮者。

㉚
a　皆キ日食を観察する。
b　キ存の施設を活用する。
c　常キを逸した態度に驚く。
d　その光景を見てキ視感を覚えた。

〔四〕次の各文の傍線部を漢字で表したとき異なる漢字が一つある。それぞれa～dから一つずつ選びなさい。

㉖
a　彼の放言が物ギを醸した。
b　大学で政治学の講ギを受けた。
c　彼女は女性初のギ長に就任した。
d　両国は和ギを結んで戦争は終結した。

㉗
a　彼はチク馬の友である。
b　悪貨は良貨を駆チクする。
c　破チクの勢いで連勝を重ねた。
d　チク簡に記録された文字を解読する。

㉘
a　カン寂な住宅街に住む。
b　カン散期に大規模修繕をする。
c　あの店はカン古鳥が鳴いている。
d　体調不良で動作がカン慢になる。

㉔ 人口に膾炙《かいしゃ》する

a 世間の人々の話題となり広く知れ渡ること。

b 口には合わないものが提供され残念に思うこと。

c その土地に住む人が増えすぎ生活が不便になること。

d 人々に注目されながらもすぐに飽きられてしまうこと。

㉕ 禍福はあざなえる縄のごとし

a 豊作のあとには必ず飢饉《きん》がやってくること。

b 縄が絡まり合ってほどけなくなり苦しむこと。

c 世の中の幸不幸は入れ替わりながらあらわれること。

d 綱引きのように不幸でも幸福でもなくバランスがとれていること。

〔三〕 **次の各故事成語の意味として最も適当なものをa～dから一つずつ選びなさい。**

㉑ 青は藍より出でて藍より青し

a 染め物屋で染められた着物は、他の店では染めることができないこと。

b 藍という植物は、もともと青くはないが、収穫後には青く変色すること。

c 早くから修行に臨んだ者は、年をとってからもその技能を持ち続けること。

d 教えを受ける学生が一生懸命勉強して、その先生より優れた人物となること。

㉒ 先鞭《べん》をつける

a 人より先に物事をはじめること。

b 先に成し遂げた人に教えを請うこと。

c 人に媚《こ》びへつらい仕えようとすること。

d 人に刺激を受け同じことをしようとすること。

㉓ 逆鱗《りん》に触れる

a 禁忌を犯すこと。

b 鋭い痛みを感じること。

c 部下から反感をかうこと。

d 目上の人を激怒させること。

〔二〕　次のことわざや慣用句の（　）に入る言葉として最も適当なものをa～dから一つずつ選びなさい。

⑯　梅檀《せんだん》は双葉より（　）

a　美し　b　芳し　c　珍し　d　青し

⑰　及ばぬ（　）の滝登り

a　鱒《ます》　b　鯉《こい》　c　鱧《はも》　d　鮎《あゆ》

⑱　目のなかへ入れても（　）ない

a　辛く　b　多く　c　痛く　d　痒《かゆ》く

⑲　二の（　）が継げない

a　足　b　句　c　手　d　語

⑳　藪《やぶ》から（　）

a　馬　b　刀　c　鳥　d　棒

⑫ 傍線部12の漢字として最も適当なものをa～dから一つ選びなさい。

a 喩　　b 諭　　c 輸　　d 癒

⑬ 傍線部13の漢字として最も適当なものをa～dから一つ選びなさい。

a 滴　　b 適　　c 敵　　d 摘

⑭ 空欄［14］に入る最も適当なものをa～dから一つ選びなさい。

a それどころか　　b あわよくば　　c いわんや　　d とにかく

⑮ 本文で筆者が述べていないものをa～dから一つ選びなさい。

a 契約は、一つの約束の形であるが、日本での約束は、契約の形をとらないことがある。

b 日本のようなタテ社会では、お互いの社会的位置付けを維持するということに大きな重要性がおかれている。

c 西欧では、古くから人口の流動性にとんでいるために、契約書は単に形式に過ぎないものと見なされていた。

d 日本では、著者と編集者が親しくなり、家族のなかにあるような感情的な結びつきがみられることもある。

⑦ 傍線部7の読みとして最も適当なものをa～dから一つ選びなさい。

a まがら　b かんぺい　c あいだがら　d つながり

⑧ 傍線部8の漢字として最も適当なものをa～dから一つ選びなさい。

a 煩　b 藩　c 繁　d 搬

⑨ 空欄 9 に入る最も適当なものをa～dから一つ選びなさい。

a 常態　b 凝滞　c 姿態　d 後退

⑩ 空欄 A ・ B に入る言葉の組み合わせとして最も適当なものをa～dから一つ選びなさい。

a 取引・為替　b 相談・証明　c 信頼・説明　d 契約・約束

⑪ 傍線部11の意味として最も適当なものをa～dから一つ選びなさい。

a 口を挟むこと。
b 効果があること。
c 否定されること。
d 意味をなさないこと。

③　空欄［3］に入る最も適当なものをa～dから一つ選びなさい。

a　とはいえ　　b　しかしながら　　c　一方で　　d　いいかえれば

④　空欄［4］に入る最も適当なものをa～dから一つ選びなさい。

a　慣習　　b　命令　　c　束縛　　d　契約

⑤　空欄［ア］～［エ］に入る言葉の組み合わせとして最も適当なものをa～dから一つ選びなさい。

a　ア　ソサエティ　　イ　コミュニケーション　　ウ　システム　　エ　マイルド

b　ア　ピラミッド　　イ　アウトプット　　ウ　パターン　　エ　オーソドックス

c　ア　ヒエラルキー　　イ　ネットワーク　　ウ　ケース　　エ　スムーズ

d　ア　パワーバランス　　イ　コントロール　　ウ　シチュエーション　　エ　スマート

⑥　傍線部6が指すものとして最も適当なものをa～dから一つ選びなさい。

a　社会の信頼を裏切っても良いと考えるようになること。

b　ある個人が期待に反したことをしにくくなること。

c　個人や会社の位置づけが不明確であること。

d　社会的なエネルギーが集中すること。

その必要もない。欧米ではなかなか魅力的な実力のある編集者が多く、著者と親交をもったりするが、日本の場合にみられるような、エモーショナルな単一帰属はみられず、その交際のあり方も少し違う。どちらがよいなどとは簡単にいえないが、私自身は欧米式の編集者との関係のほうが、気楽でいいが、あの契約書の面倒さ、油断のできなさを思うと、やはり日本式がいいなと思ったりする。

［14］、よくても悪くても充分心得ていて、それを実行できる態勢にこちらがあるというのが異なる文化への唯一の対応の方法である。欧米はアジア諸国と違って先進国だから、何でも［エ］にいくなどと、安心は決してできないのである。私たち日本人にとって、欧米におけるカルチュア・ショックは思わぬところで、思わぬときにやって来、たいへん高価についたりするのである。

（中根千枝『適応の条件』による）

① 傍線部1の読みとして最も適当なものをa～dから一つ選びなさい。

a あわ　b かわ　c かよわ　d まわ

② 傍線部2の意味として最も適当なものをa～dから一つ選びなさい。

a 裁きをうける必要のないこと。

b 正気を保って冷静であること。

c 訴訟事件として取りあつかうこと。

d 裁判の判決が下されること。

と似ているのである。こうした農村では、一千万円をこえるような家をその土地の大工に依頼する時でも、契約書はおろか、ほんの口約束だけ(第三者からみると日常のおしゃべりの一部分にすぎないようにうつるほどのやり方)で、なされたりする。そして何ら問題がないのである。

日本で、約束が破られたとか、だまされてひどい目にあった、などというのは、一方あるいは両方がタテ社会のどちらかというと底辺に近いほうに位置し、いわゆる三流とよばれる層であったり、また、お互いに相手をよく知らない[7]間柄のときである。しかも、このようなケースは、極端な場合で、個人の日常生活においては決して頻[8]パンに起こるものではない。もしそれがつねであったら、人はそんなに簡単にだまされてしまうはずがない。契約書なんか形式にすぎない、そんなことをしなくても大丈夫だというのが［　9　］なのである。タテ社会のどこにあろうとも、みなお互いによく知っている(相手の背景をよくのみこんでいる)人たちの間で事が運ばれるから（タテ社会というものは、そもそも人口流動を定着させる作用をもっている)、かたくるしい［　A　］などをしなくてもすんでいくのである。

西欧では、契約が非常に[11]ものをいっているのは、古くから人口の流動性にとんでいるためではないかと考えられる。さらに、身分や職業による集団が明確にある(ヨコの機能の高い社会)と、異なる集団成員の個々人を結ぶ関係はどうしても弱くなるから、そうした場合には、何らかの方法で、関係をもつ特定の二者の間に目的を明確にし、期限をつけた［　B　］が必要となってくる。これがすなわち、契約の機能であると考えられる。たとえば、編集者(出版社)と著者は異なる集団成員と考えられ、両者の関係は、契約となる。これに対して、日本では、編集者と著者の関係は[12]ユ着しやすい。特定作家と特定出版社の関係などそれが顕著に出ているが、著書を書いているうちに、編集者とひどく親しくなってしまう［　ウ　］は非常に多い。その親しさはまるで同じ職場の人間に匹[13]テキするほどだし、極端になると、家族成員間にみられるほどのエモーショナルな結びつきもみられる。まる抱え式単一の帰属の形をとりやすいのである。これではビジネス・ライクの契約などできないし、また

〔一〕　次の文を読んであとの設問に答えなさい。

契約は、あくまでそれをとり[1]交す二者間の約束であり、そこに明示された内容以外何も考慮されない、きわめて限定されたもので、その当事者である二者のみを束縛するものである。相手からどんなに損害をこうむろうとも、相手が契約に従っている以上、第三者は相手をせめるとか、被害者に同情するとかいった道徳的あるいは社会的規制は働かないのである。日本と違うところは、契約が単に法律の問題だけでなく、社会慣習となっているところである。

日本では、契約は極端な法律の問題に限られ、[2]裁判沙汰にならない範囲では、すなわち、社会慣習としては、西欧的な契約はほとんど機能しないといっても過言ではなかろう。契約は、一つの約束の形であるが、日本での約束は、その形をとらないのである。【3】、そうした社会慣習がないのである。ということは、社会の構造が異なっているのである。なぜ、日本では約束が【4】という形をとらないか、ということは興味ある問題である。私は次のように考える。

日本のようなタテ社会では、個人にしろ、会社にしろ、それぞれの分野における位置づけがたいへん明確になっているため、それにふさわしい行動をとることが社会的に要求されている。その分野の【ア】における位置が高ければ高いほど、社会の信頼を裏切らないようにつとめるから、特に一流とランクされた場合には信頼度は非常に高くなっている。一対一で交される契約自体よりも、お互いの社会的位置付けを維持するということに大きな重要性がおかれているので、双方ともその位置付けが変わらないように(あるいは上がるように)行動すれば、結局、その二者間の約束は守られるということになる。上下の位置づけということだけでなく、タテ社会では、上に行くにしたがって社会的エネルギーが集中するために、【イ】の密度も高くなっており、そのために、一つのこと、一人の個人が期待に反したことはしにくくなっている。

[6]これは、ある意味でお互いが何らかの関係でつながっており、すべてを知っている農村では、個人は悪いことができないの

国語

（二科目九〇分）

◆各小問の配点

大問	小問	配点
一	①〜⑩	各四点
	⑪〜⑮	各三点
二	⑯〜⑳	各三点
三	㉑〜㉕	各三点
四	㉖〜㉚	各三点

解答編

■英語■

I　**解答**　(1)―(c)　(2)―(b)　(3)―(c)　(4)―(a)　(5)―(c)　(6)―(a)
(7)―(b)　(8)―(c)　(9)―(b)　(10)―(a)

解説　(1)ones はすでに出てきた名詞の複数形を指す指示代名詞で，この文では hotels を指す。

(2)空所を含む文は，S が I で，O が my eyes である。S have O＋過去分詞で「O を～してもらう」という O にとって受動を表す意味が成立する。したがって過去分詞形の checked を選択し，「医師に目を検査してもらわなくてはならない」という意味となる。

(3) A の I'm（＝I am） very happy という肯定文に対して「私も同じく～である」と言いたい場合は So am I. が適当である。

(4)「どれくらいの時間があるか？」と質問する文である。time「時間」は数えられない不可算名詞なので，much が適当である。many は数えられる名詞（可算名詞）につく。

(5)主語の単複に応じて代名詞を選ぶ。　この文では主語は some universities なので，その所有格は their となる。

(6) Akio は三人称単数形なので does を使う。

(7) the dreams of an unborn baby「生まれなかった赤子の夢」が that 節の中の主語になるので，名詞の複数形を主語にしたときの be 動詞 are を選択する。

(8)空所の直前に the がついており，of all と続くので，最上級の the best が適切である。of all「すべての中で」

(9)形容詞の感嘆文。「なんて勤勉なのだ！」と形容詞 hard-working につくので，(b)が適当である。What から始まる感嘆文は What a hard-working student he is! のように名詞につく。

(10)空所の後述部は「テーマパークの地震後の再オープンを祝福する」とい

う意味となり，主語 The parade を後置修飾している。現在分詞の形容詞的用法として celebrating が適切。(c)は過去分詞形で，主語が受動の状態になっていないため不適。

II 解答 (1)―(b) (2)―(a) (3)―(b) (4)―(a) (5)―(c)

解説 (1)頼みごとをするAに対し，Bが「他の誰かに頼むべきだ」ということから，マイナスな返答であることわかる。したがって(b)「ごめんね」が適切である。(a)「もちろん」 (c)「いいね」

(2)「彼女は昨日ドイツから来たところだよ」とあり，Bが彼女について知っていることから，(a)が適切である。(b)「全く知らないよ」 (c)「彼女は長い間ここにいるよ」

(3)「見てみてもいいですか？」と聞くトムに対してのセイジの最初の発言を選ぶ。セイジの次の発言で「つけてみてもいいですよ」とあることから，(b)「どうぞご自由に」が適切である。

(4)空所後のヒカルの発言に，「ただの風ですよ。ここではこの季節よくあることです」とあることから，(a)「心配しないで」が適当である。(b)「～を聞いたことがない」 (c)「私も緊張しています」

(5)ローラに「あの歌手の声はきれいですね。そう思いませんか？」と聞かれているのに，ベンは「私にとっては，叫んでいるだけで歌っていない」とコメントしていることから，ローラに同意していない(c)が適切である。

III 解答 (1)―(a) (2)―(b) (3)―(c) (4)―(b) (5)―(b)

解説 (1)take に続く前置詞を選ぶ。直後に shoes「靴」があるので，(a)take off ～「～を脱ぐ」が適切である。

(2)put に続く前置詞を選ぶ。I am the one who always cleans the room.「私がいつも部屋を片付ける人だ」とあるので，(b)put away「～を片付ける」が適当である。(c)put off「延期する」

(3)bring に続く前置詞を選ぶ。たくさんの国がまだ核兵器を保有することに対して，destruction of the earth「地球の破滅」とあるので，(c)bring about「～をもたらす」が適当である。nuclear weapons「核兵器」

(4)carry に続く前置詞を選ぶ。for a long time「長い間」とあるので，carry on「続ける」が適当である。carry away「運び去る」

(5)turn に続く前置詞を選ぶ。地震が起こったら，台所のガスを「消さ」なければならない。よって，(b)turn off が適切である。

Ⅳ 解答　(1)―(c)　(2)―(b)　(3)―(a)　(4)―(b)　(5)―(a)

解説　(1)No wonder S V で「S が V なのは当然である」という意味になるので，No wonder everybody suspects him. となる。

(2)don’t care「気にしない」 I don’t care who comes to the party. となる。

(3)make O C「O を C（の状態）にする」という意味になる。この文では，「その象が皆を感動させた」を言い換えると，made everyone impressed と表せることから The performance of the elephant made everyone impressed. となる。

(4)「景色を見て～を思い出した」は，景色を主語にして「景色が私に～を思い出させた」と言い換えると remind *A* of *B*「*A*（人）に *B* を思い出させる」が使える。The landscape reminded me of my youth. となる。

(5)No one knows which team won. となる。

Ⅴ 解答　(1)―(a)　(2)―(b)　(3)―(c)　(4)―(b)　(5)―(a)

解説　(1)be nothing but ～「～にすぎない」

(2)cannot help but *do*「～せずにはいられない」

(3)miss「逃す，～し損なう」

(4)the last person「～する最後の人」 言い換えれば，「決して泣かない」が適切である。

(5)quite は「かなり」，a few は「いくつかの」だが，quite a few で「たくさんの」という意味になる。また，few のみでは「ほとんど～ない」を意味するので気をつけたい。

Ⅵ 解答

(1)―(a)　(2)―(c)　(3)―(b)　(4)―(b)　(5)―(a)

(6)―(a)　(7)―(a)　(8)―(b)　(9)―(c)　(10)―(b)

解説　≪アメリカのクレジットカード事情≫

(1)第1段第1文（Credit cards are…）でクレジットカードがアメリカ経済の一部となり日常生活の一部となっていること，また第2文（Credit-card debt…）でクレジットカードの負債が深刻な問題になっていることが記述されているので(a)が適切である。

(2)第2段最終文（The credit-card debt…）.で，平均的なアメリカ家庭ではクレジットカード負債で未返済額が月8000ドルを超えることが記載されているので(c)が適切である。(a)第1文（Debt from a…）に「ゆっくりと」ではなくquickly「迅速に」と記載されているので不適。(b)第4文（The credit-card debt…）に平均利用限度額ではなく平均利用額と記載されているので不適。

(3)空所①の前後を確認する。直前が「多くのアメリカ人が破産している」直後が「クレジットカードの負債」であるので，「～のせいで，～が原因で」など因果関係をつなぐ語を選びたい。したがって(b)が適当である。bankrupt「破産」 in spite of～「～だけれども」 regardless of～「～にもかかわらず」

(4)第4段最終文（This is because…）で，人々はクレジットカードを使用することで高いものをしばしば購入したり，今必要でないものを買ったりすることになることが記述されているので，(b)「クレジットカードを使用することは，人が必要のないものを買いやすくする傾向にある」が適切である。

(5)代名詞theyはすでに述べられた名詞の複数形を指す。直後がare so easy to use「～は使いやすい」とあるので直前の文にあるcredit cardsを指すことがわかる。

≪菜食主義者≫

(6)菜食主義となる理由を記述している第1段最終文（Religion, environment, …）の中で挙げられていないものは(a)である。

(7)第2段第2文（Some religions, …）で，ジャイナ教では全ての動物に魂が宿っていると信じている，と記述されているので(a)が適切である。

(8)第3段の空所①の前後の文から考える。直前（Animal farms…）は

「動物農場は空気汚染や水質汚染の原因になりうる」。直後（some people …）は「環境を保護するために菜食主義者になることを選ぶ人もいる」となっており，①には順接の意味を持つ接続副詞である(b)「したがって，その結果」が適切である。(a)「それにもかかわらず」(c)「さもないと」

(9)第 4 段最終文（It is true that …）で，ビタミン B12 のようなビタミンが十分に摂取できない可能性を示唆しているので(c)が適切である。be careful to *do*「注意して～する」 vitamin「ビタミン」

(10)代名詞 they は既出の名詞の複数形を指す。直後が taste better「より美味しい」であることから，野菜と果物を指していることがわかる。

日本史

Ⅰ　解答　≪平安時代初期の政治と東北経営≫

①—(g)　②—(f)　③—(q)　④—(a)　⑤—(n)　⑥—(d)　⑦—(o)　⑧—(c)
⑨—(p)　⑩—(j)

Ⅱ　解答　≪鎌倉時代の産業≫

①—(k)　②—(t)　③—(l)　④—(p)　⑤—(a)　⑥—(d)　⑦—(m)　⑧—(c)
⑨—(o)　⑩—(n)

Ⅲ　解答　≪江戸時代中・後期の文化≫

①—(l)　②—(s)　③—(e)　④—(t)　⑤—(p)　⑥—(m)　⑦—(a)　⑧—(i)
⑨—(n)　⑩—(f)

Ⅳ　解答　≪開　国≫

①—(m)　②—(f)　③—(g)　④—(s)　⑤—(d)　⑥—(r)　⑦—(j)　⑧—(q)
⑨—(e)　⑩—(h)

数学

(1)～(5)　解答　≪数と式≫

(1)ア．5　(2)イ．8　(3)ウ．3　(4)エ．2　(5)オ．7

(6)～(10)　解答　≪2 次関数≫

(6)カ．9　(7)キ．6　(8)ク．4　(9)ケ．4　(10)コ．2

(11)～(15)　解答　≪図形と計量≫

(11)サ．0　(12)シ．④　(13)ス．9　(14)セ．8　(15)ソ．7

(16)～(20)　解答　≪場合の数，確率≫

(16)タ．6　(17)(i)チ．⑤　(ii)ツ．⑤　(18)(i)テ．③　(ii)ト．⑨

三

解答

㉑―d　㉒―a　㉓―d　㉔―a　㉕―c

四

解答

㉖―b　㉗―b　㉘―d　㉙―a　㉚―c

国語

一

出典　中根千枝『適応の条件――日本的連続の思考』〈第一部　カルチュア・ショック―異文化への対応　7　契約に信頼をおく欧米との違い〉（講談社現代新書）

解答

①―b　②―c　③―d　④―d　⑤―c　⑥―b　⑦―c　⑧―c　⑨―a　⑩―d　⑪―b　⑫―d
⑬―c　⑭―d　⑮―c

解説

④同じ段落に、「日本での約束は、その（＝契約の）形をとらない」と述べられている。

⑤アは「位置」の高さを言っているので、「ヒエラルキー」が適切。イは次の段落に「これは……何らかの関係でつながっており」とあることがヒントとなる。ウ・エについても当てはまるcが正解。

⑥直前に「一人の個人が……しにくくなっている」とあり、また文末に「……と似ている」とあるので、「個人は悪いことができない」と類似するbが正解。

⑨直前の段落がヒントになる。

⑩空欄Aは、一文前に「契約書なんか……しなくても大丈夫」とあることがヒントとなる。

⑮第一段落に「（西欧の）日本と違うところは、契約が単に……社会慣習となっている」とあることから、cが間違いであるとわかる。

二

解答

⑯―b　⑰―b　⑱―c　⑲―b　⑳―d

■一般選抜 一般入試：前期A日程

問題編

▶試験科目・配点

<table>
<tr><th></th><th>教科等</th><th colspan="2">科　　目</th><th>配 点</th></tr>
<tr><td rowspan="3">3科目方式</td><td>英　語</td><td colspan="2">コミュニケーション英語Ⅰ・Ⅱ，英語表現Ⅰ</td><td>100点</td></tr>
<tr><td>国　語</td><td colspan="2">国語総合（古文・漢文を除く）</td><td>100点</td></tr>
<tr><td>選　択</td><td colspan="2">日本史Ｂ，世界史Ｂ，※「現代社会・政治経済」，「数学Ⅰ・Ａ（場合の数と確率）」</td><td>100点</td></tr>
<tr><td rowspan="2">2科目方式</td><td>選　択
必　須</td><td>「コミュニケーション英語Ⅰ・Ⅱ，英語表現Ⅰ」，国語総合（古文・漢文を除く）</td><td rowspan="2">選択必須２科目，もしくは選択必須を含む２科目選択</td><td rowspan="2">各100点</td></tr>
<tr><td>選　択</td><td>日本史Ｂ，世界史Ｂ，※「現代社会・政治経済」，「数学Ⅰ・Ａ（場合の数と確率）」</td></tr>
</table>

▶備　考

- ３科目方式・２科目方式のどちらかを選択。
- 試験日自由選択制。試験日ごとの問題の難易度の違いによる有利・不利をなくすため，総得点を偏差値換算して合否判定を行う。

【３科目方式】

①３科目の総得点（300点満点）を偏差値化

②高得点２科目の総得点（200点満点）を偏差値化

①②のどちらか高い方の偏差値で選考する。

【２科目方式】

英語と国語の２科目，もしくは英語または国語と「日本史，世界史，現代社会・政治経済，数学から１科目」の２科目を解答し，総得点（200点満点）を偏差値化して選考する。

※「現代社会」と「政治経済」のいずれの履修者でも解答可能な範囲。

英語

（60 分）

◆各小問の配点

大　問	配　点
Ⅰ	各 3 点
Ⅱ	各 3 点
Ⅲ	各 2 点
Ⅳ	各 3 点
Ⅴ	各 2 点
Ⅵ	各 2 点

Ⅰ. 次の英文を読み、あとに続く各設問に対する答えを1つ選びなさい。

Packaging is a major source of garbage. It accounts for one third of all domestic waste. To make things worse, 55 percent of packaging consists of single-use plastic. Surveys show that people are extremely concerned about the amount of packaging they get when shopping. They do not feel comfortable disposing of lots of single-use plastic. This is an issue that needs to be addressed. The simple question is, ((1))?

A recent trend in the fight against packaging is zero-waste shops, which have been springing up all over European cities. The goal of these shops is to reduce packaging. They do this by reusing and refilling. Customers take plastic containers to these shops and fill them with products. Here are some examples of products that are sold in zero-waste shops. Breakfast cereals, pasta, shower gel, hand soap, washing up liquid, detergent, beans, and dried fruit. The number of products that can be sold in this way is rapidly increasing as(2) consumers become more conscious of the need to reduce packaging.

What does the inside of a zero-waste shop(3) look like? How do customers use these shops? Most shops have rows of plastic dispensers on walls that contain products. Zero-waste shops look very different from standard convenience stores. There are no aisles with shelves that hold products. Customers bring reusable plastic containers with them(4) and refill the containers directly from the dispensers on the wall.

What are the advantages(5) of shopping at a zero-waste shop? The first advantage is that taking your old detergent bottle back to the store and refilling it will help to reduce plastic waste. The second advantage is cost. Cutting out unnecessary new bottles makes it cheaper for customers. In the case of a one-litre bottle of hand soap, customers can save about 14 percent of the standard price. This means customers can avoid single-use plastic packaging and save money at the same time.

It will take time for customers to get accustomed to refilling bottles at a zero-waste shop. Some customers may be concerned that refilling a bottle will be difficult and messy. But the number of people who shop at zero-waste shops is rapidly going up. Feedback from customers indicates that they are becoming more comfortable with the concept of refilling. For people who are worried about excessive packaging and the problem of disposal, zero-waste shops and refilling are effective ways of cutting down on packaging.

(Langham, C. *Developing Academic English-Intermediate*, 朝日出版社)

(1) 文脈から考えて、かっこ(1)に入る語句として最も適切なものを選びなさい。

(a) how can we cut down on packaging

(b) where can we dispose of single-use plastic

(c) when can we stop shopping at convenience stores

(2) 下線部(2)と同じ用法のものはどれか。最も適切なものを選びなさい。

(a) As it was getting dark, we decided to go back to the hotel.

(b) Put the chairs back just as they were.

(c) As the typhoon approached, the wind became stronger.

(3) 下線部(3)の説明として最も適切なものを選びなさい。

(a) 店内に陳列棚で区割りされた通路はなく、壁に商品の入った容器が設置されている。

(b) 初回に店内で詰替え容器を購入すれば、次回からは割引価格で商品を購入できる。

(c) コンビニのような規模の小さな店舗に食料品以外の商品が安価で販売されている。

(4) 下線部(4)を言い換えるとどうなるか。最も適切なものを選びなさい。

(a) aisles

(b) customers

(c) products

(5) 下線部(5)の具体例としてあてはまらないものを選びなさい。

(a) to cut down the amount of plastic packaging

(b) to purchase products at lower prices

(c) to save both time and money at the same time

(6) 文脈から考えて、ゼロウェイストショップの問題点として最も適切なものを選びなさい。

(a) It is not easy for most people to prepare plastic containers for shopping.

(b) If you don't want to get your hands dirty, shopping at a zero-waste shop may not be your option.

(c) People look down on you when you go shopping with reusable plastic containers.

(7) 第1段落～第3段落の内容と一致するものを選びなさい。

(a) 家庭ごみの3分の1は梱包物で占められている。

(b) ゼロウェイストショップで扱う商品の種類は変わらないので、常連客は利用しやすい。

(c) 衛生面で不安があるので、詰替え容器は使われなくなってきている。

(8) 第4段落～第5段落の内容と一致するものを選びなさい。

(a) ゼロウェイストショップでは、古いプラスチック容器を洗浄して再利用している。

(b) 過剰な梱包に関心が高い人は、すでに買い物を控え、ゴミの削減に貢献している。

(c) ゼロウェイストショップの利用者は急激に増加している。

Ⅱ. 次のイラストを見て、あとに続く各設問に対する答えを1つ選びなさい。

GRAND OPENING SALE!

AT AIMEE' S RAINBOW

We are delighted to announce the opening of our fifth location in Hawaii.

-Special Offer-

Organic Cabbage: 1 for $2.99

Fresh Onions: 3 for $2.99

Rib-eye Steaks: 1 pack for $12.99

Canned Corn: 1 for $0.99

Bottled Water: 6 pack for $3.99

All Paper Cups and Plates 20% off

Take 20% off your purchase

when you spend $80 or more

Offer may not be combined with any other coupons, discounts, or promotions. Please present this coupon at time of purchase.

Expires: Sep. 15, 2023

Doors open at 11:00 a.m. Monday, September 11.

We will be open every week day from 7:30 a.m. to 8:00 p.m.

To learn more, visit us at www.aimee's.com/locations/honolulu.

Address: 100 Aloha Rainbow Tower Drive, Honolulu, HI 999000999

Phone: XXX-XXX-XXXX

(1) What is Aimee's Rainbow?

(a) A beauty salon
(b) A greenhouse
(c) A grocery store
(d) A steak house

(2) What does this advertisement do?

(a) It gives information about a new store opening.
(b) It shows directions to the restaurant.
(c) It gives instructions for the online payment.
(d) It informs customers about the closing-out sale.

(3) How can customers get a discount of 20%?

(a) They must show the coupon when they enter the store.

(b) They can receive a coupon after downloading the store application.

(c) They must buy at least $80 of products before the coupon is applied.

(d) They must order online, using the Internet.

(4) What does the advertisement tell customers to do if they need more information?

(a) They must read the instructions on the back of the coupon.

(b) They should go on the Internet to find the store website.

(c) They can ask anyone who works at another store.

(d) They have to email the store by Sunday.

(5) What is true about the advertisement?

(a) They sell only fresh products.

(b) You cannot enjoy shopping there on the 17th of September 2023.

(c) The store is getting less popular in Hawaii.

(d) The sale will continue until Sunday.

Ⅲ. 次の各会話文の（　　　）に入れるのに最も適切なものを選びなさい。

(1) Daughter: Are you smoking, dad? I thought you quit smoking.

Father: Well... I did for 3 days. (　　　　　　　　).

Daughter: Mom's going to be so mad!

(a) I am so sorry about your loss

(b) I just cannot help it

(c) You get what you pay for

(2) Alicia: We are having a BBQ this weekend. What do you say?

Keiko: (　　　　　　　　). I'm going to see a movie with my boyfriend.

Alicia: Good for you.

(a) I wish I could

(b) I hope to see you then

(c) I'll be there without fail

(3) Claudia: Look, Anthony. I have a favor to ask.

Anthony: Don't worry. (　　　　　　　　).

Claudia: How sweet!

(a) You can say that again

(b) You always speak well of others

(c) I am here to help you

(4) Matt: Hey, Tom. How is business going?

Tom: (　　　　　　　　).

Matt: That's good to know. Now you have time to hang out with old friends. You know what? We're throwing a party because Nelson is coming back to the town next weekend.

Tom: Really? Of course, I'm in!

(a) I'm too busy to get enough sleep

(b) It's been slow lately

(c) I just started a new business with friends

(5) Jennifer: I heard Neo quit his job again.

Nichole: Really? Not again!

Jennifer: He says he wants to be a singer now.

Nichole: (   ). First of all, he must make a constant effort.

Jennifer: I'm with you on that.

(a) He is always thinking about making big money

(b) All he has to do is sing in the TV show

(c) He never changes jobs

Ⅳ. 次の各日本文に合うようにそれぞれの下に与えられた語句を使って英文を作った場合、○印のある場所にはどの語句がくるか。それを選びなさい。ただし、文のはじめにくる語も小文字になっている。

(1) 彼女が父親を誇りに思うのは当然です。

She ＿＿ ○ ＿＿ ＿＿ ＿＿.

(a) her father (b) may (c) be

(d) proud of (e) well

(2) 私はホンダとトヨタの車を１台ずつ所有しています。

I have two cars. ＿＿ ＿＿ ＿＿ ○ ＿＿ is a Toyota.

(a) other (b) a Honda and (c) the

(d) is (e) one

(3) 新しく買ったスマホは前のスマホの半分の重さしかありません。

My new smartphone ＿＿ ○ ＿＿ ＿＿ ＿＿ old one.

(a) heavy (b) is (c) as the
(d) half (e) as

(4) 彼は安心するどころか失望しました。

He was _____ _____ _____〇 _____ _____.

(a) as (b) much relieved (c) so
(d) disappointed (e) not

(5) 昨日になって初めて彼が事故にあったことを知りました。

_____ _____ _____〇 _____ _____ I learned about his accident.

(a) yesterday (b) was not (c) that
(d) until (e) it

(6) 全員そろったので始めましょう。

_____ _____ _____ _____ _____〇, let's start.

(a) all here (b) that (c) are
(d) we (e) now

(7) ケイコが私の招待を受けてくれることを切に願います。

I _____ _____〇 _____ _____ _____ my invitation.

(a) hope (b) accept (c) that Keiko
(d) will (e) do

V．次の各英文の（　　）に入れるのに最も適切なものを選びなさい。

(1) She said that she had met Takuya three months (　　).

(a) ago　(b) before　(c) lately

(2) How about talking about the movies (　　) a cup of coffee?

(a) on　(b) within　(c) over

(3) Joshua heard his name (　　) in the crowd.

(a) call　(b) called　(c) calling

(4) I am sometimes spoken (　　) tourists on the street.

(a) by with　(b) to　(c) to by

(5) Don't come here. This lake is (　　) at this point.

(a) deepest　(b) the most deeper　(c) more deepest

(6) I suggest that our meeting (　　) held right after the ceremony.

(a) be　(b) will have　(c) was

(7) New York is (　　) the largest cities in the world.

(a) with　(b) among　(c) on

(8) You (　　) drive too fast because you are no longer young.

(a) didn't have better　(b) had better not　(c) had not better

(9) He is older than I (　　) two years.

(a) by　(b) with　(c) of

(10) I like her all the better (　　) her shyness.

(a) because　(b) within　(c) for

Ⅵ. 次の各説明が示す語として最も適切なものを選びなさい。

(1) unkind and unpleasant; not nice

(a) mean (b) ugly (c) loud (d) super

(2) to move something to a higher place or position

(a) rise (b) react (c) raise (d) race

(3) a thick cloud of very tiny drops of water just above the ground or sea, that is difficult to see through it

(a) rain (b) fog (c) flood (d) storm

(4) not natural but made to be like something that is real or natural; not real

(a) artificial (b) masterpiece
(c) liar (d) failing

(5) the short, thick finger on the side of your hand that enable you to grip something easily

(a) palm (b) nail (c) toe (d) thumb

日本史

（60 分）

◆各小問の配点

大　問	配　点
Ⅰ	各 3 点
Ⅱ	各 3 点
Ⅲ	各 2 点
Ⅳ	各 2 点

Ⅰ　次の文章を読んで、空欄［①］～［⑩］に最適な語句を、下の語群から選び、解答欄の記号をマークしなさい。

784年、光仁天皇と［①］系氏族の婦人の子である桓武天皇は、都を大和国の平城京(［②］)から［③］の長岡京に移した。これは、平城京の仏教政治の弊害を排除し、天皇の権力を強める狙いがあった。しかし、翌785年に、この遷都の主導的な役割を担っていた［④］が暗殺される事件が起こった。

そして794年に都は再び平安京に移され、［③］は山城国に改められた。この時代には、天皇の権威を確立するための様ざまな政治改革が進められ、797年には国司交代の際の不正を防ぐことを職務とする［⑤］が設置された。このような「令」に定められていない新しい官職を［⑥］という。

また、軍事面では郡司の子弟や有力農民が新たに［⑦］として採用され、一部地域を除く国内の治安維持にあたった。

こうした改革は、のちの平城天皇や嵯峨天皇にも引き継がれ、天皇の秘書官長としての役割を果たす［⑧］や、平安京の治安維持を任務とする［⑨］などが設置された。また、嵯峨天皇のもとでは法制の整備も進められ、820年には藤原冬嗣らが編集した［⑩］が成立した。

〔語　群〕

(a) 健　児	(b) 摂津国	(c) 弘仁格式	(d) 蔵人頭
(e) 渡　来	(f) 藤原仲成	(g) 勘解由使	(h) 山背国
(i) 延喜格式	(j) 所　従	(k) 検非違使	(l) 四等官
(m) 豪　族	(n) 追捕使	(o) 南　都	(p) 藤原種継
(q) 押領使	(r) 北　嶺	(s) 令外官	(t) 参　議

Ⅱ 次の文章を読んで、空欄 ① ～ ⑩ に最適な語句を、下の語群から選び、解答欄の記号をマークしなさい。

天台の教学を学んだ ① は、源平の争乱のころ、もっぱら阿弥陀仏の誓いを信じ、 ② (南無阿弥陀仏)をとなえれば、死後は平等に極楽 ③ に往生できるという教えを説き、のちに ③ 宗の開祖と仰がれた。

その弟子である ④ は、この教えをさらに進め、煩悩の深い人間こそが、阿弥陀仏の救いの対象であるという ⑤ 正機を説き、その教えは農民から地方武士のあいだに広まった。やがて ⑥ 宗(一向宗)と呼ばれる教団を形成していった。

また同じ教義の流れのなかから、すべての人が救われるという教えを説いた一遍が現れた。その教えは ⑦ 宗と呼ばれ、地方の武士や農民に広く受け入れられていった。

さらにまた坐禅によって自らを鍛錬し、釈迦の境地に近づくことを主張する禅宗では宋に渡った ⑧ が現れて臨済宗の開祖と仰がれた。そして禅宗の中で、ただひたすら坐禅に徹せよとした ⑨ は曹洞宗を広めた。前者は公家や鎌倉幕府の帰依を受け、後者は広く地方に広がった。

また古くからの法華信仰をもとに、新しい救いの道を開いた ⑩ が現れ、その教えは幕府の迫害をうけながらも関東の武士層や商工業者に広まっていった。

〔語 群〕

(a) 浄土真	(b) 念 仏	(c) 悪 人	(d) 真 言
(e) 日 蓮	(f) 律	(g) 忍性(良観)	(h) 浄 土
(i) 曹 洞	(j) 道 元	(k) 法 然	(l) 親 鸞
(m) 貞慶(解脱)	(n) 時	(o) 明恵(高弁)	(p) 栄 西
(q) 善 人	(r) 曼荼羅	(s) 法 相	(t) 題 目

Ⅲ 次の文章を読んで、空欄 ① 〜 ⑩ に最適な語句を、下の語群から選び、解答欄の記号をマークしなさい。

15〜17世紀前半の大航海時代の先頭に立ったスペインとポルトガルは、それぞれフィリピン諸島の ① 、中国の ② を拠点に、世界貿易の一環として国の枠をこえておこなわれる ③ 貿易に参入した。

1543年に ④ に漂着したポルトガル人は鉄砲を伝え、それ以降毎年のように来航し、日本との貿易をおこなった。スペイン人は、1584年に ⑤ に来航し、日本との貿易を開始した。

ポルトガル人、スペイン人との南蛮貿易は、キリスト教宣教師の布教活動と一体化していた。1549年に ⑥ の宣教師フランシスコ＝ザビエルが鹿児島に到着し、豊後の ⑦ らの保護を受けて布教を開始した。

ポルトガル船は、布教を認めた大名領に入港したため、大名は貿易をのぞんで宣教師の布教活動を保護し、中には洗礼を受けるものもあった。豊後の ⑦ 、肥前の ⑧ と大村純忠の3名のキリシタン大名は、宣教師 ⑨ の勧めにより、1582年に少年使節をローマ教皇 ⑩ のもとに派遣した。

〔語　群〕

(a) ルイス＝フロイス	(b) マカオ	(c) 勘　合
(d) 小西行長	(e) グレゴリウス13世	(f) 平　戸
(g) 房総半島	(h) 黒田孝高	(i) 大友義鎮(宗麟)
(j) パウルス5世	(k) 有馬晴信	(l) 浦　賀
(m) ヴァリニャーニ	(n) マラッカ	(o) マニラ
(p) 種子島	(q) フランシスコ会	(r) イエズス会
(s) ゴ　ア	(t) 中　継	

Ⅳ　次の文章を読んで、空欄 ① ～ ⑩ に最適な語句を、下の語群から選び、解答欄の記号をマークしなさい。

第六条　日本人に対し法を犯せる ① 人は、 ① コンシュル裁断所にて吟味の上、 ① の法度を以て罰すべし。 ① 人へ対し法を犯したる日本人は、日本役人糺の上、日本の法度を以て罰すべし。

（『大日本古文書　幕末外国関係文書』）

この文章は、 ② 年に結ばれた ③ 条約の一部である。当時、清国がイギリス・フランスと ④ 条約を結んだことを踏まえ、初代総領事であった ⑤ はイギリス・フランスの脅威を説き条約の調印を強くせまった。大老 ⑥ は勅許を得られないまま調印したのである。この条約は居留地内での領事裁判権を認めていたり、 ⑦ が欠如するなど不平等な条約であった。

その後、幕府はこの条約批准書交換のため、外国奉行 ⑧ を主席全権としてアメリカに派遣した。このとき ⑨ らが幕府軍艦 ⑩ を操縦して太平洋横断に成功したのである。

〔語　群〕

(a) 勝海舟　　(b) 日米和親　　(c) 後藤象二郎　　(d) 関税自主権

(e) 下　関　　(f) 阿部正弘　　(g) 朝陽丸　　(h) 新見正興

(i) 亜墨利加　　(j) 咸臨丸　　(k) 日米修好通商　　(l) 1860

(m) 天　津　　(n) 阿蘭陀　　(o) ビットル　　(p) 水野忠邦

(q) 井伊直弼　　(r) ハリス　　(s) 土地所有権　　(t) 1858

世界史

（60 分）

◆各小問の配点

大　問	小　問	配　点
Ⅰ	問 1	各 2 点
	問 2	各 5 点
Ⅱ	問 1	各 2 点
	問 2	各 5 点
Ⅲ	(1)〜(5)	各 3 点
Ⅳ	(1)〜(5)	各 4 点

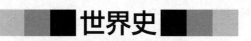

I 下の文章を読み、設問に答えなさい。

アラブ人はアッバース朝(イ)期、支配下にあった諸民族の文化を広く取り入れて再編成し、独自の文化を発展させた。この文化の中心となったのは、神学、哲学、法学、言語学であった。

哲学は [(1)] の解釈を中心とするものであった。このアラビア哲学はヨーロッパの [(2)] にも大きな影響をあたえた。

天文学、医学、数学、化学なども高度に発展した。天文学は占星術を基礎としておこったものであり、各地に天体観測所がたてられた。医学では、イブン=シーナーや [(3)] が有名で、前者の著作『医学典範』は [(4)] に翻訳され、ヨーロッパの大学(ロ)で教科書として使われた。数学では、 [(5)] からゼロの概念が導入され、アラビア数字がつくられた。錬金術から発展した化学は、アルカリ、アルコールといった語がアラビア語起源であることに示されているとおり、高い水準を誇った。

歴史学や地理学も発達した。『世界史序説』を著した [(6)] は、遊牧民と農耕民の相違を分析し、独自の世界史発展の法則を説いた。モロッコ(ハ)生まれの知識人イブン=バットゥータは広く世界各地を旅行し、 [(7)] を著した。

文学ではアラビア語で書かれた [(8)] が有名である。ペルシア語では『四行詩集』(『ルバイヤート』)を著した [(9)] が有名であるが、彼は、正確な太陽暦をつくり、三次方程式の解法を示した卓越した科学者でもあった。フィルドゥシーの叙事詩『シャー=ナーメ』(『王の書』)やサアディーの『薔薇園』もペルシア語による優れた文学作品である。

建築では、イベリア半島の [(10)] が有名である。これは、アラベスクを豊富に使ったもので、スペイン=イスラーム建築の代表とされている。

問1 文中の [(1)] ～ [(10)] に最適な語句を、それぞれの選択肢からひとつずつ選びなさい。

(1) (A) コーラン (B) 聖書
(C) 仏典 (D) リグ=ヴェーダ

(2) (A) 功利主義 (B) 弁証法哲学
(C) スコラ哲学 (D) ウパニシャッド哲学

(3) (A) ムアーウィヤ (B) イブン=ルシュド
(C) シュリーマン (D) マリア=テレジア

(4) (A) ロシア語 (B) ヒンディー語
(C) ラテン語 (D) ウルドゥー語

(5) (A) 中国 (B) インド (C) メキシコ (D) アイルランド

(6) (A) マッツィーニ (B) ピカソ
(C) イブン=サウード (D) イブン=ハルドゥーン

(7) (A) 『世界の記述』(『東方見聞録』)
(B) 『旅行記』(『三大陸周遊記』)
(C) 『南海寄帰内法伝』
(D) 『大唐西域記』

(8) (A) 『マヌ法典』
(B) 『方法叙説』
(C) 大憲章(マグナ=カルタ)
(D) 『千夜一夜物語』(アラビアン=ナイト)

(9) (A) ウマル=ハイヤーム (B) フルシチョフ
(C) ホメイニ (D) ミラボー

(10) (A) アルハンブラ宮殿 (B) ヴェルサイユ宮殿
(C) アンコール=ワット (D) マチュ=ピチュ

問2 下の各問いに答えなさい。

(イ) 下線(イ)について、正しいものは次のどれか。

(A) アッバース朝の首都はイスファハーンであった。

(B) アッバース朝は1258年、大月氏によって滅ぼされた。

(C) アッバース朝は、第2代カリフのアブデュルハミト2世の治世期に最盛期を迎えた。

(D) アッバース朝建国後、ウマイヤ家の末裔がイベリア半島に逃れ、後ウマイヤ朝をたてた。

(ロ) 下線(ロ)について、正しいものは次のどれか。

(A) イギリス最古の大学は、パリ大学をモデルとして設立されたオクスフォード大学である。

(B) イタリア最古の大学はケンブリッジ大学である。

(C) ドイツ最古の大学はワルシャワ大学である。

(D) ポルトガルのマドリード大学は1256年に設立された。

(ハ) 下線(ハ)について、正しいものは次のどれか。

(A) ドイツとスペインの間でモロッコ事件がおこったのは1680年である。

(B) モロッコを中心にベルベル人がたてたムラービト朝の首都はダマスクスであった。

(C) ムラービト朝を滅ぼしたムワッヒド朝はイラン系の王朝であった。

(D) フランスは1912年、モロッコを保護国とした。

Ⅱ 下の文章を読み、設問に答えなさい。

11世紀頃から温和な気候が続いた西ヨーロッパでは、[(1)]の普及や農業技術の進歩によって人々の生活が豊かになり、人口も増えた。農業の発展と人口の成長とがあいまって、封建社会の安定は商業の活性化をうながした。あまった生産物を交換する定期市が各地でひらかれ、ムスリム商人や[(2)]人の商業活動によって[(3)]が広範囲な地域へ広がっていった。さらに、十字軍(イ)の影響で11～12世紀は、東西交易がさかんになり、古代のローマ人が建設した都市などが復活し、遠隔地貿易で発達する都市もあらわれた。

遠隔地貿易は、まず[(4)]で発達した。ヴェネツィア・ジェノヴァ・ピサなどのイタリアの港市は、東方の物産の[(5)]・絹織物・宝石などを西ヨーロッパにもたらし、富をたくわえた。また、ミラノ・フィレンツェなどの内陸都市も毛織物産業や金融業で栄えた。北海・バルト海でも[(4)]につづいて交易がさかんになり、リューベック・ハンブルクといった北ドイツ諸都市は海産物・木材・穀物で、ガン(ヘント)・ブリュージュなどフランドル地方の諸都市は毛織物の生産や取引で繁栄した。この[(4)]と北海・バルト海の二つの商業圏は、南ドイツのニュルンベルクやアウクスブルクや、定期市で繁栄したフランスの[(6)]地方などを中継地として結ばれていた。

経済力を高めた西ヨーロッパの中世都市は、11〜12世紀以降、皇帝や国王、地方の封建領主から次々と自治権を獲得し、自治都市になった。北イタリアの諸都市は、領主である司教権力を倒して自治都市(ロ)となり、周辺の農村も併合し一種の都市国家として完全に独立した。これについで独立性が強かったのはドイツの諸都市で、諸侯の力をおさえようとする皇帝から[(7)]を得て自治権を獲得し、皇帝直属の自由都市(帝国都市)として諸侯と同じ地位にたった。これらの有力な都市は共通利害を守るために都市同盟を結成し、大きな政治勢力へ成長した。北イタリアのロンバルディア同盟や北ドイツ都市間で結ばれる[(8)]がその代表であった。

各自治都市は、独自の行政組織をもって自治にあたった。自治運営の基礎となった組織が、ギルドと呼ばれる同業組合であった。最初に市政を独占していたのは、遠隔地貿易に従事する大商人を中心とする商人ギルドであった。しかしのちには、これに不満をもつ手工業者が職種別の同職ギルドや[(9)]をつくって分離し、[(9)]闘争をおこして市政への参加を実現していった。同職ギルドの組合員になれたのは、独立した手工業経営者である[(10)]に限られていた。[(10)]は職人や徒弟を指導して労働させ、彼らのあいだに厳格な身分序列が存在した。

問1　文中の[(1)]〜[(10)]に最適な語句を、それぞれの選択肢からひとつずつ選びなさい。

(1)　(A)　均田制　(B)　三圃制　(C)　灌漑農業　(D)　囲い込み

(2)　(A)　ノルマン　(B)　スラヴ　(C)　ケルト　(D)　インド

(3)　(A)　獲得経済　(B)　産業革命　(C)　貨幣経済　(D)　価格革命

(4)　(A)　インド洋　(B)　地中海　(C)　大西洋　(D)　黒海

(5)　(A)　サボテン　(B)　アヘン　(C)　トマト　(D)　香辛料

(6)　(A)　ブルゴーニュ　(B)　ネーデルラント　(C)　レバント　(D)　シャンパーニュ

(7)　(A)　贖宥状　(B)　大憲章　(C)　特許状　(D)　金印勅書

(8)　(A)　ユトレヒト　(B)　ハンザ　(C)　神聖　(D)　カルマル

(9)　(A)　マニュファクチュア　(B)　ブルジョワジー　(C)　ツンフト　(D)　ピューリタン

(10)　(A)　親方　(B)　ヨーマン　(C)　騎士　(D)　ジェントリ

問2　下の各問いに答えなさい。

(イ)　下線(イ)の説明として、誤っているものは次のどれか。

(A)　11世紀後半、トルコ人のセルジューク朝は聖地イェルサレムを占領し、さらにアナトリアにも進出したことが十字軍のきっかけであった。

(B)　教皇グレゴリウス1世はビザンツ皇帝の要請をうけ、1095年、クレルモン宗教会議を招集し、聖地回復の聖戦をおこすことを提唱した。

(C)　1096年に第1回十字軍が出発し、その後13世紀後半までの約200年間に、7回にわたる十字軍がおこされた。

(D)　第4回十字軍はヴェネツィア商人の要求にせまられ方針をかえ、コンスタンティノープルを征服してラテン帝国を樹立した。

(ロ)　下線(ロ)と同義の呼称は次のどれか。

(A)　コミンテルン

(B)　フロンティア

(C)　ユンカー

(D)　コムーネ

Ⅲ 次の各問いに答え、最適なものを(A)〜(D)より選びなさい。

(1) 中国の春秋・戦国時代に登場した諸子百家のうち、親に対する「孝」のような身近な家族道徳を社会秩序の基本におくことを提唱した思想家は次の誰か。

(A) 孫子 (B) 荀子 (C) 孔子 (D) 荘子

(2) 第2回ポエニ戦争を指揮したカルタゴの名将は次の誰か。

(A) カエサル (B) ハンニバル

(C) アッバース1世 (D) ピサロ

(3) 安史の乱に際して義勇軍を組織して抵抗した人物で、書家として革新的な力強い書風を確立したのは次の誰か。

(A) 王羲之 (B) 鄭成功 (C) 李時珍 (D) 顔真卿

(4) パータリプトラを都とし、アショーカ王の仏典結集などで知られた古代インドの王朝は次のどれか。

(A) マウリヤ朝 (B) クシャーナ朝

(C) グプタ朝 (D) サータヴァーハナ朝

(5) 太平洋戦争でアメリカ軍が日本軍を撤退させた、ソロモン諸島南部の島は次のどれか。

(A) シチリア島 (B) ガダルカナル島

(C) グアム島 (D) ハワイ島

Ⅳ 文中の [(1)] ～ [(5)] に最適な語句を、それぞれの選択肢からひとつずつ選びなさい。

1973年、エジプト・シリアとイスラエルのあいだで [(1)] がおこると、サウジアラビアなどのアラブ産油国は、イスラエルに友好的な国々に対して原油輸出の停止や制限の措置をとった。同時に、 [(2)] は原油価格の大幅引き上げを決定したため、安価な石油を前提に経済成長をつづけてきた先進工業国は深刻な打撃をうけた。

オイル=ショックと [(3)] は、先進国の好景気に終止符をうち、短期間でたちなおった [(4)] を除いて、西ヨーロッパ諸国やアメリカ合衆国の経済成長は減速した。そこで、 [(3)] ののち、経済成長の鈍化、通貨・債務、エネルギー問題など、先進国相互に共通する問題に対応するため、1975年以降、 [(5)] が開催されるようになった。

(1) (A) 第1次中東戦争 (B) 湾岸戦争
(C) アロー戦争 (D) 第4次中東戦争

(2) (A) パレスチナ解放機構(PLO)
(B) 世界貿易機関(WTO)
(C) 石油輸出国機構(OPEC)
(D) 北大西洋条約機構(NATO)

(3) (A) ドル=ショック (B) ベルリン封鎖
(C) 世界恐慌 (D) キューバ革命

(4) (A) 韓国 (B) イギリス
(C) マレーシア (D) 日本

(5) (A) 国連貿易開発会議(UNCTAD)
(B) 先進国首脳会議(サミット)
(C) ウルグアイ=ラウンド
(D) アジア太平洋経済協力会議(APEC)

現代社会・政治経済

（60分）

◆各小問の配点

大　問	小　問	配　点
Ⅰ	(1)	各2点
	(2)〜(6)	各3点
Ⅱ	(1)	各2点
	(2)〜(6)	各3点
Ⅲ	(1)	各2点
	(2)〜(6)	各3点
Ⅳ	(1)	各2点
	(2)〜(6)	各3点

Ⅰ　次のA先生とBさんの会話文を読み、あとの設問に答えなさい。

A先生：20世紀に入ると［ 1 ］の時代になったといわれています。それはどのような特徴があるかご存知ですか。

Bさん：専門知識を備えた膨大な数の公務員が政策の決定においても政党や政治家にかわって重要な役割をもつようになったと聞きました。

A先生：そうですね。立法府以外の機関が法律の委任に基づいて制定する委任立法についても習いましたね。

Bさん：日本では［ 2 ］の拡大が見られ、行政機関はきわめて強力になったのですね。

A先生：そうです。ただ近年では、［ 3 ］を求める声が高まってきました。なかでも、経済活動についての［ 4 ］を進めるべきだという主張もあります。行政指導などによる官僚の影響力を少なくすべきだという主張もなされました。

Bさん：確か、許認可行政や行政指導などへの透明性を確保するために［ 5 ］などが制定されたのですね。

(1)　文中の［ 1 ］から［ 5 ］にあてはまる最適な語句を、それぞれ選択肢(a)〜(d)の中から一つずつ選びなさい。

1　(a)　夜警国家　(b)　立法国家　(c)　司法国家　(d)　行政国家

2　(a)　官僚制　(b)　立法権　(c)　国政調査権　(d)　比例代表制

3　(a)　司法改革　(b)　国連改革
　(c)　行政改革　(d)　選挙制度改革

4　(a)　規制緩和　(b)　財閥解体　(c)　選挙制度　(d)　天下り

5　(a)　政府立法　(b)　行政手続法　(c)　民事訴訟法　(d)　公職選挙法

(2)　行政機関にゆだねられた委任立法として最も適切でないものを、選択肢(a)〜(d)の中から一つ選びなさい。

(a)　規則　(b)　政令　(c)　省令　(d)　法律

(3)　国家公務員倫理法の内容として最も適切なものを、選択肢(a)～(d)の中から一つ選びなさい。

(a)　本省課長補佐級以上が関係業者から1000円をこえる接待・贈与を受けた場合の報告義務

(b)　本省課長補佐級以上が関係業者から5000円をこえる接待・贈与を受けた場合の報告義務

(c)　本省課長補佐級以上が関係業者から10000円をこえる接待・贈与を受けた場合の報告義務

(d)　本省課長補佐級以上が関係業者から50000円をこえる接待・贈与を受けた場合の報告義務

(4)　官僚制の弊害として最も適切でないものを、選択肢(a)～(d)の中から一つ選びなさい。

(a)　事なかれ主義　　(b)　法規万能主義

(c)　生産性の向上　　(d)　セクショナリズム

(5)　独立行政法人の例として最も適切でないものを、選択肢(a)～(d)の中から一つ選びなさい。

(a)　人事院　　(b)　国立病院機構

(c)　国立科学博物館　　(d)　国立美術館

(6)　政治主導のためのしくみとして最も適切でないものを、選択肢(a)～(d)の中から一つ選びなさい。

(a)　大臣政務官の設置　　(b)　副大臣の設置

(c)　首相補佐官の設置　　(d)　内閣人事局の廃止

Ⅱ　次の文章を読み、あとの設問に答えなさい。

一国の経済力の測り方として、国富(ア)のように、ある一時点における蓄積された資産の指標である [1] と、国内総生産(GDP)(イ)ないし国民総所得(GNI)のように、一定期間の額を合計する [2] の2種類がある。また、国民経済の動きである景気循環(ウ)では、生産や [3] が増加して物価上昇(インフレーション、インフレ)(エ)が起こりやすい [4] 期と、それとは真逆の不況期があり、なかでも激しい景気後退は [5] と言われる。

(1)　文中の [1] ～ [5] にあてはまる最適な語句を、それぞれ選択肢(a)～(d)の中から一つずつ選びなさい。

1	(a)　ストック	(b)　スペア	(c)　スロー	(d)　スライド
2	(a)　キャッシュ	(b)　フロー	(c)　ストック	(d)　スロー
3	(a)　倒産	(b)　雇用	(c)　財政赤字	(d)　貨幣価値
4	(a)　好況	(b)　良況	(c)　好調	(d)　絶好
5	(a)　恐慌	(b)　凶荒	(c)　大不全	(d)　後況

(2)　文中の下線部(ア)の内容として最も適切でないものを、選択肢(a)～(d)の中から一つ選びなさい。

(a)　土地や森林　　(b)　住宅などの実物資産

(c)　政府国債の残高　　(d)　海外にある純資産

(3)　文中の下線部(イ)の説明として最も適切なものを、選択肢(a)～(d)の中から一つ選びなさい。

(a)　海外からの純所得が含まれている。

(b)　総生産額から原材料などの費用を差し引いた付加価値の合計である。

(c)　固定資本減耗分は含まれない。

(d)　間接税は含まれない。

(4)　文中の下線部(ウ)の説明として最も適切でないものを、選択肢(a)〜(d)の中から一つ選びなさい。

(a)　50〜60年周期のコンドラチェフの波は、大きな技術革新を背景とする。

(b)　最も短い周期は、40か月程度とされる。

(c)　好況―後退―不況―回復というサイクルからなる。

(d)　景気循環は投資活動の増減で自動的に調整されるため、政府は介入しない。

(5)　文中の下線部(エ)の説明として最も適切なものを、選択肢(a)〜(d)の中から一つ選びなさい。

(a)　賃金や原材料価格の高騰によるものを、コスト・プッシュ・インフレとよばれる。

(b)　インフレは、需要が供給を下回るときに起こる。

(c)　通貨発行はインフレには関係しない。

(d)　不況のときにインフレは起こらない。

(6)　日本の経済活動や景気循環に関する説明として最も適切でないものを、選択肢(a)〜(d)の中から一つ選びなさい。

(a)　1950年代の高度成長期に、スタグフレーションという現象が見られた。

(b)　1970年代に日本で、石油危機によって狂乱物価とよばれる事態が起こった。

(c)　1985年のプラザ合意後の円高によって、輸出の不振に陥った。

(d)　1990年代の平成不況は、「失われた10年」といわれた。

Ⅲ　次のX先生とYさんの会話文を読み，あとの設問に答えなさい。

X先生：1990年代に京都で環境問題に関する重要な会議がありました。

Yさん：[1] 年に開催された京都会議(ア)ですね。この時に締結された京都議定書は二酸化炭素の排出抑制について，はじめて法的な拘束力をもったものだったと学びました。

X先生：よく知っていますね。京都議定書では，[2] などの仕組みも定められました。

Yさん：京都議定書の課題はなかったのでしょうか。

X先生：[3] が2001年に離脱したことなどが課題として挙げられます。

Yさん：その後はどうなったのでしょうか。

X先生：2012年には京都議定書の [4] 年間の延長が合意されましたが，早くも2015年には発展途上国を含む国際社会全体が地球温暖化防止に参加するための新たな枠組みとして [5] が採択されました。

(1)　文中の [1] ～ [5] にあてはまる最適な語句を，それぞれ選択肢(a)～(d)の中から一つずつ選びなさい。

1　(a)　1992　(b)　1995　(c)　1997　(d)　1999

2　(a)　グリーン購買法　(b)　アジェンダ20
　(c)　クリーン開発メカニズム　(d)　マネーストック

3　(a)　中国　(b)　日本
　(c)　アメリカ合衆国　(d)　インド

4　(a)　5　(b)　8　(c)　10　(d)　12

5　(a)　ウィーン条約　(b)　モントリオール議定書
　(c)　ロンドン条約　(d)　パリ協定

(2)　文中の下線部(ア)の別称として最も適切なものを，選択肢(a)～(d)の中から一つ選びなさい。

(a)　第1回締約国会議（第1回気候変動枠組み条約締約国会議）

(b)　第2回締約国会議（第2回気候変動枠組み条約締約国会議）

(c)　第3回締約国会議（第3回気候変動枠組み条約締約国会議）

(d)　第4回締約国会議(第4回気候変動枠組み条約締約国会議)

(3)　文中の下線部(ア)に関する説明として最も適切なものを、選択肢(a)〜(d)の中から一つ選びなさい。

(a)　発展途上国に対して、最も重い温室効果ガスの削減義務が課された。

(b)　発展途上国に対して、最も重い海洋汚染物質の削減義務が課された。

(c)　温室効果ガス排出権・排出量の取引が全廃された。

(d)　ロシアは京都議定書に参加したことがある。

(4)　2015年時点で、二酸化炭素排出量が1番目と2番目に多い国として最も適切なものを、選択肢(a)〜(d)の中から一つ選びなさい。

(a)　中国、日本

(b)　中国、アメリカ合衆国

(c)　アメリカ合衆国、インド

(d)　アメリカ合衆国、オーストラリア

(5)　酸性雨による深刻な被害を受けて、1979年に欧米諸国を中心に採択された条約として最も適切なものを、選択肢(a)〜(d)の中から一つ選びなさい。

(a)　二酸化炭素拡散防止条約

(b)　二酸化炭素排出禁止条約

(c)　長距離大気海洋汚染抑制条約

(d)　長距離越境大気汚染条約

(6)　環境問題に関する取り組みとして最も適切でないものを、選択肢(a)〜(d)の中から一つ選びなさい。

(a)　1971年に湿地の保全などを取り決めたラムサール条約が採択された。

(b)　1977年に砂漠化防止を目的とするワシントン条約が採択された。

(c)　1985年にオゾン層保護を目的とするウィーン条約が採択された。

(d)　1992年にブラジルで国連環境開発会議(地球サミット)が開催された。

Ⅳ　次のX先生とYさんの会話文を読み、あとの設問に答えなさい。

X先生：日本語で経済協力開発機構とよばれるOECDに日本が加盟したのは何年でしたか。

Yさん：[1] 年です。

X先生：このOECDには援助に関するDACという下部組織があります。(ア)DACはODAの目標を設定していますが、その基準は覚えていますか。

Yさん：GNIの [2] %です。

X先生：そのとおりです。日本のODAでは返済を求めない援助以外に、返済を必要とする援助(イ)(有償資金協力)も活用しています。また、日本が直接、開発援助をする以外に、国際機関を通じた援助もあります。開発援助をおこなう国際機関に世界銀行グループがありますが、その構成機関の一つが(ウ)国際復興開発銀行です。英語名称の頭文字をとった表記では何というか知っていますか。

Yさん：[3] です。

X先生：正解です。発展途上国のなかでも経済成長により所得の向上を達成した国もある一方で、(エ)後発発展途上国([4])としての指定を受ける国もまだまだあります。

Yさん：経済発展の度合いで呼称が違うんですね。後発発展途上国にあたるか否かの認定はどこがしているのですか。

X先生：国連の [5] 理事会がおこなっています。

(1)　文中の [1] ～ [5] にあてはまる最適な語句を、それぞれ選択肢(a)～(d)の中から一つずつ選びなさい。

1	(a) 1964	(b) 1974	(c) 1984	(d) 1994
2	(a) 0.1	(b) 0.4	(c) 0.7	(d) 1.0
3	(a) IRDB	(b) IBRD	(c) IRBD	(d) IDRB
4	(a) LCD	(b) LDC	(c) LDS	(d) LSD
5	(a) 経済社会	(b) 経済発展	(c) 開発支援	(d) 貿易発展

(2)　文中の下線部(ア)に関連する日本のODAの説明として最も適切でないものを、選択肢(a)～(d)の中から一つ選びなさい。

(a) 日本のODAはDACの目標水準に到達していない。

(b) 日本のODAにおける贈与比率はDAC加盟国平均値よりも低い。

(c) 日本のODAは金額でみるとDAC加盟国の中で最大であった時期がある。

(d) 日本はアジア地域では援助をおこなっていない。

(3) 文中の下線部(イ)の説明として最も適切でないものを、選択肢(a)〜(d)の中から一つ選びなさい。

(a) 円で資金を貸すものを円借款という。

(b) 市場より低金利での貸し付けである。

(c) 返済できない場合には、その国の港湾等のインフラ設備を接収している。

(d) 返済までの期間が長期間である。

(4) 文中の下線部(ウ)の説明として最も適切でないものを、選択肢(a)〜(d)の中から一つ選びなさい。

(a) IMFと同じ年に設立された。

(b) 現在のおもな融資先は発展途上国である。

(c) 国連との関連はない。

(d) 日本も過去には融資を受けていたことがある。

(5) UNCTADの説明として最も適切でないものを、選択肢(a)〜(d)の中から一つ選びなさい。

(a) 1964年に設立された。

(b) 国連の常設機関である。

(c) 信託統治理事会によって設置された機関である。

(d) 南北問題を検討し、貿易と開発について交渉するための場である。

(6) 文中の下線部(エ)に認定された国が最も多く存在する地域として最も適切なものを、選択肢(a)〜(d)の中から一つ選びなさい。

(a) アジア地域

(b) アフリカ地域

(c) オセアニア地域

(d) 南アメリカ地域

数学

（60分）

◆各小問の配点

大　問	小　問	配　点
Ⅰ	(1)〜(3)	各5点
	(4)コ	3点
	(4)サシ	2点
Ⅱ	(1)〜(5)	各6点
Ⅲ	(1)・(4)	各5点
	(2)ウ・(3)カキ	各3点
	(2)エオ・(3)ク	各2点
Ⅳ	(1)〜(5)	各6点

数学の解答用紙の記入方法

問題文中の ア ， イウ などの 　 には，数値または符号（−，±）が入る。これらを以下の方法で解答用紙の対応する欄に解答せよ。

(1)　**ア**，**イ**，**ウ**，… のひとつひとつは，次ページの(4)の場合を除き，それぞれ数字（0，1，2，…，9）あるいは符号（−，±）のいずれかひとつに対応する。それらを解答用紙の**ア**，**イ**，**ウ**，… で示された欄にマークせよ。

［例］ アイ に −5 と答えたいときは，次のようにマークせよ。

ア	±	●	0	1	2	3	4	5	6	7	8	9	*
イ	±	−	0	1	2	3	4	●	6	7	8	9	*

(2) 分数の形の解答は，すべて既約分数（それ以上約分できない分数）で答えよ。符号（−，±）をつける場合は，分子につけ，分母につけてはいけない。

[例] $\dfrac{\boxed{\text{ウエ}}}{\boxed{\text{オ}}}$ に $-\dfrac{4}{7}$ と答えたいときは，次のようにマークせよ。

ウ	±	●	0	1	2	3	4	5	6	7	8	9	*
エ	±	−	0	1	2	3	●	5	6	7	8	9	*
オ	±	−	0	1	2	3	4	5	6	●	8	9	*

(3) 根号を含む形の解答は，根号の中の自然数が最小となる形で答えよ。例えば，

$\boxed{\text{カ}}\sqrt{\boxed{\text{キ}}}$，$\dfrac{\sqrt{\boxed{\text{ク}}}}{\boxed{\text{ケ}}}$ に $4\sqrt{2}$，$\dfrac{\sqrt{2}}{2}$ と答えるところを，

$2\sqrt{8}$，$\dfrac{\sqrt{8}}{4}$ のように答えてはいけない。

(4) $\boxed{\text{コサ}}$ のような2桁の空欄において，1桁の数を答えたいとき，最初の解答欄にその数をマークし，残った不要な解答欄には，* をマークせよ。3桁以上の空欄においても同様に残った不要な欄には，* をマークせよ。

[例] $\boxed{\text{コサ}}$ に5と答えたいときは，次のようにマークせよ。

コ	±	−	0	1	2	3	4	●	6	7	8	9	*
サ	±	−	0	1	2	3	4	5	6	7	8	9	●

Ⅰ　次の各問の空欄の**ア**～**シ**にあてはまる数字または符号を求めよ。分数は既約分数で答えよ。

(1)　$x^2+7xy+12y^2+x+7y-12$

$=\left(x+\boxed{\text{ア}}\,y+\boxed{\text{イ}}\right)\left(x+\boxed{\text{ウ}}\,y-\boxed{\text{エ}}\right)$

(2)　$x>0$，かつ，$x-\dfrac{1}{x}=2\sqrt{3}$ のとき，$x+\dfrac{1}{x}=\boxed{\text{オ}}$ である。

(3)　不等式 $|x+4|+|x-1|<9$ を満たす x の値の範囲は，

$\boxed{\text{カキ}}<x<\boxed{\text{クケ}}$ である。

(4)　次のデータは，10人の生徒の数学の小テスト（10点満点）の得点である。

7，6，10，9，8，9，9，8，7，7（点）

10人の得点の平均値は，$\boxed{\text{コ}}$ 点であり，分散は，$\dfrac{\boxed{\text{サ}}}{\boxed{\text{シ}}}$ である。

Ⅱ　2次関数 $y=ax^2-4ax+a+2b$（ただし，a，bは実数定数で，$a<0$）…①を考える。このとき，次の各問の空欄の**ア**～**シ**にあてはまる数字または符号を求めよ。

(1)　①のグラフの軸は，$x=$ **ア** である。

(2)　①のグラフの頂点のy座標は，$-$ **イ** $a+$ **ウ** b である。

(3)　$2-\sqrt{2} \leqq x \leqq 2+\sqrt{3}$ の範囲における①の最小値は， **エ** b である。

(4)　①のグラフをx軸方向に2，y軸方向に2だけ平行移動したグラフは，
$y=-3x^2+24x-43$ のグラフと一致する。
このとき，$a=$ **オカ** ，$b=$ **キク** である。

(5)　$-3 \leqq x \leqq 3$ の範囲における①の最大値が36，最小値が-64であるとき，
$a=$ **ケコ** ，$b=$ **サシ** である。

Ⅲ 次の各問の空欄の**ア**～**シ**にあてはまる数字を求めよ。分数はすべて既約分数で答えよ。

(1) 2 個のさいころを同時に投げるとき，出る目の合計は全部で [アイ] 通りある。

(2) 2 個のさいころを同時に投げるとき，出る目の合計が n になる確率は，

$n=$ [ウ] のとき最大で，$\dfrac{\boxed{エ}}{\boxed{オ}}$ である。

(3) 2 個のさいころを同時に投げるとき，出る目の合計が 5 以上になる確率は，

$\dfrac{\boxed{カ}}{\boxed{キ}}$ である。また，出る目の合計が n 以上になる確率が $\dfrac{1}{2}$ 以下となる最小の整数 n は，[ク] である。

(4) A さんと B さんがそれぞれ同時に 2 個のさいころを投げて，出た目の合計で勝敗を決めるゲームをしている。A さんの出した目の合計が 5 以上，かつ，B さんの出した目の合計が10未満の場合は A さんの勝ち，それ以外は B さんの勝ちとするとき，A さんが勝つ確率は，$\dfrac{\boxed{ケコ}}{\boxed{サシ}}$ である。

Ⅳ　次の図のような四面体 ABCD において，$\angle DAB = \angle DAC = 90°$，$BC = 9$，$CA = 7$，$AD = \sqrt{15}$，$\cos\angle CAB = -\dfrac{2}{7}$ のとき，次の各問の空欄の**ア**～**シ**にあてはまる数字を求めよ。分数はすべて既約分数で答えよ。また，根号を含む形の解答は，根号の中の自然数が最小となる形で答えよ。

⑴　AB = [ア] である。

⑵　$\cos\angle ABC = \dfrac{[イ]}{[ウ]}$ である。

⑶　△ABC の面積は，[エ] $\sqrt{[オ]}$ である。

⑷　△ABC の外接円の半径は，$\dfrac{[カキ]\sqrt{[ク]}}{10}$ である。

⑸　△DBC の面積は，$\dfrac{[ケ]\sqrt{[コサシ]}}{2}$ である。

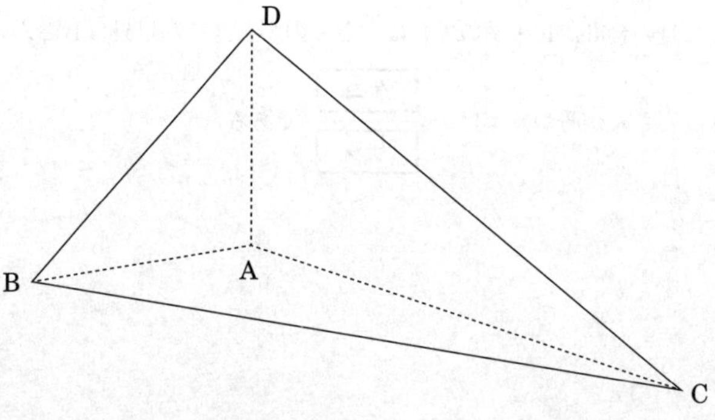

注）図は概略図であり，長さ，角度等を必ずしも正確に表したものではない。

して、お互いの人格の違いを認め合っている。

② 見た目はそっくりでも考えや性格の異なる一卵性双生児の仁と礼が同じ女性を巡って勝負をすることで、双子とはいえ二人は生まれた時から別の人格だと再認識している。

③ 個性の異なる一卵性双生児の仁と礼は成長していく過程でそれぞれ別の道を歩んでいるが、同じ女性に恋をすることで、どこまでいっても二人は双子だと痛感している。

④ 仁と礼が同じ女性に恋をして勝負する過程で一卵性双生児に特有の神秘に出会い、考えや個性が異なっていても、やはり双子であることを二人とも実感している。

問三　【A】～【D】は誰の言葉でしょうか。その組み合わせとして最も適当なものを、つぎの①～④の中から一つ選びなさい。

①　礼―仁―礼―仁　②　仁―礼―仁―仁　③　礼―仁―礼―礼　④　仁―礼―仁―礼

問四　傍線部**イ**について、このときの仁の心情として最も適当でないものを、つぎの①～④の中から一つ選びなさい。

①　いくら双子だといっても弟のピンチヒッターなんてまっぴらごめんだよ。
②　これ以上、みじめな思いはしたくない。それにあの子にも失礼だよ。
③　ラッキー、礼は知らないだろうけど、僕だってあの子が大好きなんだ。
④　いくら見た目はそっくりでも、話したらすぐバレるにきまってるさ。

問五　本文の特徴として最も適当でないものを、つぎの①～④の中から一つ選びなさい。

①　仁と礼の掛け合いを何度も繰り返すことで、二人の個性を微妙な言葉の違いや言い回しで表現している。
②　仁と礼の掛け合いを何度も繰り返すなかで、一卵性双生児であっても声までは似ていないことを表現している。
③　仁と礼の掛け合いを何度も繰り返すことで、音楽の対位法のように独特のリズムを巧みに描写している。
④　仁と礼の掛け合いを何度も繰り返すなかで、一卵性双生児に特有の神秘的なシンクロニシティを強調している。

問六　本文の内容として最も適当なものを、つぎの①～④の中から一つ選びなさい。

①　個性も性格も異なる仁と礼が同じ女性に恋をして勝負をするが、その過程で一卵性双生児のシンクロニシティに遭遇

うん、とりあえず三人が会う場所はどこにしよう。
答えは見事にシンクロした。
「ピーナッツ」
「パーク」

（荻原浩「ダブルトラブルギャンブル」より）

設問

問一 括弧（ a ）〜（ e ）に入れる言葉として最も適当なものを、つぎの①〜④の中から一つずつ選びなさい。

a ① 思索的 ② 論理的 ③ 体系的 ④ 理知的
b ① 隅々 ② 端々 ③ 方々 ④ 節々
c ① 嫉妬 ② 納得 ③ 後悔 ④ 激怒
d ① 感傷的 ② 感覚的 ③ 比喩的 ④ 直截的
e ① 懺悔 ② 白状 ③ 吐露 ④ 回顧

問二 傍線部アの理由として最も適当なものを、つぎの①〜④の中から一つ選びなさい。

① 誰かが気づいてくれるだろうと内心期待していたが、誰も本当に気づかず悲しかったため。
② 誰にも気づかれなくてよかったが、自分自身の存在感までを否定されたように感じられたため。
③ 誰にも気づかれないことを願いつつも、じつは誰かに気づいて欲しいと秘かに思っていたため。
④ 誰にも気づかれなくてよかったが、母親をも欺くことになり若干の後ろめたさが残ったため。

どうしようもないな、双子っていうのは。【D】
ほんとうに。どうしようもない、双子は。
こういう時にじゃんけんで決めないのは、何度やってもあいこになってしまうからだ。
双子じゃない人間には信じられないかもしれないが、いつもそうなのだ。一卵性双生児のシンクロニシティのひとつ。最高二十八回まで勝負が決まらなかったことがある。

僕らはしばらく笑いころげた。馬鹿みたいに。そうしているうちに、僕は自分が抱えていると思っていたすべてのことが、どうでもよくなった。礼の言うとおりだ。僕に死ぬ勇気なんてなかったろう。礼は僕より僕のことを知っている。一卵性双生児の神秘に比べたら、世の中は馬鹿みたいにわかりやすくてシンプルだ。シンクロニシティ。礼にいいことがあるなら、僕にもいいことがそのうちきっとある。
僕は言ってみた。ねえ、礼、三人でデートしないか。これまでのことを正直に話して。彼女が怒って帰っちゃう可能性はかなり高いんだけど。

おお、いいね。あの子ももうすぐ夏休みだから、次は地元で会おうって約束したんだ。向こうで会おう。
たぶん、彼女は僕のほうを好きなんだと思うんだ。それでもいいのかい。
たぶん、仁は俺のコミュニケーション能力にあっさり負けると思うけど。
いいよ。その時はちゃんとあきらめて、あの子に負けない彼女を見つけるよ。
おう。俺は負けないと思うから、仁の彼女と四人でダブルデートをしようぜ。
じゃあ、とりあえず三人で会う場所はどこにする。

〝4〟
なんてこったい。引き分けだ。
ラッキー。もう一回いこう。今度は礼から引きなよ。
おう。今度はカードの山の底近くが光って見えた。
〝K《キング》〟
おっしゃあ。俺の勝ちだ。
まだわからないよ。エースが出るかもしれない。僕は手の汗をぬぐって、またいちばん上をめくる。
〝K〟
よしっ。
嘘だろ。
次はどっちから引く？
俺。先手必勝。よし、エース、来い。
〝9〟
微妙なとこだ。来るなよ、仁にデカい数字。俺は両手を合わせて目を閉じた。
いくよ。今度はインスピレーションが働いて、僕はいちばん下からカードを抜きだした。
〝9〟
俺は笑った。
僕も笑った。

ても、と人は思うかもしれない。でも、僕らが双子のままでいると、ややこしいことがまだまだ続く気がするんだ。もうレコーダーは止めよう。もともと誰に聞かせるあてもなかったんだし。

そう、いままで俺たちがしてきたことを（　e　）したかっただけだ。

少なくとも母さんには聞かせられないな。【C】

少なくともママには聞いてほしくないな。

なにしろ僕らの命を賭けた勝負だから。

じゃんけんなんかじゃ決められない。勝負はカードゲームだ。

僕らはこの勝負のために買ったトランプのビニール包装を剥いだ。お互いに一度ずつシャッフルする。

簡単なルールだ。俺たちはトランプの山からカードを一枚ずつ引く。数が大きいほうを引いたら勝ち。

さ、どうぞ。

そっちが先に引けよ。

じゃあ、僕からいくよ。無作為抽出だ。考えたってしかたない。大きく深呼吸してから、僕はいちばん上のカードをめくった。

〝4〟

まずい。

悪いな。A《エース》が最高手でジョーカーはノーカウント。俺の勝ちはほぼ間違いないだろう。俺は目を閉じてカードに念を送り、

なんとなく光って見えた真ん中あたりを抜き出す。

でも、僕も彼女が好きなんだ。

声をかけたのは俺だ。俺が先だよ。

初めて気づいたのは僕のほうだよ。ほら、引っ越してすぐ、駅前のコンビニに可愛い子がいるって話しただろ。

だからなに？

大切なのは彼女の気持ちじゃないのかな。

勝手なこと言うなよ。

ジャケットや整髪料とは違う。彼女を共有するわけにはいかなかった。

遊園地のペア招待券じゃない。彼女を手にできるのはどちらか一人だ。

僕らは話し合った。

俺たちは喧嘩した。

口論はしまいには殴り合いになった。僕らの生まれて初めての殴り合いだ。

仁を殴ってしまった時は後悔した。まるで自分を殴っているみたいだった。

礼を殴り返した時、僕の頬にも痛みが走った。（　d　）な意味じゃなくて本当に具象的に肉体的に。他人には信じられないだろうが、一卵性双生児にはそういうこともあるのだ。

そして、僕らの出した結論は、双子をやめることだった。

やめるっていうか、ハンパな依存関係はよそうってこと。

これから僕らはある勝負をする。勝ったほうが彼女を手に入れる。負けたほうは消える。そういう約束だ。そこまでしなく

「だよね」

僕はおもに聞き役で、自分から喋ったのは、僕ら三人の故郷の話ばかりだった。そうしておけば、礼とすんなり交替できると思ったからだ。

地元の人間だけが知っている地域ネタ。県内では有名だったチェーン店が東京にはないこと。ちょっと気張った買い物をする時にはお互いに県庁のある街まで出かけていて、よく行っていた映画館やＣＤショップも同じだった。標準語だと思っていた言葉がじつは方言だった、という話はすいぶん盛り上がった。

「高橋くんって、軽そうに見えるけど、そうでもないんだね」

「ぼく……俺が？　そんなことないよ。俺、このあいだも——」

礼のお得意のギャグを口にしたら、これも受けてしまった。聞かれなかったから礼の大学の名前は出していない。言いたくなくなったのかもしれない。楽しかった。教授や他の学生から「よくこれでウチに来れたな」って目で見られる情けなさも、肉体系のバイトで叱られてばかりいるつらさも、ひととき忘れられた。身代わりであることもいつのまにか忘れていた。

双子の僕らはなんでも情報を共有していた。隠し事をしても無駄だから。でも、この日、僕は礼に大きな秘密をつくってしまった。最初はちゃんと話すつもりだったんだけれど、どうしても言い出せなかった。

翌日もまた彼女と会う約束をしたことだ。

おいおい、なんてことしてくれたんだ。

悪かったと思ってる。

ざけんな。

「あ、わたしも。あれ？　このあいだは別ののがいちばん好きって言ってなかったっけ」

「そうだっけ」

入れ替わる場所と方法を知らせてくるはずだったのに、礼からの連絡はなかった。

最悪の日だ。店長がようやく戻ってきたと思ったら、マツダさんの代わりに厨房で慣れないフライヤーを担当していたヤンくんが火傷してしまったのだ。俺は日本語が苦手なヤンくんに付き添って病院へ行かなくちゃならなくなった。

ライブが終わった後、僕は彼女と駅まで歩いた。礼から連絡が入っていないか何度もスマホを確かめながら。女の子とつきあったことのない僕だって、このまま駅で別れるべきじゃないことはわかっていた。彼女がそれを望んでいないことも。どこかの店に入るのが、ごく自然な流れだし、このまま帰してしまうのは礼のためにもよくない、そう思ったのだ。本当だとも。入ったのはシーフードのちょっと高級なファミレス。僕が酒を注文しなかったことに、彼女は意外そうな顔をした。礼がコンビニでちょくちょくチューハイを買っているからだと思う。彼女は本当に礼のことはまだよく知らないようだった。下の名前すら。

「俺、あ、えーと」名前を訊ねられた時、素直に言葉が出てこなかった。仁だよ、って言ってしまいたくて。「……礼。起立、礼、着席、の礼」

彼女はデザイン関係の専門学校生だった。

「あれ、話さなかったっけ」

「ああ、聞いたよね。俺も東京に出てきたばかりで」

「うん、聞いた」

チケットは家に置いたままだ！

もうだめだ。タイムオーバー。

彼女に連絡をして、行けないって話したら、せっかくつながった細い赤い糸が切れて、また一からやり直しだ。いや、これに懲りて、二度と俺の誘いには応じてくれないかもしれない。そのバンドの東京でのライブは今年はもうないのだ。俺はすぐに仁に電話をした。

「なあ、兄ちゃん、頼みがあるんだ」

バイトが終わるまで、仁に彼女の相手をしてもらおうと思ったのだ。ライブ中はどうせろくに話なんかできやしない。仁にエスコートしてもらって、出口のところですり替わるつもりだった。勝手な言いぐさだけれど、仁の気分転換になるかもしれない、とも思った。仁の精神状態はこのところかなりヤバイ感じだから。

イ 僕はしぶった。あたりまえだ。いくら双子の兄弟だって、デートの替え玉なんてとんでもない。いままでのすり替わりとはわけが違う。話しているうちにバレちまうだろう。弟のデートのピンチヒッターだなんて。東京でのみじめな毎日を僕は思った。これ以上みじめな人間になりたくなかった。

結局、僕はライブ会場近くの待ち合わせ場所に行くことになった。いつもの制服じゃない、バンドのシンボルのカンガルーが描かれたロングTを着た彼女は、とても素敵だった。本当に好きなんだろう。ライブの間じゅう彼女は楽しそうで興奮してはしゃいで幸せそうだった。カンガルーと一緒に跳びはねていた。僕もたいていの曲は知っていた。この日のために礼がいつも聴いていたから、自然に覚えてしまったんだ。

「僕はこの曲がいちばん好きなんだ」

かりの専門学校生。

七月初めのある日、ほかにかける言葉を思いつけず、店内に流れるＢＧＭを「いいね」と俺が言ったら、彼女が瞳の中に星をまたたかせた。わたし、この人たち、大好きなんです。今月、ライブがあるけど、一緒に行ってくれる人がいなくて。いくしかないでしょ。「俺も大好きなんだ。一緒に行こうよ」

その子のことは僕も知っていた。あのコンビニには僕も立ち寄るからね。一卵性双生児の面倒くさい点のひとつは、女の子の好みが一致してしまうことだ。じつは僕もその子のことが気になっていた。僕はひと言も声をかけられなかったけれど。彼女をデートに誘ったって礼に聞かされた時には、僕も嬉しくなった。双子の悲しい性だ。自分が認められた気分になってしまうんだ。でも、そのあとで（　c　）した。友だちや普通の兄弟よりたぶん激しく。少なくとも見かけは同じなのだから、たいして性格を知らないだろういまの段階なら、礼の代わりに僕があの子とつきあったとしてもおかしくないんじゃないかって思えて。

彼女とのデートの当日、俺はバイト先のハンバーガー屋の厨房で時計ばかり眺めていた。待ち合わせの二時間前の上がりの時刻を待ちわびて。さぁ、あと五分、のはずだったのに、次のシフトのマツダさんがやってこない。携帯を手にした店長がひきつった顔で俺に言った。「マツダくん、辞めるって。まったくどいつもこいつも。高橋くん、すまない。今日は残業して」

「いや、俺、だめっす」「私ゃこれから新しい人の面接があるんだ。頼む」「いえ、今日はどうしても」「でも高橋くんがいないと日本語がわかる人、いなくなっちゃう」「大切な用事が」「面接が終わったら私がすぐに替わるから。ね、ね」

三十分で戻ると言い残して近くの喫茶店へ出かけた店長は、いつまで経っても戻って来なかった。そして俺はとてもマズイ事実に気づいた。

あの日のことはいまでも忘れない。

中学生の時にもやったっけな。
中学校の時にもやったっけね。

大学へ入ってからの俺は最高だった。
大学に入ってからの僕は最悪だった。

いつも一緒だった俺たちは、だんだん別々の人間になろうとしていた。
ずっと一緒だった僕らは少しずつ、別々の人生に足を踏み入れていた。

サークルでは何人も女友だちができたのだが、一対一でつきあおうとは思わなかった。好きになってしまった子がほかにいたからだ。俺たちのマンションの最寄り駅近くにあるコンビニの女の子だ。俺は毎晩のようにそこへ通い、彼女はいつもレジにいた。明るい声で挨拶してくれる子だった。マニュアルではなく心から楽しそうに。そう長くない髪をしっぽみたいに結わえているのが可愛らしかった。四月に初めて見かけた時にはしていなかった化粧を、少しずつするようになって、ますます可愛くなった。なにより親近感を覚えたのは、言葉の（　b　）にかすかに混じる独特のイントネーションだ。俺には聞き慣れたものだった。彼女は同郷なんじゃないかと俺は当たりをつけていた。
ある日、思い切ってこちらから声をかけてみた。「もしかして、出身は――」
思ったとおり。彼女の出身地は俺たちの住んでいた市の、隣のそのまた隣の市だった。俺たちと同じくこの春に出てきたば寂しかった。

まぁ、仁がクラスで目立ってなかったのが幸いしたんだろうな。

よけいなお世話だよ。

いまはまだ俺の番だぞ。出てくんなよ、仁。

というわけで、俺たちは皆勤賞を手に入れた。遊園地の招待券を見せたとたん、二人が何をしたかを瞬時に理解した母親は酷《ひど》く怒った。俺たちは泣きながら訴えた。

どうしても遊園地へ行きたかったんだ。

どうしても遊園地に行きたかったんだ。【A】

だって夏休みなのにどこにも出かけてないから。

だってお母さんといっしょに遊びたかったから。

母親も泣きだしてしまった。

九月の最初の日曜日、俺たちは遊園地へ出かけた。鮭とおかかのおにぎりと、ウインナーソーセージと、から揚げのお弁当を持って。家から電車とバスで四十分かそこらの場所なのに、中に入ったのは初めてだった。

遊園地の名前は〝ピーナッツパーク〟。落花生畑の跡地にできた施設だからそう呼ぶのだと、その日初めて知った。入場口の脇に立つ馬鹿でかいピーナッツの着ぐるみからそれぞれ赤と青の風船をもらった俺たちは、遊園地の真ん中に建つピーナッツのかたちのエアドームに向かって走った。ジェットコースターも観覧車もなく、メリーゴーランドとミニ動物園のアルパカが目玉の遊園地だったが、あの日の俺たちにとっては、ディズニーランドだった。

あの日のことはいまも覚えている。【B】

「ねえ、いいことに気づいちゃったんだ」

俺が言い終わる前に、ひたいに冷却シートを貼った仁も言った。

「ねえ、いいことに気づいちゃったんだ」

俺たちが考えていたのは同じことだった。

小学四年生だった俺たちにとっては大発見。

簡単なことだった。俺が仁の出席カードを持って体操をしに行けばいいだけの話だ。とはいえ、パジャマをTシャツと半パンに着替えている間も俺の心臓はバクバクしっぱなしで、鼓動が肋骨をコツコツと叩いていた。小学校に入ってからはクラスが一緒になることはなく、もう服の色を赤と青に分けたり、柄に別々の意味を持たせたりということはなくなっていたが、同じ服は着せないというのが相変わらず母親のポリシーだったから、まず仁のいつものTシャツを着て、そのうえから俺のポロシャツを重ね着した。

バクバク。バクバク。

葉書サイズの出席カードを裏返しにして首にかけ、キッチンでおかゆをつくっている母親と顔を合わせないように玄関から飛び出した。ポロシャツを脱いでアパートの生け垣の中に隠し、きっちり揃った前髪を唾をつけた指でくしゃくしゃにした。会場の公園で常連の大人や仁のクラスの誰かに声をかけられるたびに、心臓が肋骨を叩いた。

「おはよう。今日は一人？」

「うん、ぼくジンだよ」

コツコツ。聞かれもしないのに名のり続けた。

俺が仁に化けていることは、結局最後まで誰にも気づかれなかった。ア俺は心の四分の三でホッとしたが、じつは四分の一で東西を分かつ三叉路みたいに。

だから僕はいまでも数字や図形に惹かれる。好きな色は青。

だから俺はいまでも物語や言葉に惹かれる。好きな色は赤。

今度は俺に喋らせろよ。ここからは俺、礼が話す。いろいろ面倒事は多いけれど、双子っていうのは便利なシステムだ。そのことに俺たちが初めて気づいたのは、小学三年の夏だった。

四年生じゃなかったっけ。

こまかいな仁は。まぁ、仁がそういうなら四年の時だろう。夏休みの間、俺たちは毎朝、町内会のラジオ体操に行かされた。なにしろ暇だったから。地元の物産センターに勤める母親は夏はいつも以上に忙しく、そもそも金の余裕がないから、俺たちは泊まりがけの旅行なんてもんには縁がなかった。

といっても、俺のほうは腹が痛いとか、熱っぽいとか、あれこれ理由をこしらえて何度もサボっていたのだが、仁はくそ真面目に毎日通っていた。八月の終わり、あと一日で皆勤という日に、仁が熱を出した。無理して出かけようとしたのだが、体温計のデジタル数字に目を剥いた母親に止められた。「とんでもない。絶っ対に行っちゃだめ」

なんてこったい。

皆勤賞を狙っていたのに。ラジオ体操に毎朝通っていたのは、仁の性格のためでもあるが、賞品が欲しかったというのがいちばん大きな理由だった。子どもの参加者が年々減っていることに危機感を覚えた町内会が、ここ数年は一人もいない小学生の皆勤賞の賞品を遊園地のペア招待券にしたのだ。賞品の存在を知ったのは、俺がすでに二回サボっちまった後だった。なんてこったい。知ってたら、俺だってちゃんと行ってたのに。俺は仁に言った。

ジャケットまで。いわばテーマカラーだ。

僕の服の色は赤。夏も冬も。

俺の服の色は青。春も秋も。

これには写真が証拠として残っている。昔のアルバムの中の僕らの服は、どの写真を見ても二連式信号機みたいに赤と青だ。髪形も微妙に違う。僕の前髪はザクザク切り。礼は定規を当てたようにきっちり真横に切り揃えられている。色だけじゃなく、僕の服の柄はキャラクターや動物。礼は英語や数字や図形と決まっていた。これには区別がつきやすいという以外にも意味があったらしい。

姿かたちが同じだからって、性格まで似ているとはかぎらない。幼い頃の僕らの遊び方はだいぶ違っていたそうだ。僕はつみ木やブロックで何かをつくるのが好き。礼はキャラクター人形やぬいぐるみを誰かに見立てたごっこ遊びが好き。同じ絵本を読み聞かせしても、人や動物を指さして「なに？」と聞き、続きをせがむのは礼のほうで、僕はアヒルやリンゴの数をかぞえたり、「なぜ？」と質問して、いつまでも次のページにいかせない子どもだった、と母親は言う。

つまり、母親が二人の服の柄にこだわったのは、仁には情緒的なものに、礼には（　a　）なものに、もっと興味を持って欲しいという願いがこめられていたからだった。

でも母親は大きな誤算をした。

自分が着ている服に何が描かれているかなんて本人には見えない。僕の服の柄を誰よりも見ているのは礼で、礼の服を見ているのは誰よりも僕だった。

最初は小さな枝分かれにすぎなかった二人の性格が、どんどん別々の方向へ向かっていったのはそのためじゃないかと思うのだ。放射状幹線のように。

ドッペルゲンガーなんてちょっと大げさ。知らない人も多いだろうし。

少し静かにしてくれないかな、礼《れい》。いまこうして話しているのは僕。名前は仁《じん》だ。僕らの目の前にはレコーダーが置いてある。ここまでの言葉の半分は、僕の言うことをいちいち訂正したがる礼が喋っている。声まで似ちゃっているから分かりづらいかもしれないけれど。

だって仁の言葉はいちいちおかしいからさ。誰かに聞いて欲しくてやっているんだから、正確に記録しなくちゃ。声だって同じじゃないよ。低めでハスキーなほうが俺。

いまのが礼。ほかの言葉には賛同しかねるけど、ひとつだけ正しい。そうなんだ、僕らはいままでの自分たちのすべてを正確に記録しなくちゃならない。

正確に記録しなくちゃならない。

なぜなら、僕らは、もうすぐ双子をやめるからだ。

十九年前、僕たちは一卵性双生児として生まれた。僕が兄。仁だ。

十九年前、俺たちは一卵性双生児として生まれた。俺が弟。礼だ。

僕らは生まれた時からいつも一緒だった。

保育園に入った頃、母親は僕ら二人の区別がつくように、別々のデザインの服を着せて通わせた。でも、母親でさえ、お風呂の中では蒙古斑《もうこはん》の模様の違いでようやく判別していたくらいだから、保育園のみんなに見分けろっていうほうが無理だった。

母親は一計を案じた。僕と礼、それぞれの色を決め、いつもその色の服だけを着せるようにしたのだ。Tシャツからダウン

問七　本文の内容として最も適当なものを、つぎの①〜④の中から一つ選びなさい。

①　複雑な現実に直面した時には、その難問に取り組むことが自分自身の市民的成熟に直結すると自覚し、喜んでその難問の正解を出さなければならない。

②　複雑な現実に対処するために複雑なシステムを作り、それらを幼児的市民にもわかりやすくシンプルに説明できる成熟した市民を育成しなければならない。

③　複雑な現実に対処するためには、システムを複雑化しておくとともに、そのシステムを制御できるように人間自身が複雑化しなければならない。

④　複雑な現実に直面した幼児的市民に対処するために、成熟した市民が複雑なシステムを作り、単純化することは退化することだと説明しなければならない。

〔二〕　つぎの文章を読んで、あとの設問に答えなさい。

双子で生まれるってどういうことかわかるだろうか。

双子で生まれるってどういうものかわかるだろうか。

たとえばそれは、等身大の鏡を眺めながら暮らしているようなものだ。

等身大の鏡って変だな。鏡に映るのはふつうみんな等身大じゃないの。

あるいは、ドッペルゲンガーと日々遭遇しているような感じだろうか。

問四　空欄 A ― B に入れる組み合わせとして最も適当なものを、つぎの①～④の中から一つ選びなさい。

① より賢明な当事者を探す ― 不満足の度合を均《なら》す
② 話をよりややこしくする ― 不満足の度合を均《なら》す
③ 話をよりややこしくする ― 身体的な痛みを裁割《たちわ》る
④ より賢明な当事者を探す ― 身体的な痛みを裁割《たちわ》る

問五　傍線部イの状態の説明として最も適当でないものを、つぎの①～④の中から一つ選びなさい。

① 民主主義的な合意形成の技術知を身につけている。
② 選挙権を行使して一人で決断できるリーダーを選べる。
③ 両院制よりも迅速に合意形成できるシステムを望む。
④ 民主主義的に多数決で即決できる力を持っている。

問六　空欄 C に入れるのに最も適当なものを、つぎの①～④の中から一つ選びなさい。

① 勝った者が総取りして、トップが全部決めて、対話も合意も無くて、ただ命令と服従だけのシステム
② AIが分析してはじき出した最適解を、ごく一部の主権者が実行していくだけのシステム
③ 成熟した一部の市民だけに主権を与え、一般市民は面倒な選挙に参加しなくても良いシステム
④ 一部のリーダーたちだけで合意形成をして、落としどころを探り、身銭を切って調停するシステム

設問

問一 空欄 a 〜 h に入れるのに最も適当なものを、つぎの①〜⑩の中から一つずつ選びなさい。ただし、選択は一語一回に限ります。なお、 g と h は二箇所ずつあります。

① 原因　② 固着　③ 予断　④ 是々非々　⑤ 不全
⑥ 義理　⑦ 臆断　⑧ 帰結　⑨ 手柄　⑩ 全能

問二 二重傍線部**a**〜**d**のカタカナを漢字に直すのに最も適当なものを、つぎの①〜④の中から一つずつ選びなさい。

a ① 中　② 駐　③ 衷　④ 仲
b ① 情　② 上　③ 定　④ 乗
c ① 寡　② 下　③ 過　④ 可
d ① 乖　② 解　③ 回　④ 壊

問三 傍線部**ア**の説明として最も適当でないものを、つぎの①〜④の中から一つ選びなさい。

① ステイクホルダーの数を増やして、多人数で解を出すこと。
② 第三者が身銭を切って、二人だけが損をしないような解にすること。
③ みんなが同じ程度に不満足な解を探りあてること。
④ 誰も損をしないように、全員が満足する解を導き出すこと。

がある。それができるようになりたいという **h** 感が、子どもたちの「学び」を起動させる。

でも、今の日本では社会全体を「子どもでも操作できる仕組み」にしようとしている。「複雑化することは進化することである」という命題を逆から言えば、「単純化することは退化することである」ということです。

七五年前にも、日本人は似たような光景を目撃していました。ただ一人の「主権者」がすべてを「聖断」し、国民すべてが等しく「陛下の赤子」であるという、「一君万民」の統治システムが極限まで単純化された時に、日本は史上最弱の国になりました。その歴史的事実を思い出せば、システムを単純化することは自殺行為だということがわかるはずなんです。

複雑なシステムの方が複雑な現実に適切に対処できる。だから、「話をややこしくした方が話が早い」という逆説的なことが起きる。これはほんとうにそうなんです。僕がここで話していることがそうです。話をどんどん複雑にして、教育の話をしているはずが、政治の話や経済の話をしている。扱うトピックがどんどん増えて、風呂敷はどんどん広がる。でも、その結果、なんとなく目の前にある学校教育問題がどういう歴史的文脈の中で生まれてきたものかがわかり、それに対処する手立てもぼんやり見えてきたような気がしませんか。

そこで、たぶん聴いているみなさんは、「じゃあ、どうしたらいいんですか？」という質問を向けて来ると思うんですけれども、僕の答えは「だから、話を単純にするのは止めましょう」ということです。「じゃあ、どうしたらいいんですか？」という質問に対する単一の答えを求めない。なかなか答えが出ないことを嫌がらない。僕たちは解決することのまことに難しい問題を前にしているのです。そして、それが難問であればあるほど、それに取り組むことは僕たちの市民的成熟に資することになる。このような難問に直面できてよかった。そう考える。複雑な現実に直面することを言祝ぐというマインドセットに切り替える。

（内田樹『複雑化の教育論』より）

でも、もちろん、そんなシンプルなシステムでは複雑な現実には対応できません。複雑な状況には、自分自身を複雑なものにすることによってしか対応できない。そんなのは生物としては当たり前のことです。ですから、システムを単純化すればするほど、システムは機能不全になり、脆弱になる。

生命は進化します。進化というのは複雑化するということです。細胞が二つに分裂して、四つに分裂して、八つに分裂して、そうやって複雑なものになってゆく。それが生物の成長であり、進化です。生物は放っておけばより複雑なものになり、複雑なふるまいをするようになり、より複雑なゲームをするようになる。

でも、いまの人間世界はその逆に向かっている。現実はどんどん複雑化して、操作することが難しくなっている。変数がどんどん増えるので、それに対してもう人間の知力では演算が追いつかなくなった。演算能力の限界を超えたので、自分の知力を向上させることを諦めて、システムを単純化することにした。たしかにシステムはシンプルになった。でも、機能はどんどん落ちる。問題処理の仕組みが単純化されるにつれて、問題処理能力は低下する。複雑な現実と単純なシステムの間のdカイ離が日々拡大している。

複雑な現実に対処するためには、複雑なシステムを制御できるように、人間そのものが複雑化しなければならない。別に難しい話じゃありません。複雑化するのは生命の自然なんですから。それに任せればいい。子どもには「成長したい。もっと複雑で、もっとわかりにくいものになりたい」という自然な欲求があります。それを邪魔することはないんです。お願いだから、みんな大人になってくれ、と。僕たちが子どもにそうお願いすればいい。

「子どもにでも操作できる単純な仕組み」を子どもに提供するというのは、子どもの成熟にとって資するところがありません。たしかに、子どもでも操作できるものを与えれば、子どもはある種の[g]感を覚えるかもしれません。けれども、成長のインセンティブは与えられない。成長を促すのは[g]感ではなく、[h]感だからです。自分にはできないことまざまな言い分を汲み上げた政治決定ができる。

戦後最初の選挙の時、参院の最大会派は無所属議員が集って作った「緑風会」でした。衆院にはなかった会派ですから、「ねじれ」どころの騒ぎじゃない。

「ねじれ国会」がそんなに不満なら、両院制廃止を主張すればいい。「行政府と立法府のねじれ」も気に入らないというのなら、三権分立を廃した行政の独裁があるべき政治のかたちだと主張すればいい。そこまでの覚悟がないなら、簡単に「ねじれ」というようなことを言って欲しくない。

合意形成するためには技術と器量が要ります。民主制というのは主権者を成熟させるための制度なんです。民主制以外の制度は、王政でも貴族政でも(c)カ頭政にしても、主権者は国民のごく一部であり、その人たちだけが賢者であれば、統治は揺るがない。民衆は幼児で無思慮であっても、別に困らない。むしろ民衆が幼児的であって、自治能力がない方が治めやすい。民主制は逆です。国民の中における「大人」の比率が多いほどよく機能し、「大人」の頭数が減ると機能不全になるように設計されている。だから制度そのものが遂行的に市民に向かって「成熟してくれ」と訴えている。そんな政体は他にありません。それが民主制の[e]だと僕は思っています。

だから、民主制は面倒なんです。手間暇をかけて合意形成をして、落としどころを探り、調停に際しては身銭を切らなくちゃいけない。でも、そういう面倒な対話の場数を踏んでゆくことを通じて市民的成熟は果たされる。

いま民主制に反対する人たちの言い分は、要するに「私は幼児のままでいたい」ということです。幼児であって、この先成長する気もない、と。だから、幼児でもコントロールできるシンプルな統治の仕組みに変えろ、と。僕が「管理コスト最小化原理主義」と呼んでいるのは、この幼児性への[f]のことです。「成熟したくない」という訴えのことです。成熟して、複雑な問題を扱うような社会的能力を獲得する気がない。[C]にして欲しい。

いまの日本で民主主義が空洞化しているのは、民主主義的な合意形成の技術知を身につけた「大人」がいなくなりつつあるからです。だから、いくら時間をかけても合意形成ができない。それで苛立って、もう面倒だから、多数決で決めようとか、誰かに全権を委託して決めてもらおうとかいう安直な結論に飛びつくようになる。

そういう風潮になってきているのは、民主主義が非効率的な制度であることが暴露されたからではなく、市民たちが合意形成を成功させるだけの成熟に達していないということなんです。市民の幼児化が民主主義の機能不全をもたらしている。それを制度のせいにして、「もっと簡単なシステムにしてくれ」と言っている。そうすると、市民がいくら幼児的でも機能する単純なシステム、合意形成の手間がかからないシステムが望ましいということになる。多数決で「独裁者」を選び出して、それに全部決めてもらうというのが一番手間がかかりません。民主的手続きを経て、非民主的な統治システムが合法的に成立するという事例は二〇世紀にはいくらもありましたけれど、これは制度の問題である以上に、イ市民の未成熟の問題だったと僕は思います。

いまの日本で進行している民主主義の空洞化というのは、複数の異論をすり合わせるということそれ自体ができなくなっている日本人の幼児化の［ c ］です。もう「三権分立」ということの意味がわからなくなっている。両院制の意味さえ理解されていない。

「ねじれ国会」という言葉を一時期メディアはずいぶん書き立てましたけれど、それは「ねじれていない国会」が望ましいかたちだという［ d ］がなければ出て来ない言葉です。衆院参院の政党別議席比率が同じであれば、たしかに「ねじれて」はいない。でも、それではそもそも両院を設ける意味がない。いったい両院制は何のためにあるのか。

両院制というのは、選挙方法も任期も被選挙者の条件も違う議会を並列させることで、簡単には話がまとまらないようにした仕組みです。簡単に話がまとまらないから、法案審議において、さまざまな視点からの吟味がなされ、結果的に、国民のさ悪者の話です。お嬢吉三が女性を殺して百両を奪う。それを目撃したお坊吉三が「それよこせ」と言って斬り合いになる。そこに通りかかった和尚吉三がaチュウサイに入ります。その時の和解の条件が、百両を二つに割って、五十両。それをお嬢、お坊の二人で分ける。でも、半額では納得できないだろうから、俺の両腕を切り落として、それで収めてくれというものでした。その和尚吉三の侠気に打たれて、三人は義兄弟の契りを結ぶ……という話です。

これもそうですね。対立を和解させるために、まずはステイクホルダー（利害関係者）の数を増やして、話を複雑にする。そして、調停者も大きな犠牲を払うという解決策を提案する。和尚吉三が試みたのは当事者三人の「　B　」ということですね。「Win-Win」じゃなくて、「Lose-Lose-Lose」です。痛みを均等化する。

これが合意形成の基本なんです。だから、難しい。ただ、両者の言い分を突き合わせて、　b　で議論したって収まらない。調停する人間は、自分も身銭を切って、「一両」出したり、「両腕」出したりして、「これで収めちゃくれまいか」と提案する。でも、この合意形成ゲームは複雑すぎて、「子ども」にはできません。「大人」でないとできない。「持ち出し覚悟」であるということは、「持ち出す」だけのリソースが手元にある人でないとできない。

大岡越前の一両は彼にとってたいした出費じゃないでしょうけれど、和尚吉三の両腕は、うっかり「そこまで言うなら覚悟はあるんだろうな」ってばっさり斬られるリスクがある。それをbカンジョウに入れた上で、和尚吉三は調停者になるという決断をした。それは、この二人の悪者たちでも、調停者の器の大きさに気づく程度の知性はあるだろうと踏んだからです。「清水の舞台から飛び降りる」覚悟で調停案を提案した。

ただ、頭がくるくるとよく回るので、対立する当事者双方の顔を立てる調停案を作ってみましたではダメなんです。調停者が身銭を切らないと合意形成は成らない。でも、そういうことは「公民」の教科書なんかには書いてありません。こういう技術知は、実地で経験を積む以外に身につける術がありません。

〔一〕 **つぎの文章を読んで、あとの設問に答えなさい。**

大岡越前の「三方一両損」という話があります。あれは「民主的」とは言えませんけれど、ア合意形成の一つの見本です。左官の金太郎さんが三両入った財布を拾う。中の書きつけで財布の持ち主が大工の吉五郎だとわかったので、返しにゆく。ところが江戸っ子の吉五郎は「落とした財布のことはもう諦めた。金はなくしたものと思っているから返却には及ばない」と言い張る。金太郎も江戸っ子なので「持ち主がわかった財布をもらえるか」と突っ張る。困り果てて、二人を大岡越前の裁きに委ねることになる。越前は「どちらの言い分にも一理ある」と認めて、財布の三両に自分の財布から一両出して四両として、二両ずつ金太郎と吉五郎に分けるという裁きを下します。吉五郎は三両落として二両だけ戻って来た。金太郎は三両拾って二両だけ手にした。大岡越前は自分の懐から一両出したので「三方一両損」。

この大岡裁きのかんどころは越前が自分の財布から一両出したというところです。三両を二人の当事者間でどう合理的に分割するかという問いだけを考えていたのでは、この解は出て来ません。デッドロックに乗り上げた交渉を合意に向かわせるためには、ステイクホルダーの数を増やして、[A]ことが効果的である、というのがこの物語が伝えてくれる第一の教訓です。

第二の教訓は、合意形成をめざす調停者は「持ち出し」を覚悟しなければならないということです。そんなことをする[a]はないのですけれど、調停者自身が何かを犠牲にしなければ、対立している人たちを和解させることはできない。ただ、「こうしたらいいじゃないか」とアイディアを出すだけではダメなんです。自分も身銭を切らないと調停はできない。

「大岡裁き」と同じタイプの合意形成の物語に『三人吉三《さんにんきちざ》廓《くるわの》初買《はつかい》』があります。お坊吉三、お嬢吉三、和尚吉三という三人の

国語

（六〇分）

◆各小問の配点

大問	小問	配点
一	問一・問二	各三点
	問三	四点
	問四〜問七	各五点
二	問一	各三点
	問二〜問六	各五点

解答編

英語

I　**解答**　(1)—(a)　(2)—(c)　(3)—(a)　(4)—(b)　(5)—(c)　(6)—(b)　(7)—(a)　(8)—(c)

解説　≪ゼロウェイストショップ≫

(1)空欄(1)の前後の文脈を考えよう。直前に The simple question is「素朴な疑問は」とあり，第2段第3文（They do this by …）で「彼ら（＝zero-waste shops）は，再利用や詰め替えを行ってこれ（＝reduce packaging）を行う」と，ゼロウェイストショップがどのように梱包を削減しているか述べている。したがって(a)「どのように梱包物を削減できるのか」が適切である。(b)「使い捨てプラスチックはどこに捨てればいいのか」(c)「いつコンビニで買い物することを止められるか」 cut down ～「～を削減する」 dispose「捨てる」 single-use「使い捨て」

(2)下線部(2)を含む文は「消費者の包装削減意識が高まるにつれ，この方法で販売できる商品は急速に増えている」。この as は「～するにつれて」と比例を表す接続詞なので，(c)「台風が近づくにつれ，風が強くなった」が同じ用法である。(a)は「～なので」という原因，理由を表す用法，(b)は「～のように，～どおりに」という様態を表す用法である。

(3)ゼロウェイストショップの説明は，第3段第5・6文（There are no aisles … dispensers on the wall.）で，「商品が収まっている棚のある通路がなく壁に商品の入った容器が設置され，そこから客は持参した容器に商品を入れる」と記述されているので(a)が適切。aisles「通路」 shelves「棚（shelf の複数形）」

(4)下線部(4)を含む文（Customers bring …）は「お客は，再利用可能なプラスチック容器を持ってきて，壁にあるディスペンサーから直接容器に補充する」と解釈できる。bring *A* with *B* は「*B*（人）が *A*（物）を持参〔携帯〕する」ということなので，them は(b)「お客」であるとわかる。

(a)「通路」 (c)「商品」

(5)下線部(5)の the advantages はゼロウェイストショップで買い物をすることの「利点」であるので，それに当てはまらないものを選ぶ。(a)「プラスチックの梱包物の量を削減すること」は The first advantage として述べられている。(b)「安価な値段で商品を買うこと」は The second advantage として述べられている。時間の節約については言及がないので(c)「時間とお金を同時に節約することができる」が不一致である。

(6)第5段第2文（Some customers…）に「客の中には，ボトルの詰め替えが難しく，汚れてしまうのではと心配する人もいるだろう」とあるので，(b)「自分の手を汚したくない人は，ゼロウェイストショップでの買い物は選択肢から外れるかもしれない」が適切。messy には dirty と同じように「汚れた」という意味もある。

(7)(a)は第1段第2文（It accounts for…）で「それ（梱包物）は家庭用ゴミの3分の1」と記述されているので，(a)が適切である。

(8)第5段第3文（But the number of…）でゼロウェイストショップの利用者が急激に増加していることが記述されているので，(c)が適切である。the number of *A*「*A* の数」 go up「(物価・温度などが) 上がる」

II　解答　(1)―(c)　(2)―(a)　(3)―(c)　(4)―(b)　(5)―(b)

解説　≪新規オープンの広告≫

イラスト問題は，先に問題を読んで，必要な情報だけ読み取るようにしたい。

(1)「Aimee's Rainbow は何か？」 イラストは，ポスターである。Special Offer「特別企画，特別価格」の下のリストの内容を見る。オーガニックのキャベツ，新鮮なたまねぎ，リブアイステーキ，コーン缶，ボトルに入った水，紙コップと紙皿などを売っている店であることがわかる。したがって(c)「食料品店」が適切である。

(2)「この広告は何をするものなのか？」 広告のタイトルが GRAND OPENING SALE とあるので，(a)「新店舗の開店情報を知らせる」が適切である。(b)「レストランへの道順を表示する」 (c)「オンライン決済の手順を説明する」 (d)「お客様に閉店セールについて知らせる」

解答編

(3)「どうすれば客は20%の割引を受けられるのか？」 点線の中に，Take 20% off your purchase when you spend $80 or more「80ドル以上のお買い物で20%OFFになる」と記されているので，(c)「クーポンが適用される前に少なくとも80ドルの商品を購入する必要がある」が適切。(a)「入店時にクーポンを提示する必要がある」(b)「店のアプリケーションをダウンロードしたら，クーポンを受け取ることができる」(d)「インターネットを使ってオンラインで注文する必要がある」

(4)「もっと情報が必要な場合，客にどうすればよいと広告は言っているか？」 下から3行目にTo learn more「もっと知るためには」とあり，URLが提示されているので，(b)「インターネットでお店のホームページを探す」が適切。(a)「クーポンの裏面に記載されている注意事項を読まなければならない」(c)「他の店舗で働く人にも聞くことができる」(d)「日曜日までに店にEメールを送る必要がある」

(5)「この広告について，正しいのはどれか？」(a)「生鮮品だけを販売している」 リストにはコーン缶や紙コップや紙皿を売っているとあるので不適。(b)「2023年9月17日にそこで買い物を楽しむことはできない」 9月11日が月曜日なので，2023年9月17日は日曜日である。下から4行目に，We will be open every week day「平日は毎日営業しています（土日は休みということ）」とあるので，一致する。(c)「その店はハワイで人気がなくなってきている」 広告の中にハワイで5店舗目と記されていて，不人気とは考えにくいので不適。(d)「セールは日曜日まで続く」 平日のみの営業と記述されているので不適。

III　**解答**　(1)—(b)　(2)—(a)　(3)—(c)　(4)—(b)　(5)—(a)

解説　空所補充問題は，前後の文脈を読み取って適切なものを選ぶ。

(1)「お父さん，タバコを吸っているの？ 禁煙したと思っていたんだけど」という娘に，父は「そうだね，3日間だけしたよ」と返答し，その後の発言を選ぶ。娘の反応が「お母さんにすごく怒られちゃうよ」なので，(b)「我慢できないんだ」が適切である。(a)「お悔み申し上げます」(c)「お金を払った分のものは手に入る」 cannot help～「～をこらえることができない」

(2)「今週末にバーベキューをします。どうですか？」というアリシアの問いに対するケイコの最初の発言を選ぶ。ケイコは「私の彼と一緒に映画を観に行くつもりです」と発言していることから(a)「行けたらよかったんだけど」が適切である。(b)「そのときはよろしくお願いします」(c)「必ず参加します」

(3)「お願いがあるんだけど」というクラウディアに「心配しないで」とアンソニーが言った後の発言を選ぶ。クラウディアは「なんて優しいのでしょう」と返答することから，優しい言葉をかけたことがわかる。ゆえに，(c)「私はあなたを助けるためにここにいます」が適当である。(a)「もう一回言ってくださいよ」(b)「いつも人のことをよく言ってるね」 a favor「頼み，好意」

(4)「ビジネスの調子はどう？」と聞くマットに対するトムの返答を選ぶ。マットの反応が，「それはいいね。これで旧友と遊ぶ時間ができるね」であるから，忙しくないことがわかる発言を選びたい。ゆえに，(b)「最近とってもゆっくりだよ」が適当である。(a)「忙しすぎて，十分な睡眠がとれないよ」(c)「最近友達と新しいビジネスを始めたところだよ」 old friends「旧友，昔からの友達」

(5)「ネオが仕事をまた辞めたって聞いたよ」というジェニファーに，「ほんと？　またか！」とニコルが返答し，「彼は，今は歌手になりたいと言っているよ」というジェニファーに対するニコルの返答を選ぶ。直後に「まず，彼は不断の努力が必要だよ」ということから，(a)「彼はいつも大儲けすることを考えているよね」が適当である。(b)「彼がすべきことは，テレビ番組で歌うことだね」(c)「彼は，一度も仕事を変えないね」 constant「絶え間ない，変わらない」

Ⅳ　解答

(1)—(e)　(2)—(c)　(3)—(d)　(4)—(b)　(5)—(d)　(6)—(a)　(7)—(a)

解説　(1)may well *do*「～して当然である，～するのももっともだ」文全体は以下のようになる。She may well be proud of her father.

(2)one ～ and the other…「一つは～，もう一つは…」文全体は以下のようになる。One is a Honda and the other is a Toyota.

(3)文中の「as」の後にくる形容詞「heavy」は比較級であり，「half」によって数量的な差が表されているため，比較級の前に「half」が置かれている。文全体は以下のようになる。My new smartphone is half as heavy as the old one.

(4) so *A* as *B*「*B*と同じくらい*A*」の否定形は not so *A* as *B* で，「*A*というよりも*B*」という意味になる。*A*・*B*の部分には形容詞や副詞以外にも名詞なども入る。文全体は以下のようになる。He was not so much relieved as disappointed.

(5) It is not until ～ that …「～になってはじめて…する」は強調構文である。not until という表現を使用して，ある事象が起こる前の時間や期間を強調する。文全体は以下のようになる。It was not until yesterday that learned about his accident.

(6) Now that は「～なので，～するのに，～だから」という意味で，文頭に置く。ここでは「皆さんがここに集まったので」という意味になる。we are all here は「私たち全員がここにいる」という意味で，all が強調されている。文全体は以下のようになる。Now that we are all here, let's start.

(7) I do hope は動詞の前に do を重ねることで，強い願望や希望を表現し，「本当に願っています」という強調の意味になる。次に，that は「～ということ」という意味で，この文では Keiko will accept my invitation という内容を示している。文全体は以下のようになる。I do hope that Keiko will accept my invitation.

V　解答

(1)―(b)　(2)―(c)　(3)―(b)　(4)―(c)　(5)―(a)
(6)―(a)　(7)―(b)　(8)―(b)　(9)―(a)　(10)―(c)

解説　(1)「彼女はタクヤに3カ月前に会ったと言った」 間接話法の表現なので「～前」は(a) ago ではなく(b) before が適切である。(c) lately は「最近」を意味する。

(2)「コーヒーを飲みながら映画について話しませんか？」 over a cup of coffee で「コーヒーを飲みながら」という意味になる。この熟語表現は，友人との会話やリラックスした雰囲気のビジネスミーティングなど，カジュアルな状況の際に使用される。

(3)「ジョシュアは人混みで彼の名前が呼ばれるのを聞いた」 hear O C で

「O が C されるのを聞いた」とするには O と C が受動関係になる必要があるので，過去分詞の(b) called が適切である。crowd「群衆，人混み」

(4)「私は時々観光客に路上で話しかけられます」「観光客に（よって）話しかけられる」ので，by tourists が文中に入る。また，「話しかける」speak to は句動詞で受動態は be spoken to となる。

(5)「ここに来ないで。この湖はこの地点が一番深いです」 最上級は複数のものの中で比べる場合は the を伴うが，比較対象がなく，1人の人や1つのものの中での性質で一番というときは the を伴わないことに注意したい。この場合それがわからなくても，他の選択肢(b) the most deeper と(c) more deepest がともに，比較級と最上級が混合しているため不適切であることがわかれば解ける。

(6)「式の直後に私たちの会議を開催することを提案しました」「要求・命令・提案」などを意味する動詞が主節にある場合，that 内の動詞は「動詞の原形」もしくは「should＋動詞の原形」となる。

(7)「ニューヨークは世界の最大都市の１つだ」 among the largest cities は one of the largest cities「最大の都市の１つ」と同じ意味。

(8)「もう若くないので，あまり速く運転しない方がいいでしょう」 had better は強いアドバイスや警告を与えるためによく使われる助動詞である。「～しない方がいい」は had better not ～ の語順となる。no longer ～ は「もう～ない」なので，「もう若くないので」となる。

(9)「彼は私より２歳年上です」 比較級の差を表すときには前置詞 by が使われる。by の後ろには数値が置かれる。

(10)「彼女の恥ずかしがり屋の性格がますます彼女を好きにさせます」 all the better because ～「～だからよりいっそう」という意味にもなるが，because は接続詞のため，後にくるのは主語と動詞を伴い she is shy となる。したがって(c) for を選び all the better for ～「～だからよりいっそう」となる。

VI 解答 (1)―(a) (2)―(c) (3)―(b) (4)―(a) (5)―(d)

解説 (1)「優しくなく，不愉快で，良くない」であるので，(a)「いじわるな」が適当である。(b)「醜い」 (c)「うるさい」 (d)「素晴らしい」

(2)「何かを高い場所や位置に移動すること」であるので，(c)「上げる」が適切である。raise は他動詞で，人や物を上げることを意味する。また，物事に関しては，他者によって上げられるという意味もある。一方，(a) rise は自然現象や事象が「上昇する」という意味で，物事が自然に上がっていく様子を表現するときに使われる。(b)「反応する」(d)「競う」

(3)「地面や海面のすぐ上に，非常に小さな水滴で構成された厚い雲で，その中を見るのが困難なもの」であるので，(b)「霧」が適切である。(a)「雨」(c)「洪水」(d)「嵐」

(4)「本物や自然のように見せるために人工的に作られたもので，本物ではない」であるので，(a)「人工的な」が適切である。(b)「傑作」(c)「うそつき」(d)「失敗すること，不合格」

(5)「何かを握りやすくするために手の横側にある短く太い指」であるので(d)「親指」が適切である。(a)「手のひら」(b)「爪」(c)「つま先」

日本史

I 解答 ≪平安時代初期の政治改革≫

①―(e)　②―(o)　③―(h)　④―(p)　⑤―(g)　⑥―(s)　⑦―(a)　⑧―(d)
⑨―(k)　⑩―(c)

II 解答 ≪鎌倉新仏教≫

①―(k)　②―(b)　③―(h)　④―(l)　⑤―(c)　⑥―(a)　⑦―(n)　⑧―(p)
⑨―(j)　⑩―(e)

III 解答 ≪南蛮貿易≫

①―(o)　②―(b)　③―(t)　④―(p)　⑤―(f)　⑥―(r)　⑦―(i)　⑧―(k)
⑨―(m)　⑩―(e)

IV 解答 ≪日米修好通商条約≫

①―(i)　②―(t)　③―(k)　④―(m)　⑤―(r)　⑥―(q)　⑦―(d)　⑧―(h)
⑨―(a)　⑩―(j)

世界史

Ⅰ　解答　≪イスラーム文化≫

問1．(1)―(A)　(2)―(C)　(3)―(B)　(4)―(C)　(5)―(B)　(6)―(D)　(7)―(B)　(8)―(D)　(9)―(A)　(10)―(A)

問2．(イ)―(D)　(ロ)―(A)　(ハ)―(D)

Ⅱ　解答　≪中世ヨーロッパの商業と都市≫

問1．(1)―(B)　(2)―(A)　(3)―(C)　(4)―(B)　(5)―(D)　(6)―(D)　(7)―(C)　(8)―(B)　(9)―(C)　(10)―(A)

問2．(イ)―(B)　(ロ)―(D)

Ⅲ　解答　≪諸子百家，第2回ポエニ戦争，唐代の書家，古代インドの王朝，太平洋戦争に関する小問集合≫

(1)―(C)　(2)―(B)　(3)―(D)　(4)―(A)　(5)―(B)

Ⅳ　解答　≪オイルショックと世界経済≫

(1)―(D)　(2)―(C)　(3)―(A)　(4)―(D)　(5)―(B)

現代社会・政治経済

Ⅰ　解答　≪行政の機能と役割≫

(1) 1 —(d)　2 —(a)　3 —(c)　4 —(a)　5 —(b)

(2)—(d)　(3)—(b)　(4)—(c)　(5)—(a)　(6)—(d)

Ⅱ　解答　≪国民所得と経済循環≫

(1) 1 —(a)　2 —(b)　3 —(b)　4 —(a)　5 —(a)

(2)—(c)　(3)—(b)　(4)—(d)　(5)—(a)　(6)—(a)

Ⅲ　解答　≪地球環境問題≫

(1) 1 —(c)　2 —(c)　3 —(c)　4 —(b)　5 —(d)

(2)—(c)　(3)—(d)　(4)—(b)　(5)—(d)　(6)—(b)

Ⅳ　解答　≪国際経済の動向と課題≫

(1) 1 —(a)　2 —(c)　3 —(b)　4 —(b)　5 —(a)

(2)—(d)　(3)—(c)　(4)—(c)　(5)—(c)　(6)—(b)

数学

I　解答　≪小問4問≫

(1)ア．3　イ．4　ウ．4　エ．3　(2)オ．4
(3)カキ．－6　クケ．3＊　(4)コ．8　サ．7　シ．5

II　解答　≪2次関数≫

(1)ア．2　(2)イ．3　ウ．2　(3)エ．2　(4)オカ．－3　キク．－3
(5)ケコ．－4　サシ．12

III　解答　≪場合の数，確率≫

(1)アイ．11　(2)ウ．7　エ．1　オ．6　(3)カ．5　キ．6　ク．8
(4)ケコ．25　サシ．36

IV　解答　≪図形と計量≫

(1)ア．4　(2)イ．2　ウ．3　(3)エ．6　オ．5
(4)カキ．21　ク．5　(5)ケ．3　コサシ．215

前に「ハンパな依存関係はよそう」とある。また、【D】の行の六行後の「礼は僕より僕のことを知っている」から、「礼」を別の人格として認識していることがうかがえる。

問七　問五・問六で見たように、筆者はシンプルなシステムと市民の幼児化（未成熟）に否定的である。最終段落の主張を読み取ること。①は、「正解を出さなければならない」わけではないので、誤り。②と④は、「幼児的市民」と「成熟した市民」を分けている点がそもそも誤り。

二

出典　荻原浩『それでも空は青い』〈ダブルトラブルギャンブル〉（角川文庫）

解答

問一　a—④　b—②　c—①　d—③　e—①

問二　②

問三　④

問四　③

問五　②

問六　①

解説

問一　b、後に続く「かすかに混じる」がヒント。c、前の「嬉しくなった」に反する語を選ぶ。同じ女性を好きになったことから①の「嫉妬」が適する。e、直後に「聞かせられない」とあるので②の「白状」は選べない。

問二　「誰にも気づかれなかった」ことに対する気持ちを考える。

問三　最初の一行空きの直後の二行の記述から、「俺」は礼、「僕」は仁であることがわかる。また、両者の言葉が交互に出てくることから考える。

問四　デートのピンチヒッターになることに否定的になっていることから考える。

問五　他の人間と話していても気がつかれないことがヒント。

問六　【B】の行の六行後に「いつも一緒だった俺たちは、だんだん別々の人間になろうとしていた」、【C】の行の五行

国語

一

出典　内田樹『複雑化の教育論』〈第二講　単純化する社会〉（東洋館出版社）

解答

問一　a―⑥　b―④　c―⑧　d―③　e―⑨　f―②　g―⑩　h―⑤

問二　a―④　b―③　c―①　d―①

問三　④

問四　②

問五　①

問六　①

問七　③

解説

問一　b、両者の言い分で決定するものではないという文脈から考える。c・d、空欄cを含む段落の直前の段落がヒントになる。e、空欄の段落で、筆者は民主制を肯定しているのがヒント。f、同じ段落に「私は幼児のままでいたい」とある。g・hは対立する語が入る。

問三　第六段落までで「痛みを均等化する」ことが述べられている。

問四　第五段落に、空欄Aの部分と同様の表現があることに注目。

問五　同じ段落で「市民の幼児化が民主主義の機能不全をもたらしている」とあることがヒントになる。

問六　筆者は、誰でもコントロールできるシンプルなシステムを批判していることから考える。

■一般選抜　一般入試：前期Ｂ日程

問題編

▶試験科目・配点

<table>
<tr><th></th><th>教科等</th><th colspan="2">科　　目</th><th>配　点</th></tr>
<tr><td rowspan="3">３科目方式</td><td>英　語</td><td colspan="2">コミュニケーション英語Ⅰ・Ⅱ，英語表現Ⅰ</td><td>100 点</td></tr>
<tr><td>国　語</td><td colspan="2">国語総合（古文・漢文を除く）</td><td>100 点</td></tr>
<tr><td>選　択</td><td colspan="2">日本史Ｂ，世界史Ｂ，※「現代社会・政治経済」，「数学Ⅰ・Ａ（場合の数と確率）」</td><td>100 点</td></tr>
<tr><td rowspan="2">２科目方式</td><td>選　択
必　須</td><td>「コミュニケーション英語Ⅰ・Ⅱ，英語表現Ⅰ」，国語総合（古文・漢文を除く）</td><td rowspan="2">選択必須２科目，もしくは選択必須を含む２科目選択</td><td rowspan="2">各 100 点</td></tr>
<tr><td>選　択</td><td>日本史Ｂ，世界史Ｂ，※「現代社会・政治経済」，「数学Ⅰ・Ａ（場合の数と確率）」</td></tr>
</table>

▶備　考

- ３科目方式・２科目方式のどちらかを選択。
- 試験日自由選択制。試験日ごとの問題の難易度の違いによる有利・不利をなくすため，総得点を偏差値換算して合否判定を行う。

【３科目方式】

①３科目の総得点（300 点満点）を偏差値化

②高得点２科目の総得点（200 点満点）を偏差値化

①②のどちらか高い方の偏差値で選考する。

【２科目方式】

英語と国語の２科目，もしくは英語または国語と「日本史，世界史，現代社会・政治経済，数学から１科目」の２科目を解答し，総得点（200 点満点）を偏差値化して選考する。

※「現代社会」と「政治経済」のいずれの履修者でも解答可能な範囲。

英語

（60分）

◆各小問の配点

大　問	配　点
Ⅰ	各3点
Ⅱ	各3点
Ⅲ	各2点
Ⅳ	各3点
Ⅴ	各2点
Ⅵ	各2点

Ⅰ. 次の英文を読み、あとに続く各設問に対する答えを1つ選びなさい。

Japan is renowned (1) for its great sense of hospitality and outstanding service culture. That is not to say that hospitality is lacking in Western culture. The Western expression “The customer is always right” is not all that different from the Japanese saying, “The customer is god.” Furthermore, many service industries in the West place large importance on customer perception. Part of that has to do with ensuring that customers are treated with respect. So, why does Japan excel at customer service? (2) One important reason may well be in the difference between Japanese consumers and those in the rest of the world.

A while ago, a survey (3) was conducted asking consumers from different countries how willing they were to take their business someplace else after they had experienced poor customer service. The result was surprising. Of the nine countries sampled, Japanese consumers ranked the least forgiving (4). Over 50% of Japanese consumers polled responded that even after only one experience of poor customer service, they would spend their money at a different place.

In many Western countries, consumers tend to complain to the shop or restaurant about poor service and, in the hope for improvement, return to it (5). If nothing improves, Western consumers may just resign themselves to their poor experience at a particular place. (6) Japanese, on the other hand, would rather forgo the offending business and switch to a competitor right away. Because of the large number of alternatives available to consumers in Japan, this high level of expectation raises the bar for customer service, not just for individual businesses but for industries as a whole. The result is that service industries such as retail or dining out maintain high levels of customer service, making poor customer service the exception rather than the norm.

注：perception＝とらえ方、感じ方

poll＝（～に）調査をする

resign oneself to ~ ＝～で妥協する

forgo＝なしで済ませる

norm＝基準

(Arao, A., Mihara, K., Miwa, Y., & Kimura, H. *Enjoying Different Cultures*, 南雲堂)

(1) 下線部(1)の renowned を言い換えるとどうなるか。最も適切なものを選びなさい。

(a) famous

(b) mysterious

(c) unknown

(2) 下線部(2)に対する答えとして最も適切なものを選びなさい。

(a) 他の国に比べると、日本では顧客と店やレストランの結びつきがはるかに強い。この点が原因の１つとして考えられるかもしれない。

(b) 日本人の経営者と他の国の経営者では、顧客サービスに対する考え方がまったく違う。この点が大きな要因の１つかもしれない。

(c) 日本人の消費者と他の国の消費者では、サービスに対する意識や行動が異なる。この点が重要な理由の１つとしてあげられるかもしれない。

(3) 下線部(3)の説明としてあてはまらないものを選びなさい。

(a) 消費者を対象に９か国で実施された調査である。

(b) いずれの国でも、ほとんどの回答者が「サービスが良くなければ別の店を利用する」と答えた。

(c) 「１度でもサービスが悪いと感じたら別の店に行く」と答えた日本人回答者は半数を超えた。

(4) 下線部(4)の意味として最も適切なものを選びなさい。

(a) Japanese consumers are the most generous towards poor customer service

(b) Japanese consumers are the strictest about poor customer service

(c) Japanese consumers are the most eager to forgive poor customer service

(5) 下線部(5)の it が指すものは何か。最も適切なものを選びなさい。

(a) the shop or restaurant

(b) poor service

(c) the hope

(6) 下線部(6)の意味として最も適切なものを選びなさい。

(a) Western consumers cannot help changing places when the service does not get better.

(b) Western consumers might give up and go to the same place, even though the service does not improve.

(c) Western consumers are pleased to go to the same place in spite of their complaints about the service.

(7) 第 1 段落の内容と一致するものを選びなさい。

(a) 西洋の文化には、おもてなしの心が欠けている。

(b) 西洋の「お客様は常に正しい」という考え方は、日本の「お客様は神様です」という考え方とはまったく異なる。

(c) 敬意をもって顧客に接することは、西洋のサービス産業の多くが重視している点の 1 つである。

(8) 著者の見解と一致するものを選びなさい。

(a) 西洋では、店に対する消費者からの苦情を常に取り上げ、顧客サービスの向上に反映させるのが一般的である。

(b) 西洋の消費者はサービスが悪い店やレストランに辛抱強く通い続けることはしないので、店やレストランの入れ替わりが激しい。

(c) 日本では、消費者が利用できる選択肢が多く、それが小売業や外食産業における顧客サービスのレベルの高さにつながっている。

Ⅱ．次の表は4つの都市における各月の最高気温と最低気温（℃）を示しており、その下にはある大学生の考察文が続く。かっこ(2)には〈語群A〉から、かっこ(1)、かっこ(3)〜(5)には〈語群B〉から最も適切なものを選び、考察文を完成させなさい。ただし、同じ番号には同じものが入る。

Month	Sydney		Paris		Dubai		Nairobi	
	Max	Min	Max	Min	Max	Min	Max	Min
Jan	26.1	18.5	6.2	2.2	30.1	1.6	26.6	14.2
Feb	26.4	18.8	7.7	1.8	32.8	8.4	26.8	15.1
Mar	25.6	17.4	12.4	3.7	38.4	12.2	27.2	15.5
Apr	23.1	13.9	16.1	6.6	45.6	14.3	25.9	14.9
May	20.2	10.6	19.9	9.8	46.3	19.6	24.7	13.8
Jun	18.1	8.3	23.3	11.9	46.1	23.5	23.8	13.1
Jul	16.9	6.9	24.9	14.6	47.9	25.8	22.6	12.6
Aug	18.2	6.9	24.5	14.1	47.1	26.9	23.1	11.8
Sep	20.6	9.8	21.2	12.2	44.6	18.2	25.7	12.1
Oct	22.4	12.9	15.9	8.1	38.9	17.1	26.1	13.4
Nov	24.2	15.1	10.3	4.6	36.5	16.1	24.8	14.2
Dec	25.8	17.6	6.9	2.3	32.2	5.4	25.3	13.6

First, the seasons in the Southern Hemisphere are the opposite of those in the Northern Hemisphere. For example, the maximum temperature in ((1)) is ((2)) degrees in February, which is the warmest month of the year there. At that time, the minimum temperature in ((3)) is just below 2 degrees, which is the coldest month of the year in this city.

Second, the differences between the maximum and minimum temperatures in July in both ((1)) and ((4)) are the same, 10 degrees. However, the temperature in ((4)) rises and falls less significantly through the year.

Finally, I found that ((5)) has the greatest gap between the highest and the lowest temperatures. This is partly because sand cannot hold heat. As a result, although it is extremely hot during the day, the temperature drops significantly at night.

＜語群A＞

(a) 8.4 (b) 15.1 (c) 26.4 (d) 32.8

＜語群B＞

(a) Sydney (b) Paris (c) Dubai (d) Nairobi

Ⅲ. 次の各会話文の（　　　）に入れるのに最も適切なものを選びなさい。

(1) Jane: I'm home!

Father: Why are you so early? You're supposed to have a baseball game today.

Jane: (　　　　　　　　　　　).

Father: How come?

Jane: The other team couldn't come due to a railway accident.

(a) We waited for some of our members
(b) It was cancelled
(c) We lost the game by one goal

(2) Sandy: I really like your earrings.

Ms. Smith: Thanks. My son bought them for me at the craft fair last year.

Sandy: How sweet! I'm thinking I'd like to get ones for my mother. Are those expensive?

Ms. Smith: (　　　　　　　　　　　), but I guess they were less than $30.

Sandy: They are not so expensive as I thought. Thanks for the information.

(a) I don't know exactly how much they were

(b) They were too expensive for him to buy

(c) Your mother looked good with those earrings

(3) Lucy: What seems to be the problem?

Susie: I lost my wallet. I'm looking for it.

Lucy: What does it look like? (   )

Susie: Thank you. It's red and black. It's a gift from my dad.

(a) Have you already checked the lost & found?

(b) Let me help you look for it.

(c) Why don't you call your dad right away?

(4) Ray: You look so tired today. What's the matter with you?

Shin: I went back and forth from our office to the new shop all day long.

Ray: (   )?

Shin: I didn't count, but I guess I did at least ten times. I didn't have time for lunch.

(a) What time did you start it

(b) How many hours did you spend on that work

(c) How many times did you come and go

(5) Brian: I'll invite you to dinner tonight.

Kenta: Thank you for the invitation. (   ).

Brian: Is there anything you do not like?

Kenta: No. I want to try anything new to me.

(a) I'd love to come

(b) I wish I could

(c) I'm afraid I cannot make it, though

Ⅳ. 次の各日本文に合うように、それぞれの下に与えられた語句を使って英文を作った場合、○印のある箇所にはどの語句がくるか。それを選びなさい。ただし、文のはじめにくる語も小文字になっている。

(1) もうへとへとです。宿題を終えるのに一晩中かかりました。

I'm exhausted. It _____ _____ __○__ _____ _____ my homework.

(a) all night　(b) finish　(c) me
(d) took　(e) to

(2) その時、私はまるで天国にいるかのように感じました。

I _____ _____ __○__ _____ _____ in heaven at that time.

(a) as　(b) felt　(c) I
(d) though　(e) were

(3) 昨日、トムは知らない人から道を尋ねられました。

Tom _____ _____ __○__ _____ _____ yesterday.

(a) for directions　(b) by　(c) was
(d) a stranger　(e) asked

(4) 赤ワインを好む人もいれば白ワインを好む人もいます。

Some _____ _____ _____ _____ __○__ white.

(a) wine and　(b) like　(c) people
(d) red　(e) others

(5) ヘンリーがゆっくり話してくれたおかげで、私は彼の英語が理解できました。

Henry _____ _____ __○__ _____ _____ to understand his English.

(a) me　(b) spoke　(c) enough
(d) for　(e) slowly

(6) パーティーに出席した人たちは、彼のスピーチに感動しました。

_____ __○__ _____ _____ _____ by his speech.

(a) the party were　(b) who　(c) moved
(d) those　(e) attended

(7) ポットにコーヒーはほとんど残っていません。

There is hardly ＿＿ ＿＿ ＿○＿ ＿＿ ＿＿.

(a) the pot　(b) coffee　(c) in
(d) left　(e) any

V. 次の各英文の（　　）に入れるのに最も適切なものを選びなさい。

(1) I used to (　　) in the countryside. I miss the sound of birds singing in the trees.

(a) life　(b) live　(c) living

(2) Our company provides our employees (　　) various benefits including housing, health insurance, and day-care centers, so all employees can work actively and healthily.

(a) for　(b) to　(c) with

(3) You know what? I found the last two pieces of cake. Keep it (　　) us.

(a) above　(b) between　(c) upon

(4) I don't like to see garbage left on the beach, so I always clean (　　) before I leave.

(a) up　(b) down　(c) in

(5) Hachi had been waiting at the station until his master (　　) back.

(a) comes　(b) would come　(c) came

(6) As (　　) often the case with him, he is always willing to help me with my homework.

(a) did　(b) does　(c) is

(7) Who is the nurse (　　) charge of this patient? We need to know that.

(a) at　(b) in　(c) for

(8) Sonia is proud of (　　) a fire fighter when she was young.

(a) being　(b) having been　(c) being having

(9) As I was extremely tired, I fell (　　) right away last night.

(a) asleep　(b) sleeping　(c) sleepy

(10) Language is the means by (　　) we communicate with others.

(a) which　(b) whom　(c) who

Ⅵ. 次の各説明が示す語句として最も適切なものを選びなさい。

(1) to prepare food by boiling, baking, or frying, etc.

(a) clean　(b) cook　(c) dry　(d) freeze

(2) an environment in which it is difficult to hear the conversation

(a) noisy　(b) quiet　(c) silent　(d) calm

(3) to give knowledge and skills at school

(a) pass　(b) learn　(c) study　(d) teach

(4) a set of sheets of paper held together at the top, used for writing notes

(a) calculator　(b) dictionary　(c) notepad　(d) eraser

(5) someone who has been hurt or killed, as a result of a crime, a disease, an accident, etc.

(a) patient　(b) victim　(c) subject　(d) doctor

日本史

（60 分）

◆各小問の配点

大　問	配　点
Ⅰ	各 2 点
Ⅱ	各 3 点
Ⅲ	各 2 点
Ⅳ	各 3 点

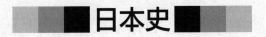

Ⅰ　次の史料を読んで、設問に対する最適な語句を、下の語群から選び、解答欄の記号をマークしなさい。

ア建武中元二年、倭の［　A　］国、貢を奉じて朝賀す。使人自ら大夫と称す。倭国の極南界なり。［　B　］、賜ふにイ印綬を以てす。安帝の永初元年、倭の国王帥(師)升等、ウ生口百六十人を献じ、請見を願ふ。

（原漢文）

設問①～②　［　A　］～［　B　］に当てはまる最も適当な語句を選びなさい。

設問③　下線部アは西暦何年と考えられるか答えなさい。

設問④　賜わられた下線部イは何と考えられているか答えなさい。

設問⑤　下線部ウは何と考えられているか答えなさい。

設問⑥　この中国側の史料名を答えなさい。

設問⑦　倭国の人びとが朝貢した、この中国の都を答えなさい。

設問⑧　設問④のものと考えられる出土品が発見された場所はどこか答えなさい。

設問⑨　設問⑧に刻まれた文字を答えなさい。

設問⑩　こののち倭国は大きな危機に見舞われた。その危機を答えなさい。

〔語　群〕

(a) 邪馬台国	(b) 使節団	(c) 57年	(d) 奴　隷
(e) 107年	(f) 洛　陽	(g) 煬　帝	(h) 沖ノ島
(i) 磐井の乱	(j) 志賀島	(k) 長　安	(l) 「魏志」倭人伝
(m) 光　武	(n) 奴	(o) 銅　鏡	(p) 「漢委奴国王」
(q) 金　印	(r) 「親魏倭王」	(s) 倭国大乱	(t) 『後漢書』東夷伝

Ⅱ　次の文章を読んで、空欄 ① ～ ⑩ に最適な語句を、下の語群から選び、解答欄の記号をマークしなさい。

鎌倉幕府の支配権が全国的に強化されていくなかで、幕府の ① 職を独占した北条氏の権力はさらに拡大し、北条義時嫡流の当主である ② の勢力が強大となった。北条時宗の代には私的な会議であった寄合が、幕府の最高決裁会議である ③ にかわって幕府政治を主導するほどであった。

さらに ② の家臣である御内人が幕府政治に進出して、それまで幕府を支えていた有力な ④ との対立が激しくなった。そして ⑤ の代になると、彼の外祖父である ⑥ と御内人を代表する ⑦ の平頼綱が幕府の主導権をめぐって争い、1285年には平頼綱の勢力が勝利した。この戦いは旧暦11月に起こったことから ⑧ と呼ばれている。

のちに ⑤ は平頼綱を滅ぼし、幕府の実権をにぎった。この結果、北条氏は全国の守護の半数近くを一族でかため、各地の多くの地頭の職をも手に入れるにいたった。さらに、 ⑨ の再来にそなえて九州の ⑩ に設置された鎮西探題にも北条一門を就任させるなど、全国支配はいっそう強化された。

〔語　群〕

(a)　北条貞時	(b)　旗　本	(c)　平　戸	(d)　比企能員
(e)　霜月騒動	(f)　評　定	(g)　持明院統	(h)　連　署
(i)　内管領	(j)　執　権	(k)　北条高時	(l)　元
(m)　明	(n)　得　宗	(o)　引　付	(p)　管　領
(q)　博　多	(r)　安達泰盛	(s)　御家人	(t)　宝治合戦

Ⅲ　次の文章を読んで、空欄［①］～［⑩］に最適な語句を、下の語群から選び、解答欄の記号をマークしなさい。

豊臣政権の兵農分離政策と［①］によって、村ははじめて全国規模で直接把握されるようになり、17世紀末に村は全国で6万3000余り存在した。

村は［②］、組頭、百姓代の村方三役を中心に運営され、村共有の山野地である［③］の管理などを共同でおこなった。田植えなどに際して村民は［④］と呼ばれる共同作業をおこない、お互いに暮らしを支えあった。村の運営は村法にもとづいて実施され、背くと村［⑤］分などの制裁が加えられたりした。幕府などは、このような村の自治を利用してはじめて年貢・諸役を割り当て収納することができた。このような仕組みを［⑥］と呼ぶ。また村民は数戸ずつ［⑦］に編成され、年貢の納入などに連帯責任を負わされた。

本百姓の負担は、田・畑・家屋敷を基準にかけられる年貢(［⑧］)を中心にさまざまな負担が存在した。

幕府は年貢・諸役の徴収を確実にするために、1643年に［⑨］を出した。1641～42年の［⑩］の飢饉のあとには、村民の日常の暮らしを細ごまと指示した法令も出したといわれている。

〔語　群〕

(a)　寺請制	(b)　享　保	(c)　八
(d)　宗門改め	(e)　分地制限令	(f)　七
(g)　寛　永	(h)　名　主	(i)　小物成
(j)　五人組	(k)　入会地	(l)　結
(m)　本途物成	(n)　検　地	(o)　水　呑
(p)　講	(q)　隣　組	(r)　村請制
(s)　村入用	(t)　田畑永代売買の禁止令	

Ⅳ　次の文章を読んで、空欄 ① ～ ⑩ に最適な語句を、下の語群から選び、解答欄の記号をマークしなさい。

太平洋戦争の開戦後、政府は1943年に大学・高等学校および専門学校に在学中の徴兵適齢文科系学生を軍に徴集(①)する一方、残った学生や女子挺身隊に編成した女性を軍需工場などで働かせた(②)。1944年後半以降、飛来する米軍機による ③ が激化し、国民学校生の学童疎開なども始まった。

1945年2月、クリミア半島で ④ がおこなわれ、これを契機にアメリカ・イギリス・中国の名で ⑤ が発表された。その後、アメリカは人類史上初めて製造した ⑥ を8月6日に ⑦ へ投下したのである。

日本は ⑤ にもとづいて連合国に占領されることになった。しかし同じ敗戦国であるドイツが4ヵ国によって分割占領されたのに対し、日本の場合はアメリカ軍による事実上の単独占領で ⑧ 元帥を最高司令官とする連合国軍最高司令官総司令部、すなわち ⑨ の指令・勧告にもとづいて日本政府が政治をおこなう ⑩ の方法がとられた。

〔語　群〕

(a)　マッカーシー　　(b)　強制連行　　(c)　プラザ合意
(d)　海外派兵　　(e)　広　島　　(f)　学徒出陣
(g)　ポツダム宣言　　(h)　GHQ/SCAP　　(i)　原子爆弾
(j)　間接統治　　(k)　長　崎　　(l)　勤労動員
(m)　艦砲射撃　　(n)　ヤルタ会談　　(o)　カイロ宣言
(p)　水素爆弾　　(q)　マッカーサー　　(r)　本土空襲
(s)　IMF　　(t)　直接統治

世界史

（60分）

◆各小問の配点

大　問	小　問	配　点
Ⅰ	問1	各2点
	問2	各5点
Ⅱ	問1	各2点
	問2	各5点
Ⅲ	(1)〜(5)	各3点
Ⅳ	(1)〜(5)	各4点

I　下の文章を読み、設問に答えなさい。

明末に重税と飢饉により中国各地で反乱がおこり、李自成の率いる反乱軍が1644年に北京を攻め込んで、明は滅亡した。李自成が明を滅ぼしたあと、長城の東端の [(1)] で清軍の侵入を防いでいた明の武将 [(2)] は清軍に降伏し、清軍は長城内にはいって、北京を占領した。盛京(現在の瀋陽)から北京に遷都した清は中国全土へ支配を広げ、南方の雲南・広東・福建に [(2)] ら３人の漢人武将を配置して藩王とし、当地の支配をまかせた。

一方、中国東南沿海で武装貿易船団を率いて反清活動をおこした鄭成功(イ)とその一族は、[(3)] 人を駆逐して1661年に [(4)] を占領し、これを拠点に清に抵抗活動をつづけた。さらに清朝が三藩の撤廃をはかると、[(2)] らは三藩の乱と呼ばれる反乱をおこした。しかし、第４代の [(5)] 帝は、きびしい海禁政策で鄭氏の財源をたち、鄭氏を降伏させて [(4)] を領土とするとともに、三藩の乱を鎮圧して清朝統治の基礎を固めた。

清は、明が支配していた地域の統治においては、基本的に明の官制や科挙(ロ)制度を受け継ぎ、中国歴代王朝の伝統をまもる姿勢を示した。一方で、軍制においては漢人で組織する [(6)] のほかに、満州・モンゴル・漢の３軍で編成する八旗を要地に駐屯させた。また、中央官制の要職の定員は満・漢同数としたほか、雍正帝(ハ)のときには皇帝直属の諮問機関の [(7)] を設置するなど、独自の制度を創設した。

清は『[(5)] 字典』、『古今図書集成』、『[(8)]』など大規模な編纂事業をおこして学者を優遇したが、他方で反満・反清的言論に対しては文字の獄できびしく弾圧し、禁書をおこなって思想の統制をはかった。漢人男性に対して辮髪を強制することは、当初激しい抵抗にあったが、清朝は一貫してその方針を徹底した。また、[(9)] などの民間宗教も邪教としてきびしい弾圧をうけた。

清は建国以来、領土の拡大をつづけた。[(5)] 帝の時代にはネルチンスク条約を結んでロシアとの国境を定めた。また、[(5)] 帝はみずから軍を率いてモンゴル方面に遠征し、ジュンガルを破って外モンゴルを支配するとともに、モンゴル人に大きな影響力をもつチベット仏教の本拠であるチベットにも勢力をのばした。乾隆帝の時代には、タリム盆地を支配していたジュンガルを滅ぼして東トルキスタン全域を占領し、これを [(10)] と名づけた。

問1　文中の [(1)] ～ [(10)] に最適な語句を、それぞれの選択肢からひとつずつ選びなさい。

(1)　(A)　居庸関　(B)　山海関　(C)　嘉峪関　(D)　八達嶺

(2)　(A)　李鴻章　(B)　洪秀全　(C)　呉三桂　(D)　袁世凱

(3)　(A)　イギリス　(B)　ドイツ

(C)　ポルトガル　(D)　オランダ

(4)　(A)　台湾　(B)　海南島　(C)　琉球　(D)　九龍半島

(5)　(A)　劉秀　(B)　光緒　(C)　康熙　(D)　道光

(6)　(A)　郷勇　(B)　緑営　(C)　両班　(D)　団練

(7)　(A)　軍機処　(B)　御史台　(C)　理藩院　(D)　尚書省

(8)　(A)　本草綱目　(B)　斉民要術　(C)　四庫全書　(D)　清明上河図

(9)　(A)　八正道　(B)　白蓮教　(C)　全真教　(D)　五斗米道

(10)　(A)　西遼　(B)　新羅　(C)　殷墟　(D)　新疆

問2　下の各問いに答えなさい。

(イ)　下線(イ)について、正しいものは次のどれか。

(A)　1624年に清の武官であった鄭芝竜と日本人の母との間に厦門でうまれた。

(B)　土木事業である万里の長城と紫禁城をはじめて築いた。

(C)　唐の亡命政府から皇族の姓である「愛新覚羅」をたまわった。

(D)　「国姓爺」は鄭成功の異名で、日本では近松門左衛門の浄瑠璃で知られる。

(ロ)　下線(ロ)について、誤っているものは次のどれか。

(A)　隋代に科目試験による官吏登用制度として開始された。

(B)　宋代になると、科挙を受験する道は男女階層を問わず、全社会的に広く開かれていた。

(C)　『儒林外史』は科挙により官僚となった者の腐敗や堕落を描いた清代の口語長編小説である。

(D)　科挙は1905年に廃止されている。

(ハ)　下線(ハ)について、誤っているものは次のどれか。

(A)　清の第15代皇帝である。

(B)　八旗制改革をおこない、思想統制をすすめて君主独裁体制を強化した。

(C)　ロシアとキャフタ条約を結び、西方の国境を定めた。

(D)　在位中、キリスト教の布教を禁止した。

Ⅱ　下の文章を読み、設問に答えなさい。

オスマン帝国で青年トルコ革命が1908年におこると、オーストリアは管轄下にあった [(1)] ・ヘルツェゴヴィナを併合した。この2州の住民は大部分がスラヴ系でセルビアが編入を望んでいたことから、スラヴ系民族主義者の反発を呼んだ。

ロシアはオーストリアのバルカン半島進出に対抗して、バルカン4国をバルカン同盟に結束させた。バルカン同盟はオスマン帝国に宣戦し、第1次バルカン戦争に勝利したが、獲得した領土の分配をめぐる対立から第2次バルカン戦争へと発展した。オスマン帝国もブルガリアを攻撃し、割譲した領土の一部を取り戻した。バルカン半島での列強間対立が悪化したことから、バルカン半島はしばしば「ヨーロッパの [(2)] 」と呼ばれている。

オーストリア帝位継承者夫妻が [(3)] 年6月末、 [(1)] の州都 [(4)] でセルビア人の民族主義者に暗殺された。オーストリアがドイツの支持を得て、セルビアに宣戦すると、ロシアはセルビアを支援した。列強諸国も参戦すると、ドイツ・オーストリアなどの同盟国側と、フランス・ロシア・イギリス・日本などの協商国(連合国)側にわかれて、第一次世界大戦へと発展していった。反戦を掲げた [(5)] は事実上解体、主要参戦国では、政党が結束して政府を支持する挙国一致体制が成立した。

ドイツ軍が中立国ベルギーに侵入し、さらに北フランスに侵攻したが、 [(6)] で阻止され、その後、一進一退をくりかえす戦況になった。同盟国側・連合国側はそれぞれ結束を固め、大戦後の敵領土・植民地の分配を決めた秘密条約を結んだ。この秘密条約のなかには、イタリアに「未回収のイタリア」(イ)などの領土割譲を約束し、連合国側で参戦させた [(7)] 秘密条約、連合国側でオスマン帝国領の配分を約束した [(8)] 協定などがある。

(ロ)ドイツは1918年にソヴィエト=ロシア(ロシア革命政府)と単独講和を結んだものの、連合国の反撃が始まり、ブルガリア・オスマン帝国が降伏した。オーストリアは休戦協定を結んだ。ドイツでは即時講和を求める水兵が [(9)] で蜂起すると、革命運動が全国に広がった。ドイツは共和国になり、共和国政府は連合国と休戦協定を結び、大戦はようやく終わった。

1919年1月、連合国代表が集まり、パリ講和会議が開かれた。講和の基礎になる原則はアメリカ合衆国のウィルソン大統領が1918年1月に発表していた [(10)] であった。ウィルソン大統領は自由主義経済のもとで戦争を防止する国際秩序を実現し、ロシアの社会主義に対抗しようとした。ところが、フランスやイギリスがそれぞれの主張を展開したため、 [(10)] の原則は部分的にしか実現しなかった。

問1 文中の [(1)] ～ [(10)] に最適な語句を、それぞれの選択肢からひとつずつ選びなさい。

(1) (A) モンテネグロ (B) アルバニア
(C) ルーマニア (D) ボスニア

(2) (A) 火薬庫 (B) 天安門 (C) 教皇領 (D) 保留地

(3) (A) 1910 (B) 1912 (C) 1914 (D) 1916

(4) (A) ベオグラード (B) サライェヴォ
(C) ソフィア (D) アテネ

(5) (A) コミンフォルム
(B) ウンマ
(C) 第2インターナショナル(第2インター)
(D) ポリス

(6) (A) マルヌの戦い (B) ワーテルローの戦い
(C) マラトンの戦い (D) プラッシーの戦い

(7) (A) パリ (B) ロンドン (C) ローマ (D) ワシントン

(8) (A) ホットライン (B) フセイン(フサイン)・マクマホン
(C) ミズーリ (D) サイクス・ピコ

(9) (A) ブランデンブルク門 (B) キール軍港
(C) ペトログラード (D) アロー号

(10) (A) 五カ条 (B) 十カ条 (C) 十四カ条 (D) 二十カ条

問2　下の各問いに答えなさい。

(イ)　下線(イ)について、「未回収のイタリア」とされるイタリアの領土は次のどれか。

(A)　トリエステ　(B)　ジブラルタル

(C)　アドリアノープル　(D)　マジョルカ

(ロ)　下線(ロ)について、この単独講和は次のどれか。

(A)　セーヴル条約　(B)　トリアノン条約

(C)　ヌイイ条約　(D)　ブレスト=リトフスク条約

Ⅲ　次の各問いに答え、最適なものを(A)〜(D)より選びなさい。

(1)　16世紀末頃から18世紀半ばにかけて内陸部の稲作と交易で栄え、ジャワ島中・東部を支配したイスラーム国家は次のどれか。

(A)　アユタヤ朝　(B)　タウングー(トゥングー)朝

(C)　マタラム王国　(D)　ラーンサーン王国

(2)　『世界の記述』(『東方見聞録』)を代表的な旅行記とする、ヴェネツィア出身の商人・旅行家は次の誰か。

(A)　マルコ=ポーロ　(B)　モンテ=コルヴィノ

(C)　イブン=バットゥータ　(D)　プラノ=カルピニ

(3)　ティムールの子孫で、1526年にデリーを占領してムガル帝国をたてた人物は次の誰か。

(A)　アウラングゼーブ　(B)　バーブル

(C)　アクバル　(D)　ナーナク

(4)　『猟人日記』や『父と子』を著した19世紀ロシアの文豪は次の誰か。

(A)　トゥルゲーネフ　(B)　サルトル

(C)　シェークスピア　(D)　ゲーテ

(5) エジプト革命を指導し、のちに非同盟主義外交の推進者として国際政治に大きな影響をあたえた人物は次の誰か。

(A) ネルー　(B) ティトー　(C) ナセル　(D) アラファト

Ⅳ 文中の (1) ～ (5) に最適な語句を、それぞれの選択肢からひとつずつ選びなさい。

古代エジプトは、紀元前3150年頃に上エジプトと下エジプトが統一されてできた世界最古級の王政国家である。王は (1) と呼ばれて太陽神の (2) を信仰する神聖政治をおこなった。神聖な碑文を記録するために (3) が考案されて、パピルス草で作った紙に記録された。

早くも古王国時代(紀元前2650年頃～前2180年頃)に多数のピラミッドが建造され、新王国時代(紀元前1570年頃～前1070年頃)のアメンヘテプ3世の時代には最盛期をむかえてヌビアやヒッタイトなど周辺諸国を圧倒、オリエント世界最強の王朝として大いに繁栄した。

しかし、紀元前525年に (4) ペルシャの王カンビュセス2世によって新王国は滅ぼされ、前4世紀にはアレキサンダー大王の遠征に屈した。そして紀元前31年、 (5) でローマに敗れ、プトレマイオス朝が滅亡して古代エジプトの栄光は幕を閉じた。

(1) (A) メシア　(B) アウグストゥス
　(C) ファラオ　(D) ヴァイシャ

(2) (A) アラー　(B) エホバ　(C) ラー　(D) パウロ

(3) (A) ヒエログリフ　(B) ペレストロイカ
　(C) アラム文字　(D) ソグド文字

(4) (A) アルサケス朝　(B) アケメネス朝
　(C) ササン朝　(D) ブルボン朝

(5) (A) プレヴェザの海戦　(B) アクティウムの海戦
　(C) ミッドウェー海戦　(D) トラファルガーの海戦

現代社会・政治経済

（60 分）

◆各小問の配点

大問	小問	配点
Ⅰ	(1)	各2点
	(2)〜(6)	各3点
Ⅱ	(1)	各2点
	(2)〜(6)	各3点
Ⅲ	(1)	各2点
	(2)〜(6)	各3点
Ⅳ	(1)	各2点
	(2)〜(6)	各3点

Ⅰ　次のA先生とBさんの会話文を読み，あとの設問に答えなさい。

A先生：Bさんは(ア)国家の三要素というのを聞いたことはありますか。

Bさん：はい，教科書に載っていました。政治について考えるとき，国家の役割は大変重要であると先生が話してくださいました。

A先生：そうですね。19世紀前半までは国家の役割を防衛や治安維持などに限定する「小さな政府」がよいとされていたのです。

Bさん：政治学者のラッサールは [1] と名付けたのですね。

A先生：そうです。19世紀後半以降は国民の生活を広く保障する [2] が注目されるようになりました。近代国家の誕生を勉強したときに，主権国家が形成されて，国王に権力が集中する [3] が登場したのを覚えていますか。

Bさん：はい，勉強しました。国王の権力は神から与えられたものとする [4] が唱えられたのですね。

A先生：そうでしたね。また，イギリスでは1651年に [5] が著した(イ)『リバイアサン』が刊行されます。これもすでに習いましたね。

(1)　文中の [1] から [5] にあてはまる最適な語句を，それぞれ選択肢(a)～(d)の中から一つずつ選びなさい。

1　(a)　福祉国家　(b)　夜警国家　(c)　行政国家　(d)　都市国家

2　(a)　福祉国家　(b)　夜警国家　(c)　立法国家　(d)　都市国家

3　(a)　社会主義　(b)　国民主義　(c)　貴族政治　(d)　絶対王政

4　(a)　人民主権説　(b)　社会契約説　(c)　王権神授説　(d)　市民政府論

5　(a)　ブラクトン　(b)　モンテスキュー

　(c)　ルソー　(d)　ホッブズ

(2)　文中の下線部(ア)の国家の三要素として最も適切でないものを，選択肢(a)～(d)の中から一つ選びなさい。

(a)　領域　(b)　主権　(c)　言語　(d)　国民

(3)　文中の下線部(イ)の内容として最も適切なものを、選択肢(a)～(d)の中から一つ選びなさい。

(a)　人間には自己保存の欲求などなく、国家のない状態でも一般意思によって平和な状態である。

(b)　人間には自己保存の欲求があり、国家のない自然状態は「万人の万人に対する闘争」状態になる。

(c)　人間には自己保存の欲求があるが、国家のない自然状態でも一般意思によって争いなど存在しない。

(d)　人間には自己保存の欲求が皆無であり、国家のない自然状態でも「万人の万人に対する闘争」状態にならない。

(4)　ジョン・ロックが著したものとして最も適切なものを、選択肢(a)～(d)の中から一つ選びなさい。

(a)　『市民政府二論』　(b)　『政治的なものの概念』

(c)　『世論』　(d)　『存在と時間』

(5)　アメリカで独立宣言が出された1776年に打ちだされたものとして最も適切なものを、選択肢(a)～(d)の中から一つ選びなさい。

(a)　マグナ・カルタ　(b)　レッセ・フェール

(c)　バージニア権利章典　(d)　国際人権規約

(6)　社会権と呼ばれる新しい人権を確立するのに重要な役割を果たし、1919年に制定されたものとして最も適切なものを、選択肢(a)～(d)の中から一つ選びなさい。

(a)　マグナ・カルタ　(b)　フランス人権宣言

(c)　バージニア権利章典　(d)　ワイマール憲法

Ⅱ　次の文章を読み、あとの設問に答えなさい。

日本の税制は、国に納める［ 1 ］税などの国税と、固定資産税のように都道府県・市町村におさめる［ 2 ］税に分かれる。他方、徴税方法では直接税と［ 3 ］税とに分類できる。直接税では、とりわけ［ 1 ］税が［ 4 ］課税制度をとることで、負担の公平化がはかられている。逆に、［ 3 ］税の代表である消費税は、低所得層の負担が相対的に重くなる［ 5 ］を特徴とする。

(1)　文中の［ 1 ］～［ 5 ］にあてはまる最適な語句を、それぞれ選択肢(a)～(d)の中から一つずつ選びなさい。

1	(a)　事業	(b)　入湯	(c)　所得	(d)　自動車
2	(a)　個人	(b)　地方	(c)　地域	(d)　自治
3	(a)　間接	(b)　直間	(c)　関係	(d)　補完
4	(a)　累積	(b)　逆進	(c)　類推	(d)　累進
5	(a)　累計性	(b)　逆進性	(c)　先進性	(d)　更新性

(2)　日本の消費税に関する説明として最も適切なものを、選択肢(a)～(d)の中から一つ選びなさい。

(a)　戦後改革の一環として導入された。

(b)　低所得者に配慮して、当初は生活必需品には課税されなかった。

(c)　導入のきっかけは、福祉財源の確保にあった。

(d)　導入当初の税率は10%であったが、のちに生活必需品は除外された。

(3)　1949年に出された税制改革案として最も適切なものを、選択肢(a)～(d)の中から一つ選びなさい。

(a)　シャウプ勧告　　(b)　前川リポート

(c)　所得倍増計画　　(d)　プラザ合意

(4)　財政が果たす機能の説明として最も適切でないものを、選択肢(a)〜(d)の中から一つ選びなさい。

(a)　景気の安定をはかる。

(b)　所得の再分配を行う。

(c)　公園、道路などの公共財を供給する。

(d)　為替市場で円相場の安定をはかる。

(5)　政府財政の説明として最も適切でないものを、選択肢(a)〜(d)の中から一つ選びなさい。

(a)　公的事業への投資や融資を、財政投融資という。

(b)　収入を歳入、支出を歳出という。

(c)　政府予算には、一般会計予算と特別会計予算とがある。

(d)　政府予算は、最高裁判所で審議・議決される。

(6)　政府の公債の説明として最も適切なものを、選択肢(a)〜(d)の中から一つ選びなさい。

(a)　税収不足を補うものを、特例公債または黒字公債という。

(b)　近年、日本は公債依存度の高さが大きな課題とされている。

(c)　大規模公共投資のためのものを、融資公債という。

(d)　日本の公債は、すべて元本が返済されないことが特徴である。

Ⅲ　次のX先生とYさんの会話文を読み、あとの設問に答えなさい。

X先生：日本は1945年 [1] 月14日にポツダム宣言を受け入れます。戦後の日本はさまざまな制度変革を経験しました。

Yさん：憲法はどのように作成されたのでしょうか。

X先生：政府は憲法改正要綱([2] 案)を作成し、連合国軍総司令部(GHQ)に提出しました。GHQは [2] 案を拒否し、マッカーサー三原則(ア)をふまえた憲法草案を日本政府に提示します。日本政府はこれをもとに憲法改正案を作成し、帝国議会で審議・修正されたのが日本国憲法です。

Yさん：日本国憲法の三大基本原理として基本的人権の尊重、 [3] に加えて、平和主義が掲げられていると聞いたことがあります。

X先生：その通りです。よく勉強していますね。しかし、世界はすぐに米ソ冷戦に突入します。 [4] 年に朝鮮戦争が勃発すると、GHQは日本に対して警察予備隊を結成することを指示しました。

Yさん：冷戦下の日米関係はどのように展開したのですか。

X先生：日本は1951年にサンフランシスコ平和条約、および日米安全保障条約を締結します(イ)。1960年には日米相互協力及び安全保障条約へと改定され、 [5] 年以降は自動延長されています。

(1)　文中の [1] ～ [5] にあてはまる最適な語句を、それぞれ選択肢(a)～(d)の中から一つずつ選びなさい。

1	(a)　6	(b)　7	(c)　8	(d)　9
2	(a)　山田	(b)　伊藤	(c)　井上	(d)　松本
3	(a)　国民主権	(b)　直接民主制	(c)　三権分立	(d)　司法権独立
4	(a)　1948	(b)　1950	(c)　1952	(d)　1954
5	(a)　1965	(b)　1968	(c)　1970	(d)　1973

(2)　文中の下線部(ア)に該当する項目として最も適切でないものを、選択肢(a)～(d)の中から一つ選びなさい。

(a)　天皇制の維持　　(b)　戦争放棄

(c)　封建制度の廃止　　(d)　欽定憲法の護持

(3)　文中の下線部(イ)に該当する説明として最も適切でないものを、選択肢(a)〜(d)の中から一つ選びなさい。

(a)　アメリカ軍の駐留継続を認めた。

(b)　日米相互防衛援助協定（MSA協定）調印よりも前の出来事である。

(c)　日本の国際連盟への即時加盟が実現した。

(d)　日ソ共同宣言よりも前の出来事である。

(4)　日本国憲法の施行日として最も適切なものを、選択肢(a)〜(d)の中から一つ選びなさい。

(a)　1947年5月3日　　(b)　1946年5月3日

(c)　1946年11月3日　　(d)　1947年11月3日

(5)　最も時期が早い出来事として最も適切なものを、選択肢(a)〜(d)の中から一つ選びなさい。

(a)　日韓基本条約の調印　　(b)　小笠原諸島の日本復帰

(c)　沖縄返還（沖縄諸島の日本復帰）　　(d)　日中平和友好条約の調印

(6)　青森県にある米軍基地として最も適切なものを、選択肢(a)〜(d)の中から一つ選びなさい。

(a)　岩国　　(b)　座間　　(c)　三沢　　(d)　横田

Ⅳ 次の文章を読み、あとの設問に答えなさい。

一定期間におこなわれた対外経済取引を体系的に記録したものを国際収支という。国際収支は［ 1 ］計上の原理に基づいて記録されている。

国際収支は経常収支、資本移転等収支、金融収支からなる。ただし、統計上の誤差や漏れを取り扱うために誤差脱漏が設けられている。

経常収支のうち、利子や配当などについての海外からの純受取を計上するのが［ 2 ］収支で、無償の海外援助等を計上するのが［ 3 ］収支である。

金融収支は［ 4 ］の項目からなる。このうち、企業が海外子会社を設立するための国際資金移動は［ 5 ］に計上される。

(1) 文中の［ 1 ］～［ 5 ］にあてはまる最適な語句を、それぞれ選択肢(a)～(d)の中から一つずつ選びなさい。

1 (a) 単式 (b) 単体 (c) 複合 (d) 複式

2 (a) サービス (b) 第一次所得 (c) 第二次所得 (d) 貿易

3 (a) サービス (b) 第一次所得 (c) 第二次所得 (d) 貿易

4 (a) 4つ (b) 5つ (c) 6つ (d) 7つ

5 (a) 金融派生商品 (b) 証券投資
(c) その他投資 (d) 直接投資

(2) 日本の経常収支についての説明として最も適切なものを、選択肢(a)～(d)の中から一つ選びなさい。

(a) 日本の貿易収支は常にマイナスとなっている。
(b) 近年プラス幅が最も大きい収支は第一次所得収支である。
(c) 貿易収支は輸出額と輸入額の合計である。
(d) 近年、第二次所得収支はプラスとなっている。

(3) サービス収支についての説明として最も適切でないものを、選択肢(a)～(d)の中から一つ選びなさい。

(a) サービス収支には金融サービスが含まれる。
(b) サービス収支には輸送が含まれる。

(c)　サービス収支には旅行が含まれる。

(d)　日本のサービス収支はプラスとなっていて輸出が輸入を超過している状態が続いている。

(4)　資本移転等収支に計上される取引として最も適切なものを、選択肢(a)～(d)の中から一つ選びなさい。

(a)　移民労働者による海外送金

(b)　株式や債券への投資

(c)　国際機関への分担金拠出

(d)　固定資本向けの対外援助

(5)　金融収支の説明として最も適切でないものを、選択肢(a)～(d)の中から一つ選びなさい。

(a)　外国から日本が受け取る資金流入は日本から見て外国に対する負債の増加となる。

(b)　金融収支の黒字は、金融資産に関する取引において、日本から外国への資金提供が、外国から受け取る資金流入より大きいことを意味する。

(c)　金融収支には外貨準備は含まれない。

(d)　日本から外国への資金提供は日本から見て外国資産の増加となる。

(6)　為替介入および外貨準備の説明として最も適切でないものを、選択肢(a)～(d)の中から一つ選びなさい。

(a)　円高ドル安がすすむことを防ぐためには、円を売ってドルを買う介入を行う。

(b)　円高ドル安のとき為替介入をおこなうと、外貨準備は増加する。

(c)　外貨準備は対外資産である。

(d)　外貨準備を保有するのは経済産業省のみである。

数学

（60分）

◆各小問の配点

大　問	小　問	配　点
Ⅰ	(1)・(2)	各5点
	(3)カ	3点
	(3)キ・(4)ケコ・(4)サシ	各2点
	(4)ク	1点
Ⅱ	(1)〜(5)	各6点
Ⅲ	(1)ア	3点
	(1)イ	2点
	(2)〜(4)	各5点
Ⅳ	(1)〜(5)	各6点

数学の解答用紙の記入方法

問題文中の $\boxed{\text{ア}}$, $\boxed{\text{イウ}}$ などの $\boxed{}$ には，数値または符号（−，±）が入る。これらを以下の方法で解答用紙の対応する欄に解答せよ。

(1) **ア**，**イ**，**ウ**，… のひとつひとつは，次ページの(4)の場合を除き，それぞれ数字（0，1，2，…，9）あるいは符号（−，±）のいずれかひとつに対応する。それらを解答用紙の**ア**，**イ**，**ウ**，… で示された欄にマークせよ。

［例］ $\boxed{\text{アイ}}$ に−5と答えたいときは，次のようにマークせよ。

ア	±	●	0	1	2	3	4	5	6	7	8	9	*
イ	±	−	0	1	2	3	4	●	6	7	8	9	*

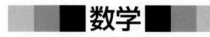

(2)　分数の形の解答は，すべて既約分数（それ以上約分できない分数）で答えよ。符号（−，±）をつける場合は，分子につけ，分母につけてはいけない。

［例］　$\dfrac{\boxed{\text{ウエ}}}{\boxed{\text{オ}}}$ に $-\dfrac{4}{7}$ と答えたいときは，次のようにマークせよ。

ウ	±	●	0	1	2	3	4	5	6	7	8	9	*
エ	±	−	0	1	2	3	●	5	6	7	8	9	*
オ	±	−	0	1	2	3	4	5	6	●	8	9	*

(3)　根号を含む形の解答は，根号の中の自然数が最小となる形で答えよ。例えば，

$\boxed{\text{カ}}\sqrt{\boxed{\text{キ}}}$，$\dfrac{\sqrt{\boxed{\text{ク}}}}{\boxed{\text{ケ}}}$ に $4\sqrt{2}$，$\dfrac{\sqrt{2}}{2}$ と答えるところを，

$2\sqrt{8}$，$\dfrac{\sqrt{8}}{4}$ のように答えてはいけない。

(4)　$\boxed{\text{コサ}}$ のような 2 桁の空欄において，1 桁の数を答えたいとき，最初の解答欄にその数をマークし，残った不要な解答欄には，＊をマークせよ。3 桁以上の空欄においても同様に残った不要な欄には，＊をマークせよ。

［例］　$\boxed{\text{コサ}}$ に 5 と答えたいときは，次のようにマークせよ。

コ	±	−	0	1	2	3	4	●	6	7	8	9	*
サ	±	−	0	1	2	3	4	5	6	7	8	9	●

I　次の各問の空欄の**ア**～**シ**にあてはまる数字または符号を求めよ。根号を含む形の解答は，根号の中の自然数が最小となる形で答えよ。

(1)　$(x+y+1)(x-2y+1)-10y^2=\left(x-\boxed{\text{ア}}\,y+1\right)\left(x+\boxed{\text{イ}}\,y+1\right)$

(2)　$|\sqrt{2}x+3|=2x-1$ のとき，$x=\boxed{\text{ウ}}\sqrt{\boxed{\text{エ}}}+\boxed{\text{オ}}$ である。

(3)　実数全体を全体集合とし，その部分集合 A，B を，

$$A=\{x\mid x+2<2x+4\},\ B=\{x\mid 3x+1\leqq x-7\}$$

とする。このとき，

$$\overline{A\cup B}=\{x\mid \boxed{}\}$$

の空欄に入る最も適当な式は，以下の【選択肢】⓪～⑨のうち，$\boxed{\text{カ}}$ である。また，

$$A\cap\overline{B}=\{x\mid \boxed{}\}$$

の空欄に入る最も適当な式は，以下の【選択肢】⓪～⑨のうち，$\boxed{\text{キ}}$ である。

【選択肢】

⓪　$x\geqq-4$　　①　$x>-4$　　②　$x\leqq-4$

③　$x\leqq-2$　　④　$x<-2$　　⑤　$x>-2$

⑥　$x\leqq-4$ または $x>-2$　　⑦　$x<-4$ または $x\geqq-2$

⑧　$-4\leqq x<-2$　　⑨　$-4<x\leqq-2$

(4)　クイズサークルの5人のメンバーA，B，C，D，Eが歴史クイズと地理クイズに解答した。下の表は，各メンバーのクイズの正解数を示したものである。

	A	B	C	D	E
歴史クイズの正解数	4	5	4	6	6
地理クイズの正解数	1	3	4	5	7

メンバー5人の歴史クイズの正解数の平均値は［ク］で，分散を小数で表すと［ケ］.［コ］である。また，地理クイズのデータと歴史クイズのデータの共分散を小数で表すと［サ］.［シ］である。

Ⅱ　2次関数 $y=x^2-10x+4$ …①を考える。このとき，次の各問の空欄の**ア**～**シ**にあてはまる数字または符号を求めよ。根号を含む形の解答は，根号の中の自然数が最小となる形で答えよ。

(1)　①のグラフの軸は，$x=$［ア］である。

(2)　①の最小値は，$-$［イウ］である。

(3)　①のグラフが x 軸から切り取る線分の長さは，［エ］$\sqrt{［オカ］}$ である。

(4)　①のグラフを x 軸方向に -3，y 軸方向に -2 だけ平行移動したグラフは，
$y=x^2-$［キ］$x-$［クケ］のグラフと一致する。

(5)　$a \leqq x \leqq a+4$ の範囲における①の最大値を $\mathrm{M}(a)$ とする。このとき，$\mathrm{M}(a)$ の最小値は，［コサシ］である。

Ⅲ　1から4の数字が書かれた4枚の青色のカード $\boxed{1}\boxed{2}\boxed{3}\boxed{4}$ と，2から9の数字が書かれた8枚の白色のカード $\boxed{2}\boxed{3}\boxed{4}\boxed{5}\boxed{6}\boxed{7}\boxed{8}\boxed{9}$ の合計12枚のカードが袋Aに入っている。袋Aから無作為にカードを取り出すとき，次の各問の空欄の**ア**～**シ**にあてはまる数字を求めよ。分数はすべて既約分数で答えよ。

(1)　袋Aからカードを1枚取り出すとき，青色のカードを取り出す確率は，$\dfrac{1}{\boxed{ア}}$ である。また，2以下の数字が書かれたカードを取り出す確率は，$\dfrac{1}{\boxed{イ}}$ である。

(2)　袋Aからカードを1枚取り出して色を確認した後，袋Aに戻す試行を4回繰り返す。このとき，青色のカードを1回，白色のカードを3回取り出す確率は，$\dfrac{\boxed{ウエ}}{\boxed{オカ}}$ である。

(3)　袋Aから元に戻すことなくカードを1枚ずつ取り出していく。このとき，4回目にはじめて2以下の数字が書かれたカードを取り出す確率は，$\dfrac{\boxed{キク}}{\boxed{ケコ}}$ である。

(4)　袋Aからカードを1枚取り出したところ，3以下の数字が書かれたカードであった。このとき，それが青色のカードである確率は，$\dfrac{\boxed{サ}}{\boxed{シ}}$ である。

Ⅳ　円に内接する四角形 ABCD において，AD = CD = 5，BC = 3，∠BCD = 120° であるとき，次の各問の空欄の**ア**～**シ**にあてはまる数字を求めよ。分数はすべて既約分数で答えよ。また，根号を含む形の解答は，根号の中の自然数が最小となる形で答えよ。

(1)　BD = $\boxed{\text{ア}}$ である。

(2)　AB = $\boxed{\text{イ}}$ である。

(3)　四角形 ABCD の面積は，$\dfrac{\boxed{\text{ウエ}}\sqrt{3}}{\boxed{\text{オ}}}$ である。

(4)　AC = x とするとき，cos∠ABC を x を用いた式で表すと，$\dfrac{\boxed{\text{カキ}}-x^2}{\boxed{\text{クケ}}}$ である。

(5)　AC = $\dfrac{\boxed{\text{コサ}}}{\boxed{\text{シ}}}$ である。

だったと納得できたから。

② 下っ端の嘘を見抜いて、盗んだことを謝罪させることができただけでなく、大切な帳面も処分されることなく手元に戻って安心したから。

③ 永年書きためた帳面が処分されず手元に戻ったうえ、盗みを正直に白状すれば許してもらえるだろうと、弟子が自分を信じてくれたから。

④ 勉強熱心な弟子が正直に盗みを白状したうえに、引出しの中の三十円の意味まで理解して、それに手を付けなかったことに驚いたから。

② 毛嫌い　―　粗相のない
③ 毛嫌い　―　賛嘆する
④ 畏怖　―　賛嘆する

問四　傍線部**イ**の理由として最も適当でないものを、つぎの①～④の中から一つ選びなさい。
① 夜が明ける前に帳面をもとの場所に返すことができなかったから。
② 同僚たちに知られる前に帳面を焼き捨てる方法を思いつかなかったから。
③ 自分が盗んだのにあたかも他に犯人がいるかのように振舞っていたから。
④ 自分が盗んだと白状して、西尾に帳面を返す決心がつかなかったから。

問五　つぎの一文を入れるのに最も適当な箇所を、あとの①～④の中から一つ選びなさい。
ここまで考えると、気が楽になった。
①〔ア〕　②〔イ〕　③〔ウ〕　④〔エ〕

問六　傍線部**ウ**の理由として最も適当なものを、つぎの①～④の中から一つ選びなさい。
① 大切な帳面が無事手元に戻ったばかりか、盗んだのが自分の弟子で、その理由が帳面を写したいという気持ちだけ

b セイトウ
① 国会のトウベン
② トウメンの間
③ 全国をトウイツする
④ トウカクを現す

c ツトめ先
① ジョウキン職員
② ドリョクは人を裏切らない
③ 適切なギョウム分担
④ キンベンな学生

d カンシン
① タカンな少年時代
② 事件にカンヨする
③ 新入生カンゲイ会
④ 最初がカンジンだ

e カシャク
① カンシャクを起こす
② 僧侶のコウシャクを聴く
③ 富をチクセキする
④ セキニン感

問二 傍線部**ア**のたとえとして最も適当なものを、つぎの①～④の中から一つ選びなさい。

① 前菜、スープ、主菜、デザートと提供する順番が決まっているコース料理で、先にデザートが出されるようなもの。
② 大工の棟梁が仕事で失敗をした弟子の代わりに、仕事場の掃除や整頓等見習いがする仕事をさせられるようなもの。
③ 一般企業で、後から入ってきた者の年齢が高いと先に就職した若年者が困惑するため配属を変えられるようなもの。
④ 一つの散髪屋で順番が待ちきれないからといって他の散髪屋へ行っても、混んでいれば後回しにされるようなもの。

問三 空欄 A ― B に入れる組み合わせとして最も適当なものを、つぎの①～④の中から一つ選びなさい。

① 畏怖 ― 粗相のない

「それから、三十円の金に目もくれなかったことも、カンシンだと思うぞ」

「はい」

「わしはこのノートを、やっぱりお前のいう通り、貸したのだと思うことにする」

「ありがとうございます」

「さいわい、ほかに聞いている者もいない。この話は、われわれだけの秘密として、あとは一切、忘れることにしよう。さあ、話はすんだから、ウ仕事に帰れ」

西尾は晴れ晴れした顔で、立ち上った。

（杉森久英『天皇の料理番』より）

注　三十円――篤蔵が初めてもらった月給の約二十倍。

＊本文中に現代では不適切と思われる表現も見られるが、当時の時代背景や著者の意図を尊重してそのままにしている。

設問

問一　二重傍線部**a**～**e**と同じ漢字を含む最も適当なものを、つぎの各群の①～④の中から一つずつ選びなさい。

a　タイグウ

①　フグウな生涯を送る
②　訪問先でグウゼン出会う
③　親戚の家にグウキョする
④　イチグウを照らす

「どうしても、シェフがお集めになった献立ての中身が知りたかったのです。お願いしても、多分お許しいただけないだろうと思いまして」

「多分、うんと言わなかったろう。その点、お前の読みは正しかったといっていいだろう。……ところで、なぜ今になって、返しに来た？」

「実は、もっと早くお返しするつもりでした。お借りして……」

「貸したおぼえはないというのに！　お前は盗んだのだぞ」

「はい。盗んですぐ、写し取ると、誰も気がつかないうちに、元のところへ戻しておくつもりでした。それが寝すごしまして、気がついたときは騒ぎが大きくなっていましたものですから、お返しできませんでした」

「うむ」

「それで、いっそのこと焼いてしまおうか、築地川へでも投げ捨てようかとも考えてみましたが、シェフの永年の御苦心の積み重ねだと思いますと、どうしても、それができませんでした。そんなことをすれば、自分は極悪人の烙印《らくいん》を押されて、一生良心の**e**カシャクに苦しまねばならぬと思いまして……」

「お前のいうことは、すこしおかしいぞ。あのままお前がこの帳面を焼き捨てれば、お前の罪は誰にも知られず、お前はケロリとした顔で生きてゆくことができたはずだ。ところが、こうしてわしにむかって白状したことによって、逆に罪の烙印を押されて、肩身の狭い思いをしなければならないのではないか？」

「そういう考え方もできますけれど、私は心に押される烙印のほうを恐れます」

「わかった。わしはまず、お前がこの帳面を焼きもせず、川へ捨てもしなかったことに礼を言うことにしよう」

「はい」

自分も疑われずにすむ。今でさえ疑う者がいないのだから、ますます安心というものだ。

そうも思ってみるのだが、篤蔵も料理人のはしくれであるからには、この帳面が西尾にとって、どれくらい大切なものか、わからなくもない。永年の労苦のにじんだもので、命より大事なものだとわかっているだけに、むざむざ焼き捨てるわけにもゆかない。さんざん悩んだあげく、彼はいさぎよく、自分が盗んだと白状し、帳面を西尾に返そうと決心した。そうしないと、良心が休まらないのである。

〔エ〕

数日後、篤蔵は身も世もあらぬ思いで、西尾の前へ出ると

「申しわけございません。お借りした帳面です」

西尾は

「お前だったのか？　わしはお前に貸したおぼえはない。無断で持ち出すのは、借りるとはいわない。泥棒だ」

「はい。泥棒いたしました。どのようなお仕置きでもお受けいたします」

「一つ二つ聞きたいことがある。わしは引出しの中に、帳面のほか、三十円(注)ばかりの金をいれておいたが、お前は気がつかなかったか？」

「はい、気がつきました」

「なぜ、金をとらなかった？」

「お金が目当てではございませんでした。それに、このお金は、シェフの奥様に内緒のものにちがいないから、なくなるとお困りになるかも知れないと思いまして……」

「よけいなことを申すな。……それでは聞くが、何のために、帳面を盗んだ？」

しかし……。

金銭や財物を盗むのとはちがう。世間には花盗人《はなぬすびと》という言葉もある。風流の盗みは盗みでないという。芸はもともと盗むものである。修業のためなら、神仏も許してくださるのではないか？

〔　ウ　〕

ある夜ふけ、篤蔵はシェフの事務室へ忍びこんだ。ドアには厳重に鍵がかかっているので、廊下に面したガラス戸をはずして入った。

帳面を自分の部屋へ持って帰り、一晩かかって写し取ったところまではよかったが、写し終った途端に、彼は安心して、床にもぐりこむと、ぐっすり寝入ってしまった。

ハッと気がつくと、夜は明けはなれていて、出勤時間におくれそうである。

――しまった！

篤蔵の最初の考えでは、彼は帳面を写してしまったら、もとの事務室へ返し、ガラス戸も元へもどして、何くわぬ顔をしているつもりだったのである。

ところが、返さないうちに夜が明けて、早出の連中がポツポツ出勤する時間になってしまった。

いそいで料理場に行ってみると、ゆうべ事務所へ忍びこんだ奴があるというので、みんな大さわぎをしている。

こうなっては、帳面を返すわけにはゆかない。

篤蔵はふだんまじめなので、誰も彼を疑う者もなく、ふしぎだふしぎだ、誰がやったのだろうと、言いあうばかりである。

篤蔵もいっしょになって、ふしぎだふしぎだといっているものの、イ腹の中は苦しくてしようがない。

――いっそのこと、あの帳面を焼き捨てようか、それとも築地川へでも流してしまおうか。そうすれば、証拠はなくなり、

〔 ア 〕

篤蔵が見たくてたまらないのに、どうしても見せてもらえないものがあった。

グラン・シェフの西尾益吉のノートである。

そこには、フランス語でいろんなメニューが、ぎっしり書きこんである。おそらく、古今東西の歴史的な宴会のメニューなのだろう。

西尾はこれを自分の事務室において、ときどきのぞいている。自分のメニューを作るときの参考にするのだろうが、用がすむと、机の引出しの奥深くにしまいこんで、誰にも見せない。むかし話でいう、秘伝の一巻というところだろう。

西尾が大事にすればするほど、篤蔵は見たくてしようがない。あれを見ないうちは、料理の修業をする甲斐がないという気がする。

――じかにぶつかって、見せてほしいとお願いしようか? dカンシンな小僧だといって、見せてくれればいいが、とんでもないことを言う奴だと、ことわられたら、おしまいだ。あの人のふだんのやり方からみて、後の方の可能性が多い。あの帳面は、あの人にとって、職業上の秘密で、いわば虎の巻なんだから、そう簡単に、人に見せられるものではない。へたをすると、油断のならない奴だというので、クビにされないともかぎらない。華族会館をクビになって、バンザイ軒をクビになって、もうクビはこりごりだ……あぶない橋を渡るのは、やめよう……

〔 イ 〕

いったん思い切ったものの、どうしても忘れることができない。執念のかたまりのような男である。

――いっそ、盗み出してやろうか?

考えるだけでも、空おそろしいことだ。盗みは大罪である。

さには限りがあって、あらゆる料理をつめ込むわけにはゆかない。

もっとも、料理人もいい加減場数を踏めば、いちいち食ってみなくても、名前を聞いただけで、大体の想像がつくのだけれど、献立て全体の構成は、現場の者には、なかなかわからない。

現場のシェフへは、スープなら、こんなのを作れとか、魚はこれこれ、肉はこれこれを作れという命令が来て、それをさらに、何人かの部下が、分担してこしらえるのだが、それがどういう風に組み合わされ、どういう順序で食卓へ出されるのか、わからない。たとえば、現場は機械の部品を作るようなもので、自分の作っている丸いものが、スイッチになるのか、ネジになるのか、ただの飾りになるのかわからないようなものである。

わからなくても、いわれた通りに作っていれば、現場のコックとして、その日その日の役目はつとまるから、気楽なものだということもできようが、いまにえらいコックになろうと思っている者——篤蔵のように、探究心と向上心のさかんな者にとっては、それだけではつまらないのである。

そこで彼は、どこかのお邸《やしき》から出張料理の注文でもあると、スープなり、肉なり、野菜なりのシェフのところへいって

「今日の〇〇様の献立ては、どんな風ですか？」

と聞かないでいられない。相手の機嫌のよくないときは、目をむいて

「ペテ公のくせに、そんなことを聞いて、どうしようというんだ？」

とか

「うるせえガキだ。おめえたちの知ったことじゃねえ」

とかいわれて、へたをすると、拳固《げんこ》でも見舞われるのが落ちだが、親切な親方だと、知っているかぎりのことは教えてくれる。それをしっかりおぼえておいて、頭の中で繰り返し繰り返し考えてみるのが、いい勉強になった。

廊下をあるいていても、むこうから西尾がやってくると、[B]ように、身体をちぢめて隅の方へよけ、首をたれて、やりすごす。

西尾は西尾で、篤蔵なんか、道ばたに落ちているゴミほどにも目に入らぬ風で、悠々と通り過ぎる。その後姿を見送りながら、篤蔵は溜息をついて

「えらいもんだなあ……精養軒の料理長で、フランスで修業していたとなると、あんなにもいばっていられるものかなあ……わしもコックの道で身を立てるからには、あのような人になりたいもんだ。それには、勉強しなけりゃ……」

彼はしばらくフランス語の勉強を休んでいたことを思い出した。華族会館を飛び出し、バンザイ軒をクビになって、郷里へ帰ったりしたゴタゴタの間、気になりながら、何となく築地明石町の谷川さんのところへフランス語の勉強にかようことを怠っていたのである。

さいわい、こんどのツト[C]め先の精養軒は、同じ築地で、谷川さんの家は近かった。篤蔵はまた谷川さんの家へかよいはじめた。

料理の修業に欠くことのできないことは、メニューの研究である。いつまでもペテ公か、人に使われる下っ端のコックばかりやっているならともかく、いまに一流のコックといわれるようになり、大きな晩餐会でもやらされるとき、必要なのは、献立てをどう作るかということである。

料理は綜合芸術である。ひとつひとつの料理がよくできていても、取り合わせがまちがっていては、完璧とはいえない。必要なのは、変化とバランスである。

献立ての作製に熟達するには、ほかの人の作った料理をよく研究することが大事である。それには、あらゆる宴会に出かけて、食べてみるのが一番いいのだろうけれど、招かれもしない場所へノコノコ出かけるわけにゆかないし、人間の胃袋の大き

西尾自身も、そのことはよく心得ていて、やたらに謙遜したりへりくだったりせず、自分の地位にふさわしく、威厳に満ちた、堂々とした態度で人に接していた。見識ぶっているとか、高慢チキだとかいって、［　A　］する者もあったが、彼自身は

「料理は芸術である。したがって、最高の料理人は最高の芸術家である。われわれは自分の才能と技術に誇りを持ち、ふだんの行動もそれにふさわしい、品位あるものとするように、努めねばならぬ」

といっていた。

ふつう料理人は、料理長のことを親方と呼ぶ習慣だったが、西尾は親方といわれることを好まず、シェフと呼ばれるとニコニコした。

西尾益吉は、当時としては珍しく、フランスで料理の勉強をして来た人であった。日本の洋食は、もともと西洋人から教わったものにちがいないが、長崎、神戸、横浜などの外国領事館、公使館、外国商社のコックの下働きをしているうちにおぼえたものが大部分で、わざわざヨーロッパまで出かけて勉強して来たという者は、ほとんどなかった。西尾はどういう事情でフランスへいったのか知らないが、帰るときは、当時としては、最新の、そしてbセイトウ派といわれたエスコフィエの料理を身につけていた。

今日のように、十数時間でフランスへ行くことができ、誰でも彼でもフランスへ行く時代とちがって、洋行帰りといえば、月の世界からでも帰って来たかのように持てはやす時代だったので、フランスで腕を磨いて来たというだけで、人々の西尾益吉を見る目はちがっていたのである。

もちろん、ペテ公の篤蔵にとって、グラン・シェフの西尾は雲の上の存在であった。西尾にとっても、六、七十人いるコックのうち、ペテ公の中でもビリの篤蔵など、いるかいないかわからぬ存在だった。

〔二〕　つぎの文章を読んで、あとの設問に答えなさい。

明治も終りに近くなると、日本人の舌もようやく西洋料理に馴れて、東京のあちこちに洋風レストランがふえてきた。有名なのは、築地の精養軒、三田《みた》の東洋軒、丸の内の中央亭、富士見軒、宝亭などだったが、中でも精養軒が、格式からいっても、規模からいっても、第一等であった。

高浜篤蔵は華族会館をしくじったお蔭で、精養軒へ入れてもらうことができて、かえって得をしたような工合だったが、身分は皿洗いの見習い小僧に逆戻りである。華族会館では一年以上の経験があり、野菜係まで昇進したのだといったって、そんなことは通用しない。一年や二年、地方のホテルで修業したとか、他のレストランで働いていたなどという触れ込みで入ってくる者は無数にいて、そんなのをいちいち聞いていては、ア順序が乱れるばかりだから、はじめはみんな見習いからやり直しである。

見習いのことを、ここではペテ公といった。ペテというのは、フランス語のプチ（petit）から来たものであろう。小さいという意味である。チビ助というようなものだろう。

ふつうペテ公は、小学校を出るとすぐ入ってくるのが多いから、篤蔵からみると、ほんとのチビ助ばかりである。そんな中にまじって、半分大人になりかけた身体で、ペテ公ペテ公と呼ばれながら、皿洗いをしたり、兄弟子たちの使い走りをしたりするのは、いまいましいと思うこともないではないが、篤蔵は何事も修業のためと、自分に言い聞かせて辛抱していた。

グラン・シェフ（料理長）は西尾益吉という人だった。精養軒は日本で一番のレストランという定評があり、その精養軒の料理長といえば、日本で一番の料理人ということに自然となるので、どこへいっても、西尾益吉は日本最高の料理人としてのaタイグウを受けた。

問六　傍線部イの内容として最も適当でないものを、つぎの①〜④の中から一つ選びなさい。

① プライバシー権が人格形成の利益である以上、自らの人格をまわりの環境にすべて委ねてしまうという方向性を肯定するべきではない。

② 多くの人は、近くのおすすめのレストランを検索した時、おすすめとして紹介されたページや最初のページの上に表示された所に行く。

③ その危険性について、個人の内面を操作しうる点で広告を広告であると認識しうる透明性の確保が不可欠だと論じる研究者もある。

④ 進学、就職、結婚についてデータの指図に従うことは、現代社会においては批判されるべきではなく、妥当性について検証すべきである。

問七　本文の主旨として最も適当なものを、つぎの①〜④の中から一つ選びなさい。

① プライバシーの保護の対象は、「恥」にとどまらず、各人のあらゆる属性としての自我、より法的に言えば「人格」だと考えられる。

② プライバシーの保護は大切な情報を信頼できる人に託す信託という制度とのアナロジーであり、この信頼との関係が重要になる。

③ プライバシー権は自我を自ら造形する人格発展の権利であり、個人とデータの主従関係を逆転させることがあってはならない。

④ 個人の秘密を隠して取引することは、取引の相手方を欺く行為であるために、プライバシーは取引コストを低くすることとなる。

問四 本文中の表の空欄 [A] — [B] — [C] — [D] に入れる言葉の組み合わせとして最も適当なものを、つぎの①～④の中から一つ選びなさい。

① アクセス — 干渉 — 監視 — 処理
② 処理 — アクセス — 干渉 — 監視
③ 監視 — 処理 — アクセス — 干渉
④ 干渉 — 監視 — 処理 — アクセス

問五 傍線部アの内容として最も適当でないものを、つぎの①～④の中から一つ選びなさい。

① 買い物の履歴情報から、見ず知らずのスーパーが突然商品のクーポンを送り付けることはプライバシーの侵害にあたる。
② プライバシーの概念は、時代、場所、文化により異なるので、その権利の核心を構成する利益を明らかにすることとなる。
③ 私生活尊重の権利は、プライバシーに象徴される私秘性を保護の対象とし、個人データ保護の権利と厳密に分離される。
④ プライバシーは私秘性に関する事象で、家族、家庭、通信もプライバシー権の対象として保障されることとなっている。

問二 二重傍線部a～dと同じ漢字を含む最も適当なものを、つぎの各群の①～④の中から一つずつ選びなさい。

a ケイチュウ
① データをチュウシュツする ② 成り行きをチュウシする
③ チュウセイを誓う ④ ハンチュウを超える

b エイイ
① エイゴを学ぶ ② 食品のエイセイ
③ エイヨある賞 ④ セツエイされた場所

c シャテイ
① 誤りをテイセイする ② キョウテイを結ぶ
③ ニッテイを決める ④ コウテイサがある地形

d レイジュウ
① レイネンにならった行事 ② 貯蓄をショウレイする
③ レイサイ企業を支える ④ ドレイ制度の廃止

問三 つぎの一文を入れるのに最も適当な箇所を、あとの①～④の中から一つ選びなさい。

その限りにおいて、プライバシーは、秘密を隠すことというよりは、人格の自由な発展に関連する情報を自らの管理下に置くことを意味します。

①〔ア〕 ②〔イ〕 ③〔ウ〕 ④〔エ〕

規範が何よりもまず改めて引き合いに出される必要があります。プライバシー権が想定する個人像とは、データの d レイジュウとなることなく、自己決定できる理性的な個人です。尊重されるべき者は、個人であって、国民全体やインターネット民といった集合体ではなく、ましてやデータではありません。この個人とデータの主従関係を逆転させることがあってはならない、というのが現代的意味における個人としての尊重を意味していると考えています。

このように、プライバシーの権利については、依然として、定義や中核的要素をめぐり様々な議論があることは確かです。しかし、そのことはプライバシーの権利を放棄することにはなりませんし、プライバシー権に代わる他の権利に逃げ込む口実にもなりません。

注　アーキテクチャー――建築物の設計思想、設計方式、基本設計、構築様式を指す。ＩＴ分野においては、設計思想に基づいて構築されたシステムを指す。

（宮下紘『プライバシーという権利』より）

設問

問一　空欄 a ～ h に入れるのに最も適当なものを、つぎの①～⑩の中から一つずつ選びなさい。ただし、選択は一語一回に限ります。

①　実質　②　絶対　③　他律　④　合理　⑤　相対

⑥　補完　⑦　功利　⑧　規範　⑨　強制　⑩　人格

様々な情報を合理的に精査しても、将来を正確に予測できるとは限りません。すべての人間がＡＩのように計算高く行動できるのであれば、秘密を保持することは不合理なことなのかもしれませんが、人間はＡＩではありません。人間は、私秘性を保有しながら、他者との交流をしていかざるを得ないのです。

人間は常に【g】的な判断を下せないという前提に立ち、より実証的な観点からプライバシーの権利への異論が想定されます。「プライバシー・ナッジ」という問題です。

近くのおすすめのレストランを検索した場合、検索結果に出てきたすべてのレストランを精査することはほとんどなく、おすすめとして紹介されたページや多くの人は最初のページの上に表示されるレストランを見てそこに決めてしまいます。人間は提示された情報に流されやすいのです。

「ナッジ（そっと押す）」されると、人はその方向に動いてしまいます。進学、就職、結婚に至るまでデータの指図に従う【h】的な生き方それ自体は決して悪ではないのかもしれませんが、ナッジの危険性は個人の内面を操作しうる点にあります。キャス・サンスティンがナッジについて、広告を広告であると認識しうる透明性の確保が不可欠であり、個人の自律による解決を図る場面が残されるべきだと論じています。また、イ<u>このような個人の自律を脅かすようなナッジの設計</u>自体が、プライバシーの統治の問題であり、規制の対象とする必要があります。

プライバシー権が人格形成の利益を有している以上、自らの人格をまわりの環境にすべて委ねてしまうという安易な方向性を肯定するべきではありません。人はすべて「おすすめ」に従って生きるのではなく、ときに「おすすめ」に逆らってでも、自らと向き合い、反芻のプロセスを経て、人格発展の道を進む時間を必要とするべきです。

このデータに従属した生き方から解放される瞬間こそが、人間が主体となり、データがその客体であり、その逆が成立しないときです。ここで、プライバシー権が自我を自ら造形する人格発展の権利といった背景には、個人として尊重されるというることが認識されて初めてできるのであって、その救済の前提となる権利侵害が秘密裏に行われていないかどうかをチェックするために独立した監督機関が設けられています。アラン・ウェスティンがアメリカの古典的プライバシー権の課題を指摘した際に、監視の多くは本人の知らないところで行われ、裁判所による損害の認定がしにくく、そして官民問わずあらゆる組織で侵害の可能性があることをあげていました。このような課題を克服するため、プライバシー保護に特化した機関の存在が必要となるのです。〔 エ 〕

これらの監督機関は強力な権限を有しており、政府機関や民間企業への立入検査のほか、個人データ処理の停止を命じたり、さらに違反に対する制裁金を科すことまで認められています。別の言い方をすれば、プライバシーや個人データ保護の権利を保護するためには、訴訟要件などの制約があることから裁判所だけでは十分ではなく、独立した行政機関こそがまさにプライバシーと個人データ保護のアーキテクチャーの一つとして存在することが重要となります。

プライバシーの権利を考えるにあたり、そもそもプライバシーなどいらない、という見解について考える必要があります。たとえば、法と経済学の観点から、リチャード・ポズナーは、個人の秘密を隠し取引することは、取引の相手方を欺く行為であって、プライバシーは取引コストを高めることとなる、と論じています。企業の採用において、企業側の採用したい人物像と、志望者側の能力などに関するすべての情報が開示されれば、面接を何度も慎重に行う手間は省けるでしょう。また、初対面で友人を作ろうとするとき、多くの人が自分を飾り良く見せようと思いますが、そもそも相性として不一致の双方が自らの内心を隠すことはかえって無駄な時間を費やすことになるというわけです。

しかし、ポズナーのこの議論は、あらゆる情報について各人が合理的に判断できることが前提とされます。採用後のその人の貢献度がどれほどのものか、また相手との相性が本当に不一致かどうかは、仮にすべての正確な情報を入手できたとしても、生じていなくても、権利侵害を未然に防止するための統治システムが必要となります。日本の最高裁判所も、住民基本台帳ネットワークシステムをめぐる訴訟において、「システム技術上又は法制度上の不備」が理由となって、個人情報が第三者に開示・公表される具体的な危険は生じていない、と判断しています。すなわち、住基ネットというネットワークシステムの構造に着目し、不備の有無をシステム技術・法制度の観点から検討しているため、システム構造それ自体を審査したとみることができます。

さらに、このシステム構造としての統治の観点を一歩進めて検討すると、プライバシーは信頼の確保について考えることでもあります。自身の秘密を明かすことができるのは、信頼できる人だけです。信頼できる人は自分の秘密を守ってくれる人であり、共感してくれる人です。妊娠した女性が医師に話をするのは医師が患者の秘密を守ってくれるからであり、また妊娠したことを打ち明けるのを親しい友人のみにとどめておくのはその友人を信頼しているからです。これに対し、女性の買い物の履歴から見ず知らずのスーパーが突然ベビー用品のクーポンを送りつけることは、信頼関係に基づかない私的圏域への侵略とみなされることがあるでしょう。プライバシーの保護は、大切な財産を信頼のおける人に託す信託という制度とのアナロジーが成り立ち、この信頼とプライバシーとの関係は重要になってきます。

ヨーロッパにおいてプライバシーが統治の問題であるといった場合、個人データ保護の権利の擁護者としての独立した第三者機関（データ保護監督機関）による監視というのが一般的です。他の人権規定にはみられませんが、ＥＵ基本権憲章第八条三項は、個人データ保護の権利について独立した監督機関の存在を設けることを規定しています。このデータ保護監督機関は、しばしば誤解されることがありますが、裁判所ではなく、日本の憲法で明文化されている会計検査院のような独立行政機関です。プライバシーや個人データの問題は、事後の裁判所による救済措置とは別に、事前のチェック機能を果たすための独立した監督機関が必要となります。裁判所への救済を求めることは、自らのプライバシーや個人データ保護の権利が侵害されてい

表　プライバシー権の侵害の16類型

情報収集	①［A］　②尋問
情報［B］	③集積　④識別　⑤安全管理の欠陥　⑥二次利用　⑦排除
情報流通	⑧信頼義務違反　⑨開示　⑩漏洩　⑪［C］　⑫無断利用　⑬盗用　⑭誤認
私事への侵略	⑮平穏への侵入　⑯意思決定への［D］

ライバシー権の中核をなすものであると考えています。この利益を導き出す根底にある原理の考究が必要となりますが、この点については、アメリカとヨーロッパのそれぞれのプライバシーの思想をあぶり出す中で考えていくこととします。

個人の権利の保障は、国会が制定する法律、行政による法令に基づく運用、そして裁判所による法令解釈を通じて行われます。プライバシー権については、ローレンス・レッシグの言葉を借りれば、「コード」という側面についても着目する必要があります。すなわち、プライバシーは、本人が気付かないうちに侵害されることがあります。典型例が、ケンブリッジ・アナリティカ事件のように本人に気付かれないように行動が監視されたり、あるいはパソコンがハッキングされ通信内容が見られることです。そこで、特にインターネットの利用場面においては、プライバシーをめぐる問題について、コンピュータのソフトウェアを通じた規制が求められています。喫煙を規制するためには、法律によって年齢制限を設けるなどの規制ができ、社会規範において食事中の喫煙許可をしないことで規制でき、また市場においてたばこの価格を引き上げることで規制することができます。しかし、それ以外に、(注)アーキテクチャーにおいてたばこのにおいを強くすることで喫煙する機会を減らすという規制を実現することができます。特に国境のないインターネットの世界では、規制の設計材料が法令以外のところからも調達できるのです。

プライバシーは事後に回復することが困難な権利であるため、［f］的害悪がプライバシーそれ自体が、時代、場所、そして文化によって異なりうる文脈的概念である以上、プライバシーの権利のcシャテイもまた時代、場所、そして文化によって異なりうるのです。そこで、現代的な考究の対象は、プライバシーの権利の核心を構成する利益を明らかにすることとなっています。

プライバシーとは私秘性に関する多様な事象を指します。たとえば一九四八年の国連世界人権宣言第一二条においては、プライバシーと並んで家族、家庭または通信が列挙されています。家族という「親密な関係性」をプライバシーの権利は保護の対象とし、家庭という「物理的な場所」をプライバシー権のシャテイに入れ、そして通信という「人の精神・経済活動に関する媒体」もまたプライバシー権の対象として保障されることとなります。

ここでアメリカのプライバシー保護法の著名な研究者である、ダニエル・ソロブによるプライバシー権の侵害類型の整理が参考になります。ソロブは、プライバシーが侵害されうる情報流通の動態に着目し、収集、処理、流通、侵略の四段階におけるプライバシー権の侵害を一六類型に区別しています（表参照）。プライバシー保護立法も、これらの四段階におけるそれぞれのプライバシー・リスクに対処するための規定が整備されるのが一般的です。

このようにプライバシーの権利を説明すると、これを保護するための法制度は、プライバシー・リスクに対処するための無色透明の立法となることがあります。しかし、実際には、それぞれの段階におけるプライバシーの権利侵害の認定には、プライバシーを構成する核心的利益とは何かということが求められます。この核心的利益を明らかにするためには、なぜプライバシーは守られなければならないのか、という別の問いを立てる必要があります。〔　ウ　〕

ここでは、日本におけるプライバシーの権利の核心にある利益を、憲法第一三条の個人の尊重の原理に照らした［ e ］的利益であると主張します。より厳密には、データによる決定からの解放により、情報サイクルの中で人間を中心に据えて、本人自らがネットワーク化された自我を造形する利益、別の言い方をすれば、ア自らの情報に関する決定の利益こそが現代的プのと考えられます。

プライバシーそれ自体は、法学、社会学、経済学または工学などの様々な分野において研究開拓されてきました。その中でもここでは、プライバシーを法学の視点から考えるものです。法学では、どのように個人が自らのプライバシーを確保できるか、という権利としての視点と、どのように各組織がプライバシーを保護できるか、という統治としての視点がそれぞれ重要となります。

ここで、プライバシーの権利とは何かについて紹介します。重要なのは、人々が日常生活で使うプライバシーという日本語と、法的承認を受ける価値を有するプライバシーの権利は異なるということです。

阪本昌成は、このことを意識して、プライバシーとは「他者による評価の対象になることのない生活状況または人間関係が確保されている状態」と定義し、プライバシーの権利とは「評価の対象になることのない生活状況または人間関係が確保されている状態に対する正当な要求または主張」と定義づけました。阪本も認めているとおり、プライバシーそのものは実証的に捉えられるものであり、プライバシーの権利には［ c ］的な意味合いが含まれます。

アメリカでは、一九六〇年にウィリアム・プロッサーが不法行為上のプライバシーについて、①私事への侵入、②知られたくない私事の公開、③事実の公表により誤った印象を与えること、④氏名・肖像の盗用、の四類型を公表したことが有名です。

プライバシーの権利を考えるにあたり、プライバシー自体が［ d ］的な概念であることを前提とせざるを得ません。人により、経済状況、健康状況、思想や信条など、何をどの程度センシティブと感じるのかは異なります。世界中の研究者が一世紀以上にわたり「プライバシーとは何か」という問いに取り組んできましたが、今日でも共通了解を調達できていない状況です。

ということができます。

ただし、より現代的な視点から考えると、話は複雑になってきます。私たちがプライバシーを侵害されたと感じるのは、羞恥感情に影響を及ぼすときに限られるわけではありません。たとえ衣類を身につけていても、たとえば電話の内容を無断で聞かれたり、メールを勝手にのぞき見られたりするとき、プライバシーが侵害されたと感じることでしょう。

もちろん、電話やメールの内容のすべてが恥ずかしいものというわけではありません。すると、プライバシーの保護の対象となるのは「恥」にとどまるものではなく、各人のあらゆる属性としての自我、より法的な言い方をすれば「人格」なのだと考えられます。

すなわち、各人の言動はそれぞれの生き方を映しだしており、各人に関する情報はそれぞれの「人格」の一部をなしているのです。そのため、他人にみだりに干渉されず、独りにしておいてもらうことが、人間には必要です。

「独りにしておいてもらう」とは、文字どおり物理的な居場所を確保するということを意味するとは限りません。自己に関する情報を自ら整理し、人格を造形するための反芻プロセスも、プライバシーの一部として捉えることができます。すなわち、プライバシーは心の静謐に宿り、自我と向き合う時間を必要とします。プライバシーは、集合の中に埋もれさせることができず、データとして記録にも留めることができない、他からの判断や評価からの自由な圏域を意味しています。〔　イ　〕

そのため、プライバシー保護は、単なる守秘義務とは異なります。プライバシー保護は情報管理を通じて、他者との布置関係を本人に構築させる契機を与えています。このことはアメリカではいつ、どの程度自らの情報を他者に開示するかを決定する権利としての「自己情報コントロール権」と呼ばれてきました。これに対し、ドイツ的な発想では、情報のコントロールに主眼を置くのではなく、人格発展のプロセスに付随する様々な情報を自らの自己決定にかかわらしめる「情報自己決定権」という名称が広く使われてきました。両者の違いは単なる用語論にとどまるものではなく、根底にある思想の差異を反映しているも

の個人情報保護法制は、プライバシー権との距離を意識的にとっていることについても、注意しておく必要があります。

政治の領域と私的領域を対比させ、プライバシーというシェルターに身ごもることの有害さを論じたのはハンナ・アレントでした。プライバシーは、もともと欠如しているという意味であり、そのことから、真に人間的な能力さえ奪われ、他人にとっては意味も重要性もない存在を指していると説明されます。もっとも、アレントが近代の個人主義によりプライバシーの内実が著しく豊かに発展したと論じているように、政治の領域と私的領域が相互にからみあっている中で人間が道具や手段になることはなく、究極目的として存在していることには留意する必要があります。

このように、プライバシーを考えるにあたり、人間を手段ではなく目的として捉えるカント的発想は重要になります。

特に、現代の最先端技術の多くは、本来ひとりひとり異なる存在を、一定の類型にはめ込んで評価の対象とすることにケイチュウしてきました。ＡＩによる評価、顔認証による類型化、またインターネットの閲覧履歴に基づくおすすめ商品の提示などにみられるように、データは、しばしば個人をデジタル・アイデンティティの囚人へと［ b ］的に追いやります。すなわち、個人を脱人格化させた上で、一定の指標に基づいた個人像をデジタル空間において作り上げるのです。デジタル空間においては、そこで作り上げられた個人像が、生身の人格発展に影響を及ぼすことが決定的な問題となってきます。〔 ア 〕プライバシーが人格の自由な発展にとって不可欠であると考えられるのは、このような自我の造形への不当な干渉を排除する必要があるからです。

プライバシーの必要性を裏付ける単純な回答の一つは、人間を動物と区別するため、というものでしょう。創世記の冒頭がイチジクの葉で裸を隠す行為から始まるように、私たち人間は公共空間では衣類を身につけて行動することとされています。これは、訳もなく裸を他者に見せる行為は恥ずかしいことであるという人類共通の理性であり、この羞恥心は動物にはないと考えられます。すなわち、古典的な意味において、プライバシーとは「恥」を隠すための人間の品位を保つためのエイイである

〔一〕　つぎの文章を読んで、あとの設問に答えなさい。

プライバシーに関する私生活尊重の権利と個人データ保護は、どのような関係にあるのでしょうか。

私生活尊重の権利は、プライバシーに象徴される私秘性を保護の対象とするのに対し、個人データ保護の権利は、公開されたデータや「些細な」データであっても保護の対象としています。さらに、私生活尊重の権利は、古典的な私生活の平穏への干渉が問題となるのに対し、個人データ保護の権利は、収集・利用・共有・消去の一連のプロセスにおいて必要な目的に比例しているかどうかが争点となります。

しかし、通信履歴の保存期間の限定に関する訴訟において、ＥＵ司法裁判所は、私生活尊重の権利と個人データ保護の権利の二つの権利の侵害となりうることを示すなど、必ずしも両者は厳密に分離されているわけではありません。ＥＵの専門家の間でも、両者の関係を明確に整理しきれておらず、両者は異なる部分があるものの重なり合う相互[a]的権利である、という理解が一般的です。

アメリカをはじめとするアングロサクソンの国では、個人データの領域においてもプライバシーという言葉が一般的に使われてきており、個人データ保護を包含する場合があります。そのため、立法名や監督機関名にプライバシーという言葉が用いられてきました。

日本では、プライバシーと個人情報がそれぞれ異なる言葉として存在するように、一応の区分をすることは可能です。しかし、講学上、プライバシー権から個人情報保護の権利を独立させて捉えるのは現在の日本では一般的ではなく、両者は完全に分離されていません。ここでも、プライバシー権、個人情報保護についてそれぞれ論じることになりますが、そのような経緯を踏まえ、総括的に「プライバシーの権利」として扱うこととします。なお両者が未分離であると言いましたが、逆説的に日本

国語

（六〇分）

◆各小問の配点

大問	小問	配点
一	問一・問二	各三点
	問三	四点
	問四～問七	各五点
二	問一	各三点
	問二～問六	各五点

解答編

英語

I

解答　(1)—(a)　(2)—(c)　(3)—(b)　(4)—(b)　(5)—(a)　(6)—(b)
(7)—(c)　(8)—(c)

解説　≪日本のサービス≫

(1)renowned は「有名な，名高い」という意味であるので，(a)「有名な」が適切である。(b)「神秘的な」(c)「見知らぬ，不明な」outstanding「並外れた」

(2)下線部(2)直後の文（One important reason …）で「重要な要因の１つは日本と他の国の消費者の違いにあるかもしれない」という記述があるので(c)が適切。those＝the consumers

(3)第２段（A while ago, …）の内容から，調査は９カ国が対象であったこと，50％以上の日本の回答者が一度でもサービスに不満足であれば他の店に行く，と答えたことが記述されているので，(a)・(c)はその調査の内容と結果に一致する。(b)は「いずれの国でも」や「ほとんどの回答者」という記述が本文中にないため一致しない。

(4)日本の客は the least forgiving「最も寛容でない」とあることから(b)が適切である。generous「寛容である」 the strictest「もっとも厳しい」eager to forgive「許したくてたまらない」

(5)it は既出の名詞の単数形を指す。直前に return to「～へ戻る」とあるので，the shop or restaurant「店やレストラン」を指すことがわかる。

(6)下線部(6)の訳は「それでも改善されなければ，欧米の消費者は，その店での体験が良くなかったと諦めるだけかもしれません」である。したがって(b)「欧米の消費者は，サービスが向上しないのに，諦めて同じところに行くかもしれません」が適切である。(a)「欧米の消費者はサービスが良くなかったら，店を変えたくて仕方がない」(c)「欧米の消費者はサービスに対して文句は言うものの，同じ場所に喜んで行く」は文意に合わないため不適。resign「～を諦める」 cannot help *doing*「～したくて仕方がない」 be pleased to *do*「喜んで～する」

(7)第 1 段第 4 文（Furthermore, many …）で，西洋のサービス産業は，顧客に敬意をもって接することが重視されていると記述されているので，(c)が適切である。(a)は本文中に記述はなく，(b)も「まったく異なる」という部分が本文に一致しない。

(8)最終段第 4 文（Because of …）で，日本では顧客は選択肢が多く，期待の高さがサービスレベルを上げていることを述べている。したがって(c)が一致する。the large number of ～「多くの～」 alternative「選択肢」 expectation「期待」 raise the bar for customer service「顧客サービスのレベルを上げる」

II　解答　(1)―(a)　(2)―(c)　(3)―(b)　(4)―(d)　(5)―(c)

解説　≪世界の日較差≫

空欄の前後を読んで空欄に適切な選択肢を選ぶ。先に選択肢に目を通して置くとよい。選択肢は語群 A が数値で，語群 B が都市名である。(1)，(3)～(5)は空欄の前に in があるので場所の名前を入れ，(2)の後には degree「度」があるので，数値を入れる。

(1)・(2) 2 月が年間で一番暖かい月であると述べていることから，(1)には 2 月に一番暖かい気温になる(a)シドニーが，(2)には(c) 26.4 度が入る。the Southern Hemisphere「南半球」 the Northern Hemisphere「北半球」

(3)前の文（For example, …）から，At that time「その頃」が 2 月とわかるので，2 月に最低気温が 2 度以下であるのは(b)パリである。

(4)シドニーの 7 月の最高気温と最低気温の差は 10 度なので，気温差が同じ 10 度の都市を探すとよい。したがって，(d)ナイロビであることがわかる。

(5)最高気温と最低気温の気温差が一番大きいのは(c)ドバイであり，砂が熱の保温ができないという分析にも同地は一致する。the greatest gap「最も大きな差」

Ⅲ　解答　(1)—(b)　(2)—(a)　(3)—(b)　(4)—(c)　(5)—(a)

解説　(1)空所の直後に父から How come?「どうして？」と聞かれて，ジェーンが「列車の事故で相手のチームが来られなかった」と理由を話しているので，(b)「中止になった」が適切である。

(2)サンディの Are those expensive?「それらは高いの？」という質問に答える。スミス氏の空所後の発言の but 以降が「たぶん 20 ドル以下だったよ」と大体の値段を言っているので，(a)「ぴったりいくらかだったかはわかりません」が適切である。

(3)ルーシーが「それはどのような見た目ですか？」と聞いていてスージーは，「ありがとう，赤と黒です。父親からの贈り物です」と財布の特徴を伝えているので，(b)「探すのを手伝わせてください」が適切である。

(4)空所の後でシンが「数えていないけど少なくとも 10 回かな」と発言しているので，空所には回数に関する質問が入ると推測できる。back and forth が「行ったり来たり」を意味するので，(c)「何回行ったり来たりしたの？」が適切である。

(5)夕食に誘うブライアンに，ケンタが「お誘いありがとうございます」と答えた後にくる発言を選ぶ。ブライアンは「何か嫌いなものはありますか？」と聞いているので，夕食に行くという意思を伝える(a)「行きたいです」が適切である。(b)「行けたらいいのですが」(c)「でも残念ながら行くことができません」

Ⅳ　解答　(1)—(a)　(2)—(d)　(3)—(a)　(4)—(e)　(5)—(c)　(6)—(b)　(7)—(d)

解説　(1)take *A B* to *do*「*A*（人）が～するのに *B*（時間）かかる」文全体は以下のようになる。It took me all night to finish my homework.

(2)as though は「まるで～」を意味し，though から始まる節は過去の仮定法を示す条件節である。実際には天国にいたわけではないが，そう感じたという意味になる。文全体は以下のようになる。I felt as though I were in heaven at that time.

(3)ask for ～で「～について尋ねる」という熟語で，受動態は Tom was asked for directions by a stranger. となる。

(4) Some ～ and others … は「～する人もいれば，…する人もいる」を意味する。文全体は以下のようになる。Some people like red wine and others white.

(5) enough for *A* to *do* は「*A*（人）が～するのに十分な」という意味になるので，文全体は以下のようになる。Henry spoke slowly enough for me to understand his English.

(6) those who ～ は「～の人々」を意味するので，関係代名詞で Those who attended the party「パーティーに出席した人」という主部を作る。moved はここでは「感動した」という意味である。文全体は以下のようになる。Those who attended the party were moved by his speech.

(7) hardly は「ほとんど～ない」という副詞である。left は「残った」という意味である。文全体は以下のようになる。There is hardly any coffee left in the pot.

V 解答

(1)―(b)　(2)―(c)　(3)―(b)　(4)―(a)　(5)―(c)
(6)―(c)　(7)―(b)　(8)―(b)　(9)―(a)　(10)―(a)

解説　(1) used to は「かつて～した」という意味の助動詞なので，その後には動詞の原形を置く。したがって(b)が適切。be used to *doing* は「～するのに慣れている」を意味するので注意。

(2) provide *A* with *B*「*A*（人）に *B* を提供する」(c)が適切である。

(3) Keep it between us. は「私達の間で留めておいて」つまり，「秘密だよ！」を意味する。

(4) clean up「掃除する」が適切。clean down は「～の汚れを落とす」

(5) 主節が過去完了進行形で過去のある時点まで動作の継続，この場合は「主人を待つ」という動作が継続されていたことを示している。したがって until 後の節の動詞は過去形となり，その過去の時点を示す。(c)の came が適切である。

(6) As is often the case with ～「～にはよくあることだが」という意味の定型表現。

(7)「この患者を担当している看護師はだれ？」である。in charge of ～「～を担当して」

(8) 空所直前の of は前置詞なので，後には名詞もしくは動名詞を置く。この文では「消防士であること」という動名詞を入れなくてはならない。また，when 以下で消防士であったのは過去のことだとわかるので，having＋過去分詞形で，動名詞の完了形として「消防士であったこと」と過去の意味にする。したがって(b)が適切である。

(9) fall asleep は「眠る，眠りに落ちる」という意味で，頻出の熟語表現。

(10) the means が「手段」を表す先行詞で，関係代名詞を用いて修飾する場合 by which とすると，「他人と意思疎通する手段」という文意が成立するため，(a) which が適切である。(b) whom，(c) who は人が先行詞となるので不適。

Ⅵ

解答　(1)—(b)　(2)—(a)　(3)—(d)　(4)—(c)　(5)—(b)

解 説　(1)「煮たり，焼いたり，炒めたりすることなどで食べ物を用意すること」(a)「掃除する」，(b)「料理する」，(c)「乾燥させる」，(d)「凍らせる」のうち，(b)が適当である。

(2)「会話が聞き取りにくい環境」(a)「うるさい」，(b)「静かな」，(c)「沈黙した」，(d)「落ち着いた」のうち，(a)が適当である。

(3)「学校で知識や技術を与えること」(a)「通る」，(b)「学ぶ」，(c)「勉強する」，(d)「教える」のうち，(d)が適切である。

(4)「筆記に使用する，上部を合わせた一組の紙」(a)「計算機」，(b)「辞書」，(c)「メモ帳」，(d)「消しゴム」のうち，(c)が適切である。

(5)「犯罪や，病気，事故などのせいで怪我をしたり，殺されたりする人」(a)「患者」，(b)「犠牲者」，(c)「科目」，(d)「医者，医師」のうち，(b)が適切である。

日本史

I　解答　≪「後漢書」東夷伝≫

①―(n)　②―(m)　③―(c)　④―(q)　⑤―(d)　⑥―(t)　⑦―(f)　⑧―(j)
⑨―(p)　⑩―(s)

II　解答　≪得宗専制体制≫

①―(j)　②―(n)　③―(f)　④―(s)　⑤―(a)　⑥―(r)　⑦―(i)　⑧―(e)
⑨―(l)　⑩―(q)

III　解答　≪近世の村と百姓≫

①―(n)　②―(h)　③―(k)　④―(l)　⑤―(c)　⑥―(r)　⑦―(j)　⑧―(m)
⑨―(t)　⑩―(g)

IV　解答　≪太平洋戦争と戦後の占領政策≫

①―(f)　②―(l)　③―(r)　④―(n)　⑤―(g)　⑥―(i)　⑦―(e)　⑧―(q)
⑨―(h)　⑩―(j)

世界史

Ⅰ　解答　≪清の中国支配≫

問1．(1)―(B)　(2)―(C)　(3)―(D)　(4)―(A)　(5)―(C)　(6)―(B)　(7)―(A)　(8)―(C)　(9)―(B)　(10)―(D)

問2．(イ)―(D)　(ロ)―(B)　(ハ)―(A)

Ⅱ　解答　≪第一次世界大戦≫

問1．(1)―(D)　(2)―(A)　(3)―(C)　(4)―(B)　(5)―(C)　(6)―(A)　(7)―(B)　(8)―(D)　(9)―(B)　(10)―(C)

問2．(イ)―(A)　(ロ)―(D)

Ⅲ　解答　≪ジャワ島のイスラーム国家，『世界の記述』，ムガル帝国，ロシアの文豪，エジプト革命に関する小問集合≫

(1)―(C)　(2)―(A)　(3)―(B)　(4)―(A)　(5)―(C)

Ⅳ　解答　≪古代エジプト≫

(1)―(C)　(2)―(C)　(3)―(A)　(4)―(B)　(5)―(B)

現代社会・政治経済

I　解答　≪民主政治の成立過程≫

(1) 1 —(b)　2 —(a)　3 —(d)　4 —(c)　5 —(d)

(2)—(c)　(3)—(b)　(4)—(a)　(5)—(c)　(6)—(d)

II　解答　≪財政のしくみ≫

(1) 1 —(c)　2 —(b)　3 —(a)　4 —(d)　5 —(b)

(2)—(c)　(3)—(a)　(4)—(d)　(5)—(d)　(6)—(b)

III　解答　≪日本国憲法と日本の安全保障≫

(1) 1 —(c)　2 —(d)　3 —(a)　4 —(b)　5 —(c)

(2)—(d)　(3)—(c)　(4)—(a)　(5)—(a)　(6)—(c)

IV　解答　≪国際収支≫

(1) 1 —(d)　2 —(b)　3 —(c)　4 —(b)　5 —(d)

(2)—(b)　(3)—(d)　(4)—(d)　(5)—(c)　(6)—(d)

数学

I　解答　≪小問 4 問≫

(1)ア．4　イ．3　(2)ウ．2　エ．2　オ．4　(3)カ．⑨　キ．⑤
(4)ク．5　ケ．0　コ．8　サ．1　シ．4

II　解答　≪2 次関数≫

(1)ア．5　(2)イウ．21　(3)エ．2　オカ．21　(4)キ．4　クケ．19
(5)コサシ．−17

III　解答　≪場合の数，確率≫

(1)ア．3　イ．4　(2)ウエ．32　オカ．81　(3)キク．7＊　ケコ．55
(4)サ．3　シ．5

IV　解答　≪図形と計量≫

(1)ア．7　(2)イ．8　(3)ウエ．55　オ．4　(4)カキ．73　クケ．48
(5)コサ．55　シ．7

問七　最後から二つ目の段落に筆者の考えの中心的な内容が示されている。この段落の最終文に合致する③が正解。

二

出典　杉森久英『天皇の料理番』〈上　新ジャガ〉（集英社文庫）

解答

問一　a―①　b―③　c―①　d―①　e―④
問二　④
問三　②
問四　②
問五　③
問六　①

解説

問二　あくまで入ってきた順序を守るというたとえを選ぶ。

問三　空欄Aには直前の「高慢チキ」からマイナスの内容の語が入り、空欄Bは後に続く「身体をちぢめて……首をたれて」から考える。

問四　傍線部イに続く文で、帳面を焼き捨てることはできないと思っていることに注意。

問五　脱文はシェフの事務室に忍び込む決断を表している。〔　エ　〕は、後に「身も世もあらぬ思い」とあるので不適。

問六　直前の篤蔵と西尾のやり取りから考える。④は、三十円の意味を篤蔵が理解したことに対するものではないので不適。

国語

一

出典　宮下紘『プライバシーという権利――個人情報はなぜ守られるべきか』〈第1章　プライバシーはなぜ守られるべきか〉（岩波新書）

解答

問一　a―⑥　b―⑨　c―⑧　d―⑤　e―⑩　f―①　g―④　h―③
問二　a―②　b―④　c―③　d―④
問三　②
問四　③
問五　③
問六　④
問七　③

解説

問一　c、一行前に「正当な要求または主張」とある。d、直後の文に「人により、……異なります」とあるのがヒント。e、直後の文に「人間を中心に据えて」とある。g、人間とAIの違いを考える。

問三　脱文にある「人格の自由な……自らの管理下に置く」と同じ内容が（　イ　）の直前にある。

問四　アメリカのプライバシー権の侵害の類型から、空欄Bが「処理」と決まる。その他の空欄についても③の語でつながることから、③が正解となる。

問五　本文では「私生活尊重の権利」とプライバシーの関係には触れていない。

問六　筆者は「ナッジの設計」に否定的であることがヒント。

//////////////////// · memo · ////////////////////

/////////////////// ・memo・ ///////////////////

//////////////////// · memo · ////////////////////

//////////////////// · memo · ////////////////////

教学社 刊行一覧

2025年版 大学赤本シリーズ

374大学556点
全都道府県を網羅

国公立大学（都道府県順）

全国の書店で取り扱っています。店頭にない場合は，お取り寄せができます。

1 北海道大学(文系−前期日程)
2 北海道大学(理系−前期日程) 医
3 北海道大学(後期日程)
4 旭川医科大学(医学部〈医学科〉) 医
5 小樽商科大学
6 帯広畜産大学
7 北海道教育大学
8 室蘭工業大学／北見工業大学
9 釧路公立大学
10 公立千歳科学技術大学
11 公立はこだて未来大学 総推
12 札幌医科大学(医学部) 医
13 弘前大学 医
14 岩手大学
15 岩手県立大学・盛岡短期大学部・宮古短期大学部
16 東北大学(文系−前期日程)
17 東北大学(理系−前期日程) 医
18 東北大学(後期日程)
19 宮城教育大学
20 宮城大学
21 秋田大学 医
22 秋田県立大学
23 国際教養大学 総推
24 山形大学 医
25 福島大学
26 会津大学
27 福島県立医科大学(医・保健科学部) 医
28 茨城大学(文系)
29 茨城大学(理系)
30 筑波大学(推薦入試) 医 総推
31 筑波大学(文系−前期日程)
32 筑波大学(理系−前期日程) 医
33 筑波大学(後期日程)
34 宇都宮大学
35 群馬大学 医
36 群馬県立女子大学
37 高崎経済大学
38 前橋工科大学
39 埼玉大学(文系)
40 埼玉大学(理系)
41 千葉大学(文系−前期日程)
42 千葉大学(理系−前期日程) 医
43 千葉大学(後期日程) 医
44 東京大学(文科) DL
45 東京大学(理科) DL 医
46 お茶の水女子大学
47 電気通信大学
48 東京外国語大学 DL
49 東京海洋大学
50 東京科学大学(旧 東京工業大学)
51 東京科学大学(旧 東京医科歯科大学) 医
52 東京学芸大学
53 東京藝術大学
54 東京農工大学
55 一橋大学(前期日程)
56 一橋大学(後期日程)
57 東京都立大学(文系)
58 東京都立大学(理系)
59 横浜国立大学(文系)
60 横浜国立大学(理系)
61 横浜市立大学(国際教養・国際商・理・データサイエンス・医〈看護〉学部)
62 横浜市立大学(医学部〈医学科〉) 医
63 新潟大学(人文・教育〈文系〉・法・経済科・医〈看護〉・創生学部)
64 新潟大学(教育〈理系〉・理・医〈看護を除く〉・歯・工・農学部) 医
65 新潟県立大学
66 富山大学(文系)
67 富山大学(理系) 医
68 富山県立大学
69 金沢大学(文系)
70 金沢大学(理系) 医
71 福井大学(教育・医〈看護〉・工・国際地域学部)
72 福井大学(医学部〈医学科〉) 医
73 福井県立大学
74 山梨大学(教育・医〈看護〉・工・生命環境学部)
75 山梨大学(医学部〈医学科〉) 医
76 都留文科大学
77 信州大学(文系−前期日程)
78 信州大学(理系−前期日程) 医
79 信州大学(後期日程)
80 公立諏訪東京理科大学 総推
81 岐阜大学(前期日程) 医
82 岐阜大学(後期日程)
83 岐阜薬科大学
84 静岡大学(前期日程)
85 静岡大学(後期日程)
86 浜松医科大学(医学部〈医学科〉) 医
87 静岡県立大学
88 静岡文化芸術大学
89 名古屋大学(文系)
90 名古屋大学(理系) 医
91 愛知教育大学
92 名古屋工業大学
93 愛知県立大学
94 名古屋市立大学(経済・人文社会・芸術工・看護・総合生命理・データサイエンス学部)
95 名古屋市立大学(医学部〈医学科〉) 医
96 名古屋市立大学(薬学部)
97 三重大学(人文・教育・医〈看護〉学部)
98 三重大学(医〈医〉・工・生物資源学部) 医
99 滋賀大学
100 滋賀医科大学(医学部〈医学科〉) 医
101 滋賀県立大学
102 京都大学(文系)
103 京都大学(理系) 医
104 京都教育大学
105 京都工芸繊維大学
106 京都府立大学
107 京都府立医科大学(医学部〈医学科〉) 医
108 大阪大学(文系) DL
109 大阪大学(理系) 医
110 大阪教育大学
111 大阪公立大学(現代システム科学域〈文系〉・文・法・経済・商・看護・生活科〈居住環境・人間福祉〉学部−前期日程)
112 大阪公立大学(現代システム科学域〈理系〉・理・工・農・獣医・医・生活科〈食栄養〉学部−前期日程) 医
113 大阪公立大学(中期日程)
114 大阪公立大学(後期日程)
115 神戸大学(文系−前期日程)
116 神戸大学(理系−前期日程) 医
117 神戸大学(後期日程)
118 神戸市外国語大学 DL
119 兵庫県立大学(国際商経・社会情報科・看護学部)
120 兵庫県立大学(工・理・環境人間学部)
121 奈良教育大学／奈良県立大学
122 奈良女子大学
123 奈良県立医科大学(医学部〈医学科〉) 医
124 和歌山大学
125 和歌山県立医科大学(医・薬学部) 医
126 鳥取大学 医
127 公立鳥取環境大学
128 島根大学 医
129 岡山大学(文系)
130 岡山大学(理系) 医
131 岡山県立大学
132 広島大学(文系−前期日程)
133 広島大学(理系−前期日程) 医
134 広島大学(後期日程)
135 尾道市立大学 総推
136 県立広島大学
137 広島市立大学
138 福山市立大学 総推
139 山口大学(人文・教育〈文系〉・経済・医〈看護〉・国際総合科学部)
140 山口大学(教育〈理系〉・理・医〈看護を除く〉・工・農・共同獣医学部) 医
141 山陽小野田市立山口東京理科大学 総推
142 下関市立大学／山口県立大学
143 周南公立大学 新 総推
144 徳島大学 医
145 香川大学 医
146 愛媛大学 医
147 高知大学 医
148 高知工科大学
149 九州大学(文系−前期日程)
150 九州大学(理系−前期日程) 医
151 九州大学(後期日程)
152 九州工業大学
153 福岡教育大学
154 北九州市立大学
155 九州歯科大学
156 福岡県立大学／福岡女子大学
157 佐賀大学 医
158 長崎大学(多文化社会・教育〈文系〉・経済・医〈保健〉・環境科〈文系〉学部)
159 長崎大学(教育〈理系〉・医〈医〉・歯・薬・情報データ科・工・環境科〈理系〉・水産学部) 医
160 長崎県立大学 総推
161 熊本大学(文・教育・法・医〈看護〉学部・情報融合学環〈文系型〉)
162 熊本大学(理・医〈看護を除く〉・薬・工学部・情報融合学環〈理系型〉) 医
163 熊本県立大学
164 大分大学(教育・経済・医〈看護〉・理工・福祉健康科学部)
165 大分大学(医学部〈医・先進医療科学科〉) 医
166 宮崎大学(教育・医〈看護〉・工・農・地域資源創成学部)
167 宮崎大学(医学部〈医学科〉) 医
168 鹿児島大学(文系)
169 鹿児島大学(理系) 医
170 琉球大学 医

2025年版　大学赤本シリーズ

国公立大学 その他

- 171 〔国公立大〕医学部医学科 総合型選抜・学校推薦型選抜※ 医 総推
- 172 看護・医療系大学〈国公立 東日本〉※
- 173 看護・医療系大学〈国公立 中日本〉※
- 174 看護・医療系大学〈国公立 西日本〉※
- 175 海上保安大学校／気象大学校
- 176 航空保安大学校
- 177 国立看護大学校
- 178 防衛大学校 総推
- 179 防衛医科大学校(医学科) 医
- 180 防衛医科大学校(看護学科)

※No.171〜174の収載大学は赤本ウェブサイト(http://akahon.net/)でご確認ください。

私立大学①

北海道の大学(50音順)

- 201 札幌大学
- 202 札幌学院大学
- 203 北星学園大学
- 204 北海学園大学
- 205 北海道医療大学
- 206 北海道科学大学
- 207 北海道武蔵女子大学・短期大学
- 208 酪農学園大学(獣医学群〈獣医学類〉)

東北の大学(50音順)

- 209 岩手医科大学(医・歯・薬学部) 医
- 210 仙台大学 総推
- 211 東北医科薬科大学(医・薬学部) 医
- 212 東北学院大学
- 213 東北工業大学
- 214 東北福祉大学
- 215 宮城学院女子大学 総推

関東の大学(50音順)

あ行(関東の大学)

- 216 青山学院大学(法・国際政治経済学部−個別学部日程)
- 217 青山学院大学(経済学部−個別学部日程)
- 218 青山学院大学(経営学部−個別学部日程)
- 219 青山学院大学(文・教育人間科学部−個別学部日程)
- 220 青山学院大学(総合文化政策・社会情報・地球社会共生・コミュニティ人間科学部−個別学部日程)
- 221 青山学院大学(理工学部−個別学部日程)
- 222 青山学院大学(全学部日程)
- 223 麻布大学(獣医、生命・環境科学部)
- 224 亜細亜大学
- 226 桜美林大学
- 227 大妻女子大学・短期大学部

か行(関東の大学)

- 228 学習院大学(法学部−コア試験)
- 229 学習院大学(経済学部−コア試験)
- 230 学習院大学(文学部−コア試験)
- 231 学習院大学(国際社会科学部−コア試験)
- 232 学習院大学(理学部−コア試験)
- 233 学習院女子大学
- 234 神奈川大学(給費生試験)
- 235 神奈川大学(一般入試)
- 236 神奈川工科大学
- 237 鎌倉女子大学・短期大学部
- 238 川村学園女子大学
- 239 神田外語大学
- 240 関東学院大学
- 241 北里大学(理学部)
- 242 北里大学(医学部) 医
- 243 北里大学(薬学部)
- 244 北里大学(看護・医療衛生学部)
- 245 北里大学(未来工・獣医・海洋生命科学部)
- 246 共立女子大学・短期大学
- 247 杏林大学(医学部) 医
- 248 杏林大学(保健学部)
- 249 群馬医療福祉大学・短期大学部
- 250 群馬パース大学 総推
- 251 慶應義塾大学(法学部)
- 252 慶應義塾大学(経済学部)
- 253 慶應義塾大学(商学部)
- 254 慶應義塾大学(文学部) 総推
- 255 慶應義塾大学(総合政策学部)
- 256 慶應義塾大学(環境情報学部)
- 257 慶應義塾大学(理工学部)
- 258 慶應義塾大学(医学部) 医
- 259 慶應義塾大学(薬学部)
- 260 慶應義塾大学(看護医療学部)
- 261 工学院大学
- 262 國學院大學
- 263 国際医療福祉大学 医
- 264 国際基督教大学
- 265 国士舘大学
- 266 駒澤大学(一般選抜T方式・S方式)
- 267 駒澤大学(全学部統一日程選抜)

さ行(関東の大学)

- 268 埼玉医科大学(医学部) 医
- 269 相模女子大学・短期大学部
- 270 産業能率大学
- 271 自治医科大学(医学部) 医
- 272 自治医科大学(看護学部)／東京慈恵会医科大学(医学部〈看護学科〉)
- 273 実践女子大学 総推
- 274 芝浦工業大学(前期日程)
- 275 芝浦工業大学(全学統一日程・後期日程)
- 276 十文字学園女子大学
- 277 淑徳大学
- 278 順天堂大学(医学部) 医
- 279 順天堂大学(スポーツ健康科・医療看護・保健看護・国際教養・保健医療・医療科・健康データサイエンス・薬学部) 総推
- 280 上智大学(神・文・総合人間科学部)
- 281 上智大学(法・経済学部)
- 282 上智大学(外国語・総合グローバル学部)
- 283 上智大学(理工学部)
- 284 上智大学(TEAPスコア利用方式)
- 285 湘南工科大学
- 286 昭和大学(医学部) 医
- 287 昭和大学(歯・薬・保健医療学部)
- 288 昭和女子大学
- 289 昭和薬科大学
- 290 女子栄養大学・短期大学部 総推
- 291 白百合女子大学
- 292 成蹊大学(法学部−A方式)
- 293 成蹊大学(経済・経営学部−A方式)
- 294 成蹊大学(文学部−A方式)
- 295 成蹊大学(理工学部−A方式)
- 296 成蹊大学(E方式・G方式・P方式)
- 297 成城大学(経済・社会イノベーション学部−A方式)
- 298 成城大学(文芸・法学部−A方式)
- 299 成城大学(S方式〈全学部統一選抜〉)
- 300 聖心女子大学
- 301 清泉女子大学
- 303 聖マリアンナ医科大学 医
- 304 聖路加国際大学(看護学部)
- 305 専修大学(スカラシップ・全国入試)
- 306 専修大学(前期入試〈学部個別入試〉)
- 307 専修大学(前期入試〈全学部入試・スカラシップ入試〉)

た行(関東の大学)

- 308 大正大学
- 309 大東文化大学
- 310 高崎健康福祉大学
- 311 拓殖大学
- 312 玉川大学
- 313 多摩美術大学
- 314 千葉工業大学
- 315 中央大学(法学部−学部別選抜)
- 316 中央大学(経済学部−学部別選抜)
- 317 中央大学(商学部−学部別選抜)
- 318 中央大学(文学部−学部別選抜)
- 319 中央大学(総合政策学部−学部別選抜)
- 320 中央大学(国際経営・国際情報学部−学部別選抜)
- 321 中央大学(理工学部−学部別選抜)
- 322 中央大学(5学部共通選抜)
- 323 中央学院大学
- 324 津田塾大学
- 325 帝京大学(薬・経済・法・文・外国語・教育・理工・医療技術・福岡医療技術学部)
- 326 帝京大学(医学部) 医
- 327 帝京科学大学 総推
- 328 帝京平成大学 総推
- 329 東海大学(医〈医〉学部を除く−一般選抜)
- 330 東海大学(文系・理系学部統一選抜)
- 331 東海大学(医学部〈医学科〉) 医
- 332 東京医科大学(医学部〈医学科〉) 医
- 333 東京家政大学・短期大学部 総推
- 334 東京経済大学
- 335 東京工科大学
- 336 東京工芸大学
- 337 東京国際大学
- 338 東京歯科大学
- 339 東京慈恵会医科大学(医学部〈医学科〉) 医
- 340 東京情報大学
- 341 東京女子大学
- 342 東京女子医科大学(医学部) 医
- 343 東京電機大学
- 344 東京都市大学
- 345 東京農業大学
- 346 東京薬科大学(薬学部) 総推
- 347 東京薬科大学(生命科学部) 総推
- 348 東京理科大学(理学部〈第一部〉−B方式)
- 349 東京理科大学(創域理工学部−B方式・S方式)
- 350 東京理科大学(工学部−B方式)
- 351 東京理科大学(先進工学部−B方式)
- 352 東京理科大学(薬学部−B方式)
- 353 東京理科大学(経営学部−B方式)
- 354 東京理科大学(C方式、グローバル方式、理学部〈第二部〉−B方式)
- 355 東邦大学(医学部) 医
- 356 東邦大学(薬学部)

2025年版　大学赤本シリーズ

私立大学②

357 東邦大学(理・看護・健康科学部)
358 東洋大学(文・経済・経営・法・社会・国際・国際観光学部)
359 東洋大学(情報連携・福祉社会デザイン・健康スポーツ科・理工・総合情報・生命科・食環境科学部)
360 東洋大学(英語〈3日程×3カ年〉)
361 東洋大学(国語〈3日程×3カ年〉)
362 東洋大学(日本史・世界史〈2日程×3カ年〉)
363 東洋英和女学院大学
364 常磐大学・短期大学 総推
365 獨協大学
366 獨協医科大学(医学部) 医

な行(関東の大学)

367 二松学舎大学
368 日本大学(法学部)
369 日本大学(経済学部)
370 日本大学(商学部)
371 日本大学(文理学部〈文系〉)
372 日本大学(文理学部〈理系〉)
373 日本大学(芸術学部〈専門試験併用型〉)
374 日本大学(国際関係学部)
375 日本大学(危機管理・スポーツ科学部)
376 日本大学(理工学部)
377 日本大学(生産工・工学部)
378 日本大学(生物資源科学部)
379 日本大学(医学部) 医
380 日本大学(歯・松戸歯学部)
381 日本大学(薬学部)
382 日本大学(N全学統一方式−医・芸術〈専門試験併用型〉学部を除く)
383 日本医科大学 医
384 日本工業大学
385 日本歯科大学
386 日本社会事業大学 総推
387 日本獣医生命科学大学
388 日本女子大学
389 日本体育大学

は行(関東の大学)

390 白鷗大学(学業特待選抜・一般選抜)
391 フェリス女学院大学
392 文教大学
393 法政大学(法〈I日程〉・文〈II日程〉・経営〈II日程〉学部−A方式)
394 法政大学(法〈II日程〉・国際文化・キャリアデザイン学部−A方式)
395 法政大学(文〈I日程〉・経営〈I日程〉・人間環境・グローバル教養学部−A方式)
396 法政大学(経済〈I日程〉・社会〈I日程〉・現代福祉学部−A方式)
397 法政大学(経済〈II日程〉・社会〈II日程〉・スポーツ健康学部−A方式)
398 法政大学(情報科・デザイン工・理工・生命科学部−A方式)
399 法政大学(T日程〈統一日程〉・英語外部試験利用入試)
400 星薬科大学 総推

ま行(関東の大学)

401 武蔵大学
402 武蔵野大学
403 武蔵野美術大学
404 明海大学
405 明治大学(法学部−学部別入試)
406 明治大学(政治経済学部−学部別入試)
407 明治大学(商学部−学部別入試)
408 明治大学(経営学部−学部別入試)
409 明治大学(文学部−学部別入試)
410 明治大学(国際日本学部−学部別入試)
411 明治大学(情報コミュニケーション学部−学部別入試)
412 明治大学(理工学部−学部別入試)
413 明治大学(総合数理学部−学部別入試)
414 明治大学(農学部−学部別入試)
415 明治大学(全学部統一入試)
416 明治学院大学(A日程)
417 明治学院大学(全学部日程)
418 明治薬科大学 総推
419 明星大学
420 目白大学・短期大学部

ら・わ行(関東の大学)

421 立教大学(文系学部−一般入試〈大学独自の英語を課さない日程〉)
422 立教大学(国語〈3日程×3カ年〉)
423 立教大学(日本史・世界史〈2日程×3カ年〉)
424 立教大学(文学部−一般入試〈大学独自の英語を課す日程〉)
425 立教大学(理学部−一般入試)
426 立正大学
427 早稲田大学(法学部)
428 早稲田大学(政治経済学部)
429 早稲田大学(商学部)
430 早稲田大学(社会科学部)
431 早稲田大学(文学部)
432 早稲田大学(文化構想学部)
433 早稲田大学(教育学部〈文科系〉)
434 早稲田大学(教育学部〈理科系〉)
435 早稲田大学(人間科・スポーツ科学部)
436 早稲田大学(国際教養学部)
437 早稲田大学(基幹理工・創造理工・先進理工学部)
438 和洋女子大学 総推

中部の大学(50音順)

439 愛知大学
440 愛知医科大学(医学部) 医
441 愛知学院大学・短期大学部
442 愛知工業大学 総推
443 愛知淑徳大学
444 朝日大学 総推
445 金沢医科大学(医学部) 医
446 金沢工業大学
447 岐阜聖徳学園大学 総推
448 金城学院大学
449 至学館大学 総推
450 静岡理工科大学
451 椙山女学園大学
452 大同大学
453 中京大学
454 中部大学
455 名古屋外国語大学 総推
456 名古屋学院大学 総推
457 名古屋学芸大学 総推
458 名古屋女子大学 総推
459 南山大学(外国語〈英米〉・法・総合政策・国際教養学部)
460 南山大学(人文・外国語〈英米を除く〉・経済・経営・理工学部)
461 新潟国際情報大学
462 日本福祉大学
463 福井工業大学
464 藤田医科大学(医学部) 医
465 藤田医科大学(医療科・保健衛生学部)
466 名城大学(法・経営・経済・外国語・人間・都市情報学部)
467 名城大学(情報工・理工・農・薬学部)
468 山梨学院大学

近畿の大学(50音順)

469 追手門学院大学 総推
470 大阪医科薬科大学(医学部) 医
471 大阪医科薬科大学(薬学部) 総推
472 大阪学院大学 総推
473 大阪経済大学 総推
474 大阪経済法科大学 総推
475 大阪工業大学 総推
476 大阪国際大学・短期大学部 総推
477 大阪産業大学 総推
478 大阪歯科大学(歯学部)
479 大阪商業大学 総推
480 大阪成蹊大学・短期大学 総推
481 大谷大学 総推
482 大手前大学・短期大学 総推
483 関西大学(文系)
484 関西大学(理系)
485 関西大学(英語〈3日程×3カ年〉)
486 関西大学(国語〈3日程×3カ年〉)
487 関西大学(日本史・世界史・文系数学〈3日程×3カ年〉)
488 関西医科大学(医学部) 医
489 関西医療大学 総推
490 関西外国語大学・短期大学部 総推
491 関西学院大学(文・法・商・人間福祉・総合政策学部−学部個別日程)
492 関西学院大学(神・社会・経済・国際・教育学部−学部個別日程)
493 関西学院大学(全学部日程〈文系型〉)
494 関西学院大学(全学部日程〈理系型〉)
495 関西学院大学(共通テスト併用日程〈数学〉・英数日程)
496 関西学院大学(英語〈3日程×3カ年〉) 新
497 関西学院大学(国語〈3日程×3カ年〉) 新
498 関西学院大学(日本史・世界史・文系数学〈3日程×3カ年〉) 新
499 畿央大学 総推
500 京都外国語大学・短期大学 総推
502 京都産業大学(公募推薦入試) 総推
503 京都産業大学(一般選抜入試〈前期日程〉)
504 京都女子大学 総推
505 京都先端科学大学 総推
506 京都橘大学 総推
507 京都ノートルダム女子大学 総推
508 京都薬科大学 総推
509 近畿大学・短期大学部(医学部を除く−推薦入試) 総推
510 近畿大学・短期大学部(医学部を除く−一般入試前期)
511 近畿大学(英語〈医学部を除く3日程×3カ年〉)
512 近畿大学(理系数学〈医学部を除く3日程×3カ年〉)
513 近畿大学(国語〈医学部を除く3日程×3カ年〉)
514 近畿大学(医学部−推薦入試・一般入試前期) 医 総推
515 近畿大学・短期大学部(一般入試後期) 医
516 皇學館大学 総推
517 甲南大学 総推
518 甲南女子大学(学校推薦型選抜) 新 総推
519 神戸学院大学 総推
520 神戸国際大学 総推
521 神戸女学院大学 総推
522 神戸女子大学・短期大学 総推
523 神戸薬科大学 総推
524 四天王寺大学・短期大学部 総推
525 摂南大学(公募制推薦入試) 総推
526 摂南大学(一般選抜前期日程)
527 帝塚山学院大学 総推
528 同志社大学(法、グローバル・コミュニケーション学部−学部個別日程)

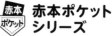

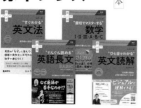

2025 年版　大学赤本シリーズ　No. 479

大阪商業大学

2024 年 7 月 20 日　第 1 刷発行
ISBN978-4-325-26538-2
定価は裏表紙に表示しています

編　集　教学社編集部
発行者　上原 寿明
発行所　教学社
〒606-0031
京都市左京区岩倉南桑原町56
電話　075-721-6500
振替　01020-1-15695
印　刷　共同印刷工業